北京上河卓远文化传播有限公司　出品

街上的面具
俄罗斯白银时代短篇小说选

吴笛 选译

Short Stories of the Russian
Silver Age

河南大学出版社
HENAN UNIVERSITY PRESS

图书在版编目（CIP）数据

街上的面具：俄罗斯白银时代短篇小说选 / 吴笛选译. — 郑州：河南大学出版社，2014.9
ISBN 978-7-5649-1465-3

Ⅰ.①街… Ⅱ.①吴… Ⅲ.①短篇小说—小说集—俄罗斯—近代 Ⅳ.①I512.44

中国版本图书馆CIP数据核字〔2014〕第067607号

书　名	街上的面具：俄罗斯白银时代短篇小说选
选　译	吴　笛
责任编辑	侯若愚　潘　博　刘淑颖
封面设计	周伟伟

出　版	河南大学出版社
地址：郑州市郑东新区商务外环中华大厦2401号　邮编：450046	
电话：0371-86059701（营销部）　网址：www.hupress.com	
制　作	北京百川东汇文化传播有限公司
印　刷	郑州市今日文教印制有限公司
版　次	2014年9月第1版　　印　次　2014年9月第1次印刷
开　本	889mm×1194mm　1/32　印　张　14.25
字　数	291千字　　　　　　　定　价　38.00元

版权所有，侵权必究
（本书如有印装质量问题，请与河南大学出版社营销部联系调换）

目录

前言 …………………………………… 1

波塔彭科
非常措施 ………………………… 吴　笛/译 1

契诃夫
没出嫁的新娘 …………………… 沈念驹/译 15

索洛古勃
对另一种存在的烦恼 …………… 吴　笛/译 41
捉迷藏 …………………………… 吴　笛/译 51

绥拉菲莫维奇
在悬崖旁边 ……………………… 吴　笛/译 67

魏列萨耶夫
在舞台上 ………………………… 吴　笛/译 95

谢苗诺夫
看守院子的人 …………………… 吴　笛/译 105

高尔基
读者 ……………………………… 吴　笛/译 114

斯基塔列兹
　野外判决………………………… 吴　笛/译 134

吉皮乌斯
　永恒的柔弱………………………… 吴　笛/译 154

库普林
　感伤的爱情………………………… 袁亚楠/译 165
　孤独………………………………… 袁亚楠/译 176

布宁
　安东诺夫卡苹果…………………… 李　静/译 190
　书…………………………………… 何晓曦/译 214
　午夜………………………………… 李　静/译 217
　冷秋………………………………… 李　静/译 225

安德列耶夫
　取自一个永远没有结尾的故事… 徐振亚/译 231
　在地下室里………………………… 李　静/译 238
　彼吉卡游别墅……………………… 李　静/译 254

苔菲

　　欢乐的家庭晚会…………………… 吴　笛/译 268

勃留索夫

　　为自己还是为他人…………………… 袁亚楠/译 280

　　十五年以后…………………………… 袁亚楠/译 292

　　在塔楼里……………………………… 王好芹/译 305

列米佐夫

　　夜深沉………………………………… 王　永/译 311

　　在城市上空…………………………… 王　永/译 315

　　伊凡库巴尔…………………………… 陈自新/译 321

阿尔志跋绥夫

　　革命者………………………………… 吴　笛/译 328

丘尔科夫

　　黑影…………………………………… 吴　笛/译 342

　　离群索居……………………………… 吴　笛/译 348

　　文字…………………………………… 吴　笛/译 355

勃洛克

 街上的面具……………………赖振蓉/译 360

 忆安德列耶夫……………………李　静/译 363

 不是梦境，也不是现实…………赖振蓉/译 372

别雷

 风神………………………………徐振亚/译 378

 寻找金羊毛的勇士………………徐振亚/译 381

阿·托尔斯泰

 女演员……………………………曹晓菊/译 390

 库利克……………………………曹晓菊/译 408

谢·米·索洛维约夫

 甜蜜的毒刺………………………俞瑞瑛/译 423

 最后的吻…………………………俞瑞瑛/译 428

作者简介………………………………… 433

前言

自十九世纪九十年代起,随着社会历史的发展变化和同时代哲学思潮的影响,随着传统现实主义文学的衰落以及"世纪末情绪"的弥漫,俄罗斯文学中也出现了与传统文学迥异的特征。这一持续了三十年时间、大约止于二十世纪二十年代的"白银时代",是俄罗斯文学继普希金时代之后的又一次辉煌。

尽管"白银时代"是以思想活跃、诗歌繁荣为主要标志,尤其是出现了影响深远、成就卓著的三大诗派——象征派、阿克梅派和未来派,但是,这仍是一个多元的文学时代,多种文学流派和文学现象同时并存,各种文学形式的作品都得以蓬勃发展。

短篇小说也不例外,它是"白银时代"文学的一个重要组成部分,而且在一定程度上预示了二十世纪俄罗斯文学乃至世界文学的走向。

为了较为客观、较为全面地反映这一时代的短篇小说创作成就,这本《街上的面具——俄罗斯白银时代短篇小说选》,选译了代表现代派文学、传统现实主义文学以及无产阶级文学等三种创作倾向的短篇小说。

俄罗斯现代派短篇小说，如同其他形式的俄罗斯现代派文学一样，曾在过去相当长的时间里遭受忽略。二十世纪九十年代起，我国学界对白银时代的文学，进行了较为系统的译介和研究，出现了一定的优秀成果，但是，就这一时代的短篇小说而言，至今依旧未能得到足够的认知，这是一座值得借鉴的珍贵的宝库，现在继续认知这一艺术宝库，对于全面、客观地评价这一时代的文学，对于我国的文化强国策略，理应具有重要的借鉴意义，其实，俄罗斯现代主义文学的三大流派——象征派、阿克梅派、未来派，在短篇小说创作领域同样取得了较高的成就。尤其是象征主义作家，如索洛古勃、勃留索夫、别雷、梅列日科夫斯基、吉皮乌斯等，不仅是出色的诗人，而且也是杰出的小说家。

这些象征主义作家，大都生于社会动荡的年代，其哲学基础是神秘主义。他们相信，在现象世界之外存在着一个神秘的超现实的世界。这一世界用理性的手段是无法认知的，只有借助于艺术家的直觉所创造出来的象征才能够近似地再现它。因此，在他们的作品中，显示的形象常常失去具体的含义，被富于暗示和联想的象征意象所取代，真实的形象成了抽象的、神秘的观念。象征主义诗人、小说家兼理论家别雷就曾写道："艺术中的象征主义的典型特征就是竭力把现实的形象当成工具，传达所体验的意识的内容。"

阿克梅派作家则力图摆脱象征派诗学和美学观念的影响，反对作家对神秘的超现实世界的迷恋，主张返回富有自我表现价值的物质世界。当然，他们也竭力寻求物质世界与精神生活之间的内在联系，表现出对唯美主义的崇尚。相比之下，阿克梅派作家的主要文学成就不像象征派那样体现在诗歌和小说两个方面，而是相对集中于诗歌，这与他们对"词语"的关注不无关系。如戈罗杰兹基等重要阿克梅派作家所写的小说，也比其诗歌作品逊色得多。

俄罗斯未来派文学主要受到意大利未来派的影响，在否定传统文化和反对唯美主义等方面有相似之处。他们打着为未来艺术而斗争的旗帜，宣扬与传统文化和艺术的彻底决裂，要把经典文学遗产"从现代轮船上抛下去"，无论在思想倾向还是在创作特色方面，都具有强烈的革新性和反传统精神。这一精神也影响了短篇小说的创作，因为尽管俄罗斯未来派的主要成就是在诗歌领域，但也有一些作家同时从事短篇小说创作，如未来派代表作家之一赫列勃尼科夫的短篇小说就是他诗歌创作的补充，主题相近，但语言略显典雅、明晰、凝练。

众所周知，篇幅有限、容量不大的短篇小说这一艺术形式的无限的美学价值，是被法国短篇小说巨匠莫泊桑所认知的，但随后即被俄国的契诃夫所领悟，因此，短篇小说中的现实主义传统也被"白银时代"的作家继承下来。传统的现实主义的短篇小说也是这一时代的重要的文学成就。不仅有列夫·托尔斯泰、契诃夫等大师继续从事短篇小说创作，而且出现了以布宁、库普林、魏列萨耶夫为代表的新一代现实主义小说家。他们一方面继承了普希金、陀思妥耶夫斯基、托尔斯泰等艺术大师的优秀传统，另一方面在反映特定的社会现实、刻画俄罗斯性格等方面，也进行了新的探索。尤其是布宁、库普林的短篇小说，构思别致、视野敏锐、描写细腻、语言明澈，无疑具有极大的艺术感染力。同时，契诃夫、苔菲、阿维尔琴科等短篇小说家的讽刺幽默等技巧和风格，与马克·吐温等世界文学中短篇小说大师一脉相承。

这一时期短篇小说创作中的另一成就，便是以高尔基为代表的无产阶级文学。这类文学的价值在于开创了世界无产阶级文学的新纪元，也为二十世纪俄罗斯苏维埃文学的发展奠定了基础。尤其是高尔基在十九世纪九十年代所创作的一系列短篇小说，是他整个创作历程中的一个极为重要的组成部分，具有不可忽略的思想意义和艺术价值。

与此同时，白银时代文学所存在的数十年，是俄罗斯社会急遽动荡、发生重大变革的时代，这一时期的短篇小说，无疑是这一特定时代历史的独特的艺术折射，无论是波塔彭科刻画知识分子情感世界的《非常措施》，还是谢苗诺夫表现普通百姓艰难的生活和高尚情操的《看守院子的人》，或是阿尔志跋绥夫描写动荡时代与意识觉醒的《革命者》，都可以加深我们对那个特定时代的认知，并给我们带来无尽的启迪。

由此可见，仅从短篇小说创作成就入手，我们便可以看出，俄罗斯文学的"白银时代"是一个思想和文化十分活跃又十分复杂的多元的时代，是一个以现代主义文学、现实主义文学以及无产阶级文学所构筑的三足鼎立的繁荣的时代。正是这一特征，奠定了二十世纪俄罗斯文学乃至二十世纪世界文学的基调，并在一定意义上影响了俄罗斯现当代文学的发展。

然而，令人不无遗憾的是，文学史上的这一繁荣时代却由于世界大战、革命、国内战争等非文学的原因而过早地结束。其中不少优秀的作家由于各种原因而遭受了难以想象的悲惨命运。因此，重新认识这一时代的文学成就，重新审视这一时代的文学遗产，对于进入新的一个世纪的我们来说，或许具有更深远的内涵。

二十世纪九十年代，我曾对俄罗斯白银时代的短篇小说发生浓厚的兴趣，编译过一部小说集，以《对另一种存在的烦恼——俄罗斯白银时代短篇小说选》为名，收入"俄罗斯白银时代文化丛书"，由云南人民出版社出版。这次选译，对原书进行了大量的修订，在保持原有重要译作的基础上，增删了一定的篇目，尤其是新译了波塔彭科、谢苗诺夫、阿尔志跋绥夫、苔菲、吉皮乌斯等重要短篇小说家的作品，力图尽可能地折射俄罗斯白银时代短篇小说创作的全貌。在翻译过程中，力求贴近原文的风采和母语的纯正。继续期待学界和广大读者的指正，使之更为完善。

吴笛
2014 年 1 月

波塔彭科

非常措施

门铃响了起来,女房东打开了大门。

"大学生格罗兹金在家吗?"一个女人的声音问道。

"在家,现在就在这里,往右边走……"

房门打开了,一个极其年轻的姑娘走了进来,——走进房间后,又犹豫不决地站在门口。

格罗兹金仔细地端详着她的脸。

"是您?!"格罗兹金惊奇地叫了起来,"是奥尔加·亚历山大罗芙娜吗?简直难以相信!"

"请您原谅……是的,是我。看在上帝的分上,请您原谅,"来客带着一副极为忸怩不安的神态,以纤柔的孩子般的声音说道。如此弱小、温柔的声音一定出自激动。她过于紧张,经过努力却没有成功摘下右手上的手套。

格罗兹金以整张脸膛和全部的身躯表现出了一种不理解的神情,也不知该说什么。

"这是您的住宅?"来客不知出于何故蓦然问道,也许由于窘迫。

"是的，我租了一间屋子。请坐吧……我完全没有想到，会是您……"

"是的，完全出乎意料……我这就讲给您听……"

"您看来很激动啊！喝杯水吧？"

"啊，不必，不必喝水的……您听我说，您在我们家住了三个月，在那段时间里我跟您没说过几句话，当然，您一定觉得奇怪，我怎么直接投奔您来了。可是我在莫斯科什么人也不认识呀。没有一个熟人。"

"您是来出差吗？"

"怎么会出差呢？难道我有差可出吗？不，我只是……喏，我只是离家出走……"

"离家出走？为什么？"

"不瞒您说，我……我想上学……我早就想上学读书……可是我的监护人……他对这件事情的看法您是知道的，他无论如何也不愿……于是我就跑出来了……"

格罗兹金根本没有想到从她那里会得到这种解释；不过，他也没有什么可期待她解释的。刚刚过去的一个夏天他在萨拉托夫省学习，住在一位退伍上校卡列宁的庄园里，给一个准备上中等军事学校的男孩辅导功课。上校是奥尔加·亚历山大罗芙娜的远房亲戚，也是她的监护人，对于上校来说，她是一个可爱的千金小姐，他从来没有想到，小姐的脑子里会涌现出什么渴望和意图。的确，在这位年轻姑娘的一对灰色大眼睛中，存在着某种谜一般的东西。上校是那种人们所称的难以共处的人，显得威严、风度翩翩，喜欢就他所厌恶的现代生活方式进行抱怨，指责年轻人的放荡，不知怎的，尤其看不惯受过教育的女性。

格罗兹金给一个准备上中等军事学校的男孩辅导功课，获得了所承诺的报酬，非常高兴，可以自由自在地搬出那户人家了。可是突然间，奥尔加·亚历山大罗芙娜站到了他的面前。

"于是您就跑出来了？……"他问道，"那么他呢……那位上校，您的监护人呢？不过，我干吗问这个呀？当然，他……他是不会原谅的……那么您该怎么办呢？要知道，这可是一件非常严肃的事情啊……您可有什么计划吗？"

她摇了摇头。

"没有！我只有愿望而已。我想上医科院校，但是，这里没有，彼得堡才有，而那里我压根儿没有一个熟人。我已经用了一年半时间学习拉丁文了，能够通过考试……我想成为一名医生。您也是学医的呀。"

"奇怪，关于这一点，您可从来没有跟我提起过呀。"

"我与您什么也没有谈过……在那个地方是没法儿谈的。但是，现在很多人都在上学读书，是吧？难道您像上校一样反对吗？"

"哦，没有，瞧您说的！读书是好事啊。我自己也在读书，为什么您就不能读书呢？任何人都有深造的权利……但是，奥尔加·亚历山大罗芙娜，人家会把您弄回去的。上校会挑起事端，强行将您弄回去的。"

"是啊，这太可怕了。所以我跑来找您。您给我出出主意吧。"

"我能给您出什么主意呢？这里什么都办不成的。不久前，也有一个姑娘离家出走了……她的父亲——一个名副其实的五品文官，在坦波夫市……结果呢，还是弄回去了……"

"那么我该怎么办呢？"姑娘无助地看着他，带着一种令他感到怜惜的哀求，"也许，我得藏到什么地方去？"

"不能躲藏。警察找上门来，事情会更加糟糕……天晓得他们会怀疑您干了什么坏事。不行，躲藏不是个办法。"

他头都炸了。这个姑娘，三个月的时间，他们天天见面，可他对她几乎一无所知，现在突然令他产生同情。格罗兹金在本质上是一个富有热情的人，受过良好教育，品格高尚。他在脑子里逐次思索种种可能的办法，但是，所有的办法都显得无济于事。

"奥尔加·亚历山大罗芙娜，您多大了？"格罗兹金问道。

"十九岁！"姑娘答道。

"年龄太小了。还得过两年才能算是成年人。"

"您听我说，"她说道，一张稚气的脸上呈现出某种阴郁的严肃表情，"您听我说，格罗兹金，我是不能回到那个地方的……我在那里要么发疯，要么死掉……那里的生活太沉重了。您看到过我的生活是多么沉重。您还知道全部情形。上校希望所有的人都能义无反顾地服从他的意志……自您走后，有几个省城里的法官经常上他那儿去，检察长的同事还向我求亲，我的监护人巴不得我早点出嫁。他就是这么一个没有同情心的人……"

"检察长的同事？那么就更加糟糕了。他会给您带来伤害的。"

"我知道的。怎么办呢？"

格罗兹金陷入沉思，仿佛是在做最后的努力。突然，他以巨大的能量站了起来，开口说道："您是否知道，只有一种办法？"

"有办法吗？"姑娘抱着希望问道。

"是的……但是……这是一个非常措施……是的，一个非常措施。是啊，您出于这种境地，您在家中的生活那么沉重，以至于您宁可了此一生。这种措施就是……简而言之，您需要结婚才行……"

奥尔加·亚历山大罗芙娜昂起头，挺直身子。

"怎么结婚？跟谁结婚？"

"跟谁都行，反正一个样……"

"我不明白……怎么可能做到呢？"

"我还没有说这件事情容易办到呢……也就是说，做这件事情是很简单的——上教堂，举行婚礼，但是需要……需要找一个非常体面的人……一句话，那个人，那个人一定要信得过才行。您明白吗？……"

姑娘以无比惊奇的眼睛望着他，心里也许在想：此人是否精神错乱？但是，他的那双眼睛如此充满理智，如此单纯，如此诚实。眼睛里流露出无尽的关切和倔强。

"您异常惊讶吧……与此同时，说真的，此处还找不到这样的人……您应当得到搭救……我们大家都应该相互搭救……您负担太沉重了，应该减轻一些。假如我沉重一些，您会轻松一些吗？……顺便问一句，请原谅，您也许与人相恋了……您有心上人吗？……"

"没有，没有，"姑娘匆忙否定说，"没有任何心上人……但是，得有一个人啊，他可以以后再爱的，他必须先结婚……怎么会是这样呢？"

"嗐，反正是一回事，就像有一个人落水了，需要跳到水里救他，我还有可能仔细思考吗？去想：我怎么能跳到水里，弄湿常礼服呢，我可是要去做客呀？当需要去救人的时候，人们通常是不会多想的。简而言之，奥尔加·亚历山大罗芙娜，既然您来到这里寻求帮助，这就是我唯一可以为您所想到的办法。我强烈赞同您的愿望，而且，我这样做，与其是为了帮助您，不如说是为了事业，为了实现理想……如果您信任我（毫无疑问，您是信任我的，要不您就不会来找我了），那么您就乐意结婚吧，——我为您效劳，我无牵无挂，没有爱过任何人，您也一样。我们不会相互妨碍地一起生活，就这么简单。您决定吧，说不定明天就会有人找到您，把您带走……"

"我不知道，"姑娘轻声说道，依然因他的建议而感到惊慌失措。

"下决心吧，下决心吧……主要的是，要平静下来，您喝口水吧……啊，天哪，您怎么就哭起来了呢？"

他倒了一杯水，递给了她，而泪水从她的眼睛里夺眶而出。

她静静地说："我不想……我不想让您做出这么大的牺牲……"

"啊，够了，怎么是牺牲呢？有什么牺牲可言？快做决定吧。我向您承诺，我任何时候都不会蓄意侵犯您的自尊和自由。您也得向我做出同样的承诺……"

他含着充满友谊的微笑，向姑娘伸出了手，姑娘把他的手紧紧地握住。

"好啦……您在我这儿坐一会儿，我得赶紧去忙了……我们必须在一个半钟头之内把事情安排好。要知道，只有现在马上安排，这件事情才有意义……因为每一分钟都有可能来人把您弄走……把帽子脱下来吧，自己安顿一下，就像在自己家里一样。您累了吧？……那么休息一下……您什么时候到的？"

"今天早上，路上用了一个通宵……"

"哦，这样啊，那么您在沙发上躺下歇歇吧。没人打扰您的……啊哈，门铃响了……一定是来找我的，——我时常有客人来访……"

他抓起帽子，跑到了过道上。他的脑袋发热。他仿佛全身都在燃烧。他欣喜若狂，充满炽热情感，尽管这一情感他总是隐藏于犹豫的、腼腆的外貌。他现在燃烧着为亲近的人做出牺牲、建立功勋的渴望。

他打开门，迎面碰到了他的胡子拉碴的高个头同学斯特列利兹。

"你怎么如此着急呀？"斯特列利兹用低沉的声音问道。

"斯特列利兹，我们走吧，有事情呢……"

他拉起同学的手，沿着楼梯走下去了。

"从来没有见过你是这个样子。是什么让你如此振奋呀？"

斯特列利兹说道，勉强跟上他的脚步。

"听着，"当他们下了楼，走到外面的时候，格罗兹金说道，"你把这件事情安排一下……不过要快，必须在今天。"

"到底是什么事情呀？你似乎有点那个……啊？"

他指了指额头，以示询问格罗兹金脑袋是否一切正常。

"哪里哪里。是啊，我还没有跟你说呢……不瞒你说，我今天必须结婚……"

"什么？你？格罗兹金？毛孩子一个？羽毛未丰？"

所有这些都是开玩笑时所用的绰号，斯特列利兹就是以这些话语来"奖赏"自己年轻的朋友。

这个高个子比他外表上看起来要年轻得多，他只不过比格罗兹金年长两岁而已，刚满二十三岁。他有一种看起来喜欢说笑的风格。

"不，"格罗兹金说道，"你态度严肃一点。必须今天结婚，你懂不懂？她从监管人的家里逃出来了。就是我去辅导功课的那个地方。她的监护人——是一位上校……这个人总是以老眼光看待事情……要把她嫁掉，可是她呢，想当医生……你懂了没有？必须今天……"

"这算怎么回事？你们之间产生了爱情，或者有什么别的缘由？"

"没有产生爱情。我与她一共也没说过几句话，可是她冲我而来了，她没有别的人可以投奔，你懂吗？……"

"嗯……假设我懂吧，只不过……我该怎么跟你说呢……我知道类似这样的一个情形……也是这样，为了理想而结婚了，可是后来她紧紧缠住他……毁了整个一生。因此，你了解她吗？"

"当然不了解，可是……可是看起来，她是个诚实的姑娘……简而言之，斯特列利兹，我请求你，抓紧安排，不要再讨论了……我也不是小孩子了……"

"对，你不是小孩子，而是还没断奶的婴儿。"

"求求你了……"

"好吧，好吧……你这么个头脑发热的家伙！从何处着手呢？哦，想起来了，我认识一个年轻的神甫，好朋友……他，如果请他来，并且把事情的来龙去脉跟他解释清楚，也许他会同意的……要知道，这可是光明磊落的事情啊……哦，她一定带了出生证吧？"

"不知道，不知道。"

"那么，你回家去了解一下吧，我去订个饭馆，在那里热闹一场。还有，戒指是必不可少的……你身边有钱吧？"

"一共只有三个半卢布。"

"太少了。我那里大概能找到四五个卢布。我马上去取，然后到首饰店里为你买点金银首饰。嗨，老兄，你叫我来的时候呀，我边走边想，是不是我们一起打台球呀？我们随后打台球怎么样？婚礼结束以后去打台球好吗？"斯特列利兹嘲笑般地问道。

"别胡闹了，斯特列利兹，时间很宝贵的……"

"好吧，好吧。"

斯特列利兹走开了，格罗兹金回到家里。奥尔加·亚历山大罗芙娜，当然，没有想到休息。

当他回来以后，姑娘已经觉得自己好像就是他的同学了，向他讲述自己的历险，怎样在夜间逃跑，怎样害怕追捕。

"我来到了莫斯科，"她说，"就像来到了巴比伦。什么也不懂，什么对于我都是新鲜的，陌生的……我甚至担心，生怕您不愿听我讲话……"

"您没有权利把我想成这样的人，奥尔加·亚历山大罗芙娜。"

"是的，我现在后悔了……但是，您要知道，您这样的好人我以前还没有见到过呢。"

"我们大家都是这样的人。现在您已经见到一些了，我们都是淳朴的人，奥尔加·亚历山大罗芙娜。"

他跟她讲起了斯特列利兹，讲他怎样碰见了他，讲他怎样去找傧相，以及怎样去买戒指。

她的脸变得绯红，双手抓起自己的皮包。

"哎，请您拿去吧。我随身带了一百七十卢布……是我两年的储蓄。拿去买戒指吧。"

"您随后交给斯特列利兹吧。我身边没钱，他是用自己的钱去买的。"

过道上传来了脚步声，几位年轻人在斯特列利兹的带领下走进了屋子。他们与奥尔加·亚历山大罗芙娜相识了。

"嗨，是这样，我跑去找神甫了！"斯特列利兹解释说，"我甚至跟他说了，让他准备茶水。还有香槟酒……他在我那里。真是可爱……出生证带了吗?"他向奥尔加·亚历山大罗芙娜转过身子,问道。

看来,她是带了出生证的。

"嗨,先生们,我觉得,我们可以步行去的。反正路也不远。"

当他们走进庭院的时候,看守人打开了小教堂的门。他们在这里遇见了神甫。他朝奥尔加·亚历山大罗芙娜看了一眼,又看了看她深棕色的裙子和挎在肩头的皮包,摇了摇头,但是什么也没有说。

他们走进教堂,看守人已经准备好了结婚仪式所需的一切。斯特列利兹,曾经毕业于宗教学校,熟悉教堂的规矩,他联系了教堂职员,吟诵了圣经中的篇章,甚至试图以最高音调结束这场吟诵。

仪式完成了。神甫走到圣坛。格罗兹金转向奥尔加·亚历山大罗芙娜,对她亲切地微笑,说:"现在您是格罗兹金夫人了。这么说来……祝贺您了!"

她急遽地抓住他的手,默默地握在自己手中。

与此同时,斯特列利兹在唱诗班席位附近张罗着,与教堂职员商谈着证书问题。他知道程序。他坚持要求教堂职员立刻坐下来书写关于完婚的文件。

神甫走了过来,邀请大家去他那里喝茶。

"我与斯特列利兹是老朋友了,"当他们走出教堂,穿过庭院,前往神甫住宅的时候,他说,"我们在宗教学校一起学习,甚至在一个班级,只不过毕业后他选择了非宗教的工作,而我却选择了宗教职业。"

神甫的妻子也出现在神甫身边。她精心打扮，朝客人们走了过来，热情地给大家倒茶。斯特列利兹急忙走到神甫身边，对着他的耳朵嘀咕了几句，神甫又转身向妻子悄悄嘀咕了几句，从此以后，他们没再谈及有关婚礼的情况，也没有向新婚夫妇询问任何问题。只是神甫的妻子带着极大的好奇心盯着奥尔加·亚历山大罗芙娜，但是所有的谈话都是关于别的无关的事情，仿佛婚礼并不是这一茶会的理由，而是大家偶尔聚集一起，尽兴交谈。

与好客的男女主人告别之后，大家来到了街上，格罗兹金将奥尔加·亚历山大罗芙娜送上出租马车，帮她坐下，接着问道："您大概明天想去彼得堡吗？"

"是的，我想明天去，"奥尔加·亚历山大罗芙娜答道，"我想顺利通过考试，并且入学读书……"

"我竭力准备好所需的一切……要知道，还得设法弄到单个的居住证。也许，我明天能够办妥……您是住在马雅斯尼兹卡亚大街85号吧？"

"是的，是带家具的房间。"

"我明天三点钟去找您，如果弄好了居住证，一起给您带去。"

奥尔加·亚历山大罗芙娜向他点了点头，走开了。

"嗨，老弟，"斯特列利兹对格罗兹金说，"虽然你是英雄，但是也要守信哦。你记得，我为什么去找你吗？"

"为什么？你说出来吧，我记不得了！"格罗兹金说道，他的脑袋还是处于混乱状态。

"喏,是这么回事!我们去打台球好吗?要知道,你可是承诺过的。"

"啊,原来是这么回事啊。喏,怎么样,我们这就去打,现在我可自由喽。"

格罗兹金遵守了诺言。第二天,从清晨起,他就开始张罗着为他妻子奥尔加·亚历山大罗芙娜办理单独居住证的事,晚上,他与斯特列利兹以及其他出席婚礼的朋友们一起,欢送自己的妻子前往彼得堡。

一群年轻人真诚地祝愿离别的姑娘一路平安,事业有成,他们大家都觉得是已经相识多年的老朋友了。

没过多久,人们得知,在上校的庄园里,由于奥尔加·亚历山大罗芙娜的失踪,引起了极大的恐慌和动荡。上校赶到了莫斯科,查明了所发生的一切,于是,他怪罪格罗兹金,狠狠找他的麻烦,但是格罗兹金勇敢地承担了一切。在这位温顺的、表面上并不稳重的年轻人身上,表现出了巨大的性格力量。无论上校对他如何恐吓,都无济于事。

他得到了奥尔加·亚历山大罗芙娜来自彼得堡的信息,说她必须承受源自监护人的更大的痛苦,但她坚强地应对。格罗兹金夫人具有丈夫所赋予的合法的居住证,这一点是不容质疑的。

于是她过起了正常的学习生活。一开始,添置生活的必需品耽搁了她太多的时间,也使得她感到困难重重。但是时间也完成了自己的使命:它软化了上校的严厉的心肠。尽管他还不承认奥尔加·亚历山大罗芙娜与格罗兹金的婚姻,但是他对所发生的事实采取了半迁就的态度,于是,他开始帮助她。

事情发生六年以后,在一个贫瘠的伏尔加河沿岸的县城,人们时常可以遇见格罗兹金夫妇满怀热忱地、争先恐后地在当时还是新生事物的地方自治会所建立的诊疗所工作。

他们怎么相逢又相聚呢?别的人都说,完全是个偶遇,他们自己似乎也是这么认为的。他在莫斯科结束自己的学业之后,不知为了什么事情到了彼得堡,并且把她当作熟人,看望了她。共同的事业使他们关系密切了。于是他们相爱了。

但是,事情真是这样吗?当初,在他不假思索地为她而牺牲最为珍贵的权利,她也欣然接受这种牺牲的那一时刻,难道没有紧密的纽带将他们维系在一起?或许,他们自己也不清楚,自从他们的目光第一次相逢,他们早就已经开始无法抗拒地相互吸引。

1899 年

(吴笛 译)

契诃夫

没出嫁的新娘

一

已经是约摸晚上十点时分,一轮满月高照在花园上方。舒明家的屋子里刚做完彻夜祷告,这是祖母玛尔法·米哈伊洛夫娜叫来做的。娜佳走到花园里去待上一小会儿。这时她看得见大厅里正往餐桌上端饭菜,祖母穿着华贵的丝绸连衣裙忙进忙出;大教堂的神甫大司祭安德烈和娜佳的母亲尼娜·伊凡诺夫娜说着事儿,此刻在夜晚灯光的映照下,透过窗户看去,母亲不知怎的显得非常年轻。旁边站着安德烈神甫的儿子安德烈·安德列依奇,他在专注地听着。

花园里静悄悄、凉爽爽的,地面躺着一个个幽暗、宁静的阴影。远方某处,很远很远的地方,也许在城外,传来声声蛙鸣。感觉得到五月,亲切的五月的气氛。不由得要深深吸上一口气,想到不是在此地,而是在苍穹下的某处,林梢的上方,远离城市的所在,在田野和林间,此时此刻春的生命,神秘、美好、丰富和神圣的春的生命,正在蓬勃伸展,这样的生命,脆弱、有罪的人是无法理解的。于是不知为什么想怆然涕下。

她，娜佳，已经二十三岁了；从十六岁那年起她热切地希望出嫁，现在，她终于成了安德烈·安德列依奇，也就是站在窗户里面这一边的那位的未婚妻。她喜欢他，婚礼定在七月七日举行，然而此时却感觉不到快乐，夜间她睡不好觉，欢乐的心情荡然无存……从厨房所在的地下层，透过敞开的窗户听得见里面的忙忙碌碌，刀子的叮当声，装滑轮的门扇乒乒乓乓的碰击声，闻得到炸火鸡和醋渍樱桃的气味。这时不知怎的，不由得会觉得现在全部生活就将会这么过下去，无有间隙，无有尽头。

正好有人走出屋去，在门廊台阶上留住了脚步。这是亚历山大·季莫费耶伊奇，或者叫随便一点就是萨沙[1]，大约十天前来自莫斯科的客人。从前祖母的一个远房亲戚玛丽娅·彼得罗夫娜常来祖母这里请求周济，她是一个破落的贵族寡妇，个子小小瘦瘦，病病歪歪。她有个儿子叫萨沙，不知什么原因大家说起他时，都称他是个出色的画家。母亲死了以后，祖母为了拯救灵魂，送他到莫斯科进了警察学校，大约过了两年他转到美术专科学校，在那里几乎待了十五年。勉勉强强从建筑艺术系毕了业，不过他依然没有搞建筑艺术，而是在莫斯科的一家石印工厂做事。几乎每年夏天他都来祖母这里，一般都病得厉害，以便到此休息和康复。

现在他身上穿一件系上扣子的常礼服和一条穿旧的帆布裤

---

[1] 萨沙是亚历山大的简称。

子，裤脚的下沿踩在脚跟下，衬衫未经熨烫，整个人显出一副疲惫不堪的样子。他很瘦，长着一双大眼睛，手指修长瘦削，留着大胡子，面色黧黑，不过仍然很漂亮。他已和舒明一家相处得很熟，就像自家人一样，在他们那里，他就像在自己家里一样。他在这里住的那个房间早就被叫作"萨沙的房间"了。

他站在台阶上看见了娜佳，就向她走去。

"你们这儿挺好的。"他说。

"当然好。您最好在这儿住到秋季。"

"是啊，大概只能这样了。我在你们这儿大概会住到九月前。"

他无缘无故地笑起来，就在旁边坐了下来。

"我现在坐着，从这儿看我妈妈，"娜佳说，"从这儿看上去她显得那么年轻！当然我妈妈有弱点，"她停了一会儿又说道，"不过她仍然是个不平凡的女人。"

"是的，一个好人……"萨沙附和说，"您的妈妈从她自己方面说当然是个心地很善良而且很可爱的女人，可是……怎么对您说呢？今天一大早我到了你们家厨房，那里四个仆人直接在地板上睡觉，没有床铺，代替被褥的是一堆破布，一股臭气，爬满臭虫和蟑螂……和二十年前一样，毫无变化。再说奶奶，托上帝的福，正因为如此她才是奶奶。而妈妈，她不是会说法语，参加演出吗？她似乎能够明白这一点。"

萨沙说话的时候就在听者面前伸出两根长长瘦瘦的手指头。

"因为不习惯，我觉得这里的一切不知怎的有点陌生。"他接着说,"鬼知道,这儿每个人什么事也不做。妈妈整天优哉游哉。像个公爵夫人似的。奶奶也什么事也不做,您也一样。还有那位未来的新郎倌安德烈·安德列依奇也什么事也不做。"

娜佳去年就听过这番话了,而且好像前年就听过了,她知道萨沙不会发别的议论,以前这些话逗得她发笑,现在却不知为什么,她觉得腻烦了。

"这些话都是老生常谈了,早就烦死人了,"说着她站了起来,"您最好还是想些新点儿的东西说说。"

他笑起来,也站起了身子,两个人便向屋里走去。她,个子高挑,容貌姣好,身材苗条,现在和他并排走在一起显得非常健康和漂亮。她感觉到这一点,她开始怜悯他,不知怎的觉得不自在起来。

"您常说许多多余的话,"她说,"就在刚才您还说到我的安德烈,可是您并不了解他。"

"我的安德烈……上帝保佑他,您的安德烈!我正为您的青春感到可惜呢。"

他们走进大厅时,那里已经坐下来吃晚餐了。祖母,或者按家里人对她的称呼叫奶奶,身体很胖,样子不好看,眉毛很浓,嘴上长着茸毛,大声说话,凭她说话的声音和口气就能清楚地看出她在家时说了算。商场里有几排货摊,还有这幢带廊柱和花园的老式房子都属于她,但是她每天早晨还是要祈求上帝拯救她免遭破产。而且祷告时还要落泪。她的媳妇,娜佳的母亲尼娜·伊凡诺夫娜长着一头浅色头发,腰身束得很紧,戴夹鼻梁眼镜,每个手指上都戴着钻戒。安德烈神甫,一个老头，瘦瘦的，没有牙齿，他的表情仿佛表示他打算说出一件好笑的事来。他的儿子安德烈·安德列依奇，娜佳的未婚夫，长得胖胖的，相貌堂堂，留着一头鬈发，像个演员或者画家。这三个人都在谈论催眠术。

"你在我这儿待一个星期病就会好，"奶奶对萨沙说。"不过你得多吃点儿。看你像什么样子！"她叹口气说，"你变得样子可怕了！看你的样子真是地地道道的浪子一个。"

"孽种荡尽了从父亲那儿得来的财产，"安德烈神甫眯着一双笑眼慢腾腾地说，"就去放牧不通灵性的牲口了……"

"我喜欢我老爸。"安德烈·安德列依奇摸摸父亲的肩膀说，"一个了不起的老头。一个善良的老头。"

大家都不说话了。萨沙突然笑起来，拿餐巾蒙住了嘴。

"也许您相信催眠术？"安德烈神甫问尼娜·伊凡诺夫娜。

"当然我不能肯定我相信，"尼娜·伊凡诺夫娜脸上露出十分严肃、甚至严厉的表情回答说，"不过我应当承认自然界有许多神秘和难解的事情。"

"我完全同意您的见解，虽然我应当补充自己的意见，信仰使我们缩小了神秘事物的范围。"

端上来一只硕大的肥火鸡。安德烈神甫和尼娜·伊凡诺夫娜仍在继续自己的谈话。尼娜·伊凡诺夫娜手指上的钻戒熠熠生光，接着她的眼睛闪出了泪花，她激动起来。

"虽然我不敢和您争论，"她说，"可是您得同意生活中有这么多没有解开的谜！"

"一个也没有，我敢向您保证。"

晚餐后,安德烈·安德列依奇拉小提琴,尼娜·伊凡诺夫娜用钢琴伴奏。十年前他毕业于大学语文系,但是没有在任何地方供过职,没有固定工作,只是偶尔参加慈善性质的音乐会;在城里人们称他为演员。

安德烈·安德列依奇演奏着,大家都在默默地听着。桌子上的茶炊发出轻轻的沸腾声,只有萨沙一个人在喝茶。后来,当时钟敲响十二点时,提琴突然断了一根弦。大家笑起来,忙碌起来,纷纷开始告辞。

送走未婚夫后,娜佳上楼,去往自己的房间,她和母亲住在楼上(楼下归祖母住)。楼下大厅里开始熄灯,萨沙还坐着喝茶。他总是按莫斯科的习惯长时间地喝茶,一次喝上六七杯。娜佳脱衣躺在床上时还能听见楼下仆人在收拾,奶奶在生气。最后,一切归于宁静,只是偶尔听见楼下萨沙在自己房间里粗声地咳嗽。

二

娜佳醒来的时候大约是两点钟。黎明已经开始。远处的更夫在打更。没有睡意,躺在床上觉得软绵绵的,浑身不自在。就如在以往所有的五月之夜那样,娜佳在床上坐起身,开始东想西想。想的事情还是和昨天夜里一样。依然是单调、多余、缠人的思绪,她想到安德烈开始追求她,向她求婚,她接受了求婚,然后肯定了这个善良的聪明人身上的优点。然而不知为什么现在,离结婚不到一个月的时候,她开始感到恐惧、不妥，似乎等待她的是某种捉摸不定、沉重难受的东西。

"嘀——笃，嘀——笃……"更夫懒洋洋地敲着梆子，"嘀——笃……"

从陈旧的大窗户往外看，能见到花园，再远处是一丛丛鲜花盛开的丁香树，显得睡意蒙眬，在寒气中有点有气无力。夜雾，白色、浓密的夜雾静悄悄地飘向丁香树，想把它们笼罩起来。远处的村庄里白嘴鸦在啼鸣。

"天哪，我为什么心头这么闷！"

也许所有临嫁的新娘都会有同样的感受。谁知道呢？或许这是萨沙的影响？可是上面写到的那些话萨沙讲了已经连续好几年了，而且在他说这些话的时候，总让人觉得天真和奇怪。然而为什么萨沙还在她脑子里挥之不去呢？为什么？

更夫早已不在打更了。鸟儿开始在窗下和花园里喧闹，雾气已从花园里消散，四周的一切沐浴在春光里，仿佛露出一张张笑脸。不久被阳光晒得暖洋洋的花园便处在温情的包围之中，活跃起来，一滴滴露珠像宝石一样在树叶上闪烁着晶莹的光芒；早已荒芜的古老花园在今天早晨看上去是如此年轻、漂亮。

奶奶已经醒来。萨沙开始用粗重的声音咳嗽。听得见楼下已摆上茶炊，正在搬动椅子。

时钟在徐缓地走动。娜佳早已起身，早已在花园里散步，清晨还迟迟不肯离去。

这时尼娜·伊凡诺夫娜脸上带着泪痕，手里拿着一杯矿泉水出现了。她对招魂术和顺势疗法[1]感兴趣,看了许多书,喜欢谈自己所怀疑的问题,这一切,娜佳觉得蕴藏着深奥、神秘的含义。现在娜佳吻了吻母亲,和她并排走去。

"妈妈,您为什么哭过了?"她问。

"昨天夜里我开始看一篇小说,小说描写了一个老头和他的女儿。老头在一个地方供职,但是他的上司爱上了他的女儿。我没有看完,不过小说里有一个地方叫人看了忍不住要掉眼泪。"尼娜·伊凡诺夫娜说着从杯里喝了一口水,"今天早上我想到了这情节,又掉眼泪了。"

"这些天我老觉得很不愉快,"娜佳沉默了一会儿后说道,"我为什么到夜里总睡不着觉?"

"我不知道,宝贝儿。我在夜里睡不着觉的时候就紧紧地闭着眼,你看就这么闭着,在心里想象着安娜·卡列尼娜,想象她走路的样子,说话的样子,或者想象某一件历史上的事,古代世界中的事……"

娜佳感到母亲不理解她,也不会理解。她平生第一次有这种感觉,所以她觉得害怕起来,想让自己躲藏起来;于是她走开,回到自己房里。

两点钟时大家坐下用午餐。这天是星期三,守斋的日子,所以端给祖母的是红甜菜汤和稀饭煮鳊鱼。

为了逗祖母,萨沙既吃了自己的荤汤,又吃了素的红甜菜汤。大家吃饭的时候,萨沙不停地说笑话,但是出自他口中的

---

[1] 十八、十九世纪之交德国医师哈内曼创立的疗法,主张用微量药物治病,如用大剂量反会导致本病。

笑话十分冗长，而且老想借此教训人，结果一点也不好笑。在他说俏皮话之前向上竖起两根长长瘦瘦、死人般的手指时，再想到他病得很重，也许不久于人世时，不禁会对他生出怜悯之心，甚至忍不住伤心落泪。

午餐以后祖母回房休息去了。尼娜·伊凡诺夫娜弹了一会儿钢琴，后来也走了。

"唉呀，亲爱的娜佳，"萨沙开始了自己午后的日常话题，"假如您听进了我的话！假如！"

她深深地坐在老式安乐椅里，闭着眼，他静静地在房间里踱步，从这头到那头。

"假如您出去求学！"他说，"只有受过教育和纯洁的人才有意思，只有他们才是需要的人。要知道这样的人越多，天国降临大地的日子越快。到那时你们的城市渐渐地会被夷为平地，——一切都会底朝天，向上飞走，一切都会变了模样，像施了魔法一样。到那时这里会有高大华丽的屋宇，美丽的花园，喷泉，不同凡响的优秀人物……不过主要的还不在于此。主要的是我们所认为的那些芸芸众生，现在他们还是我们概念中的那种样子，到那时他们就不会那么坏了，因为每个人都会有信仰，每个人都会知道自己为什么活着，没有一个人会从芸芸众生中去寻找支持。亲爱的好姑娘，走吧！让所有的人看到您对这死水一潭、灰色而罪恶的生活已经厌倦。即使您让自己看到这一点也好！"

"不可能，萨沙。我要嫁人了。"

"唉，够了！谁需要这个？"

他们两人走到花园里,走了不多一会儿。

"不管怎么样,我的好姑娘,应该仔细想想,应该明白,你们这种游手好闲的生活是多么地肮脏,多么地不道德。"萨沙继续说,"您要明白,如果,比方说,您、您的母亲,还有您的奶奶什么事也不做,那就意味着另一个人在为你们干活,你们把别的什么人的生活吞食了,这难道干净吗,不肮脏吗?"

娜佳想说:"不错,这是实话。"她想说她心里明白;但是泪珠儿滚出了眼眶,她突然沉寂不语,全身缩成一团,回到了自己房里。

傍晚前,安德烈·安德列依奇来了,像往常一样拉了好长时间的小提琴。总的说,他不善言谈,而且喜欢拉提琴也许是因为拉琴的时候可以不说话。十一点钟,在起身回家时他已穿上大衣,拥抱了娜佳,开始贪婪地亲吻她的面孔、肩膀和双手。

"我珍贵的、亲爱的、美丽的姑娘!……"他喃喃地说,"哦,我多么幸福!我兴奋得要疯了!"

她仿佛觉得她很久以前就听见过这些话了,那还是非常久远的时候,或者她在某一本小说里读到过,那是一本旧的、撕破了的、早已丢弃的书。

大厅里萨沙坐在餐桌边喝茶。用他那五个长长的手指托着茶碗的衬碟。奶奶摊开了纸牌在算卦,尼娜·伊凡诺夫娜在看书。圣像前的灯火发出毕剥的声响。一切显得宁静而如意。娜佳和大家道过别就上楼回到自己房间,她躺下来,立刻就睡熟了。但是和昨夜一样,天刚破晓她就醒了。睡意已消,心里感到不宁、沉重。她坐起身,把头支在膝头,想着未婚夫,想着婚礼……不知为什么她想到她的母亲并不爱自己已故的丈夫,现在一无所有,完全依靠自己婆婆也就是奶奶生活。不管怎么想,娜佳依然想不明白为什么至今她还在自己母亲身上看到某种独特、不平凡的东西,为什么看不出她是一个普通、平常而不幸的女人。

楼下萨沙也没有睡——听得见他在咳嗽。娜佳想,这是个奇怪而天真的人,在他的理想中,在所有那些美丽的花园、不同寻常的喷泉里,感觉得到某种荒诞不经的东西;然而在他的天真里面,甚至在这种荒诞不经的东西里面,不知为什么存在着如此美好的东西。这使她刚一想到她该不该出去求学,整个心灵,整个胸膛就会袭上一股清清的凉意,充满了愉快、兴奋的感觉。

"不过还是不去想它好,还是不想好……"她悄悄地对自己说,"不应该这样想。"

"嘀——笃……"远处更夫在敲着梆子,"嘀——笃……"

三

六月中旬,萨沙突然觉得无聊,打算去莫斯科了。

"在这座城市里我住不下去了,"他闷闷不乐地说,"既没有自来水,也没有排水系统!吃饭的时候我都恶心得吃不下去:厨房里脏得不能再脏了……"

"再待几天吧,浪荡子!"祖母不知什么原因压低了声音悄悄劝他,"七号就要办喜事了!"

"我不想待了。"

"你不是想在我们这儿住到九月再走吗!"

"现在可不想待了。我得去干活了!"

遇上了一个潮湿、阴冷的夏天,树木湿漉漉的,花园里的一切看上去阴沉沉的,令人心情忧郁,确实使人想到该干活了。楼上楼下的各个房间都传出陌生女人的说话声,祖母的房里缝纫机在哒哒作响——这是在赶制嫁妆。光是为娜佳做的毛皮大衣就有六件,其中最便宜的一件,据祖母说也值三百卢布!忙忙碌碌的景象使萨沙十分生气,他坐在自己房里发脾气。但是大家都在劝他留下来,他答应说会待到七月一日,不会更早。

时间过得很快。在彼得节[1],午饭以后,安德烈·安德列依奇陪娜佳到莫斯科街再次去看房子,这是早就租下来为新婚夫妇准备的。房子有两层,眼下只收拾好了楼上的一层。大厅里铺着亮光光的镶木地板,摆着维也纳风格的椅子、钢琴和提琴乐谱架。闻得到一股油漆味。墙上挂着一幅装在金色画框里的油画:画的是一个裸女,她旁边是一只断了把的紫色花瓶。

"一幅好画,"安德烈·安德列依奇说,出于敬仰之心他赞叹了一声,"这是画家希施马契夫斯基的手笔。"

再进去是客厅,放着圆桌、沙发和几张圈椅,包着鲜艳的

---

[1] 基督教节日,在六月二十九日。

蓝色面料。沙发上方是安德烈神甫的大幅照相,头戴法帽,胸佩勋章。然后两人走进带餐柜的餐厅,接着走进了卧室;这里在半暗不明的光线下并排放着两张床,似乎当初在安排卧室的时候已经考虑到现在这样摆无论何时都会觉得很好,别的摆法不可能有。安德烈·安德列依奇带娜佳走进一个个房间,一直搂着她的腰。她觉得自己虚弱无力,心中有愧,她恨所有这些房间、床铺、圈椅,裸体的女士使她感到恶心。她已经明白,她已不再爱安德烈·安德列依奇,或者她可能从来就没有爱过他;然而这件事怎么说,对什么人说,为什么会有这些想法,她不明白,也无法明白,尽管她日日夜夜都在想这件事……他搂着她的腰,说起话来是这样亲切、温雅,在自己的居处走来走去的时候是这样幸福。可是她从这一切看到的只是庸俗、愚蠢、未加掩饰和难以忍受的庸俗,连他那搂着她腰部的手,她也觉得很生硬,冷冰冰的,仿佛一个桶箍。她每时每刻都想逃走,放声大哭,从窗口跳出去。安德烈·安德列依奇带她走进浴室,在这里他碰了碰装进墙里的龙头,突然水流了出来。

"怎么样?"说着,他大笑起来,"我吩咐在阁楼上装了一个可容一百桶的水箱,这样我和你就有自来水了。"

他们俩走进院子,接着走到外面,叫来了马车。尘土飞扬,犹如稠密的乌云,看上去仿佛就要下雨似的。

"你觉得冷吗?"安德烈·安德列依奇因为灰尘而眯起了眼睛,问道。

她没有吭声。

"你记得,昨天萨沙指责我什么事也不做。"他静默了一会后说道，"又怎么样呢，他说得对！无比正确！我什么事也不做，也不会做。亲爱的，为什么会这样？为什么我甚至一想到有朝一日我脑门上会戴上制帽，出去供职，心里就这么反感？为什么我一见到律师，或拉丁语教师，或参议会员就浑身觉得不自在？哦，俄罗斯母亲！哦，俄罗斯母亲，你身上还会负荷多少游手好闲、毫无益处的人！你身上负荷着多少像我这样的人啊，灾难深重的俄罗斯！"

他对自己什么事也不做这一点做了概括，从中看到了时代特征。

"等我们结了婚，"他接着说，"我们就一起到乡下去，亲爱的，在那里我们会工作！我们给自己买下一小块土地，这块地上有花园，有河流，我们将会劳动，观察生活……哦，这该有多好！"

他摘下宽檐帽，被风吹乱了头发。她听他说着，心里在想："天哪，我想回家，天哪！"几乎在自己家门口，他们赶上了安德烈神甫。

"看，是神甫在走！"安德烈·安德列依奇高兴起来，挥起了帽子。"我爱自己的老爸，是的。"他在向车夫付账时说，"一个了不起的老头，好心肠的老头。"

娜佳走进屋里，想到整个晚上都有客人，想到要应付他们，强装笑脸，听提琴演奏，听各种各样的废话，想到说的都是跟喜事有关的话，她就生气，提不起精神。祖母坐在茶炊边，穿着那身绸衣服显得不可一世、雍容华贵、态度傲慢，在客人面前她看起来总是这样。安德烈神甫带着狡黠的笑容走了进来。

"见到您身体非常健康,我感到舒心和莫大的欣慰。"他对祖母说,很难明白他这是在说笑话呢还是说正经话。

四

风儿敲打着窗户和屋顶,听得见呼啸声,炉炕内家神正在如怨如诉、闷闷不乐地哼着歌曲。时值夜间一点钟。屋子里大家都已就寝,但是谁也没有入睡,娜佳依然觉得楼下仿佛有人在拉提琴。传来一下猛烈的撞击声,可能是一扇百叶窗脱落了。过了一会儿,尼娜·伊凡诺夫娜只穿一件衬衫,举着蜡烛走了进来。

"刚才是什么东西咣当一响,娜佳?"她问。

母亲的头发编成一个辫子,脸上挂着胆怯的笑容,在这个风雨交加的夜晚显得老迈,不漂亮,个子也小了一些。娜佳想到还在不久以前她曾觉得自己的母亲不同凡响,怀着自豪的心情听着她说的话;而此刻却怎么也想不起这些话了;浮上记忆的那些东西都是那么模糊、无用。

炉炕里有几个低音在歌唱,甚至听起来像是"啊,我的天!"娜佳在床上坐起身,突然紧紧抓住头发,大哭起来。

"妈妈,妈妈,"她说道,"我亲爱的妈妈,要是你知道我发生了什么事,该多好!我请求你,央求你,允许我离开这里!求你了!"

"去哪儿?"尼娜·伊凡诺夫娜没听明白,问道,接着在床上坐了下来,"去哪儿?"

娜佳哭了好久,一句话也说不出来。

"你让我离开这座城市!"她终于说了出来,"喜事不应当办,也不会办了,你要明白!我不爱这个人……而且我无法说他这个人。"

"不,我的亲闺女,不行,"尼娜·伊凡诺夫娜大吃一惊,快速地说道,"你安静些,这是因为你心情不好。这会过去。这是常有的事。看样子你和安德烈拌过嘴了,不过和相爱的人拌几句嘴,心里只会更舒坦。"

"得啦,你走吧,妈妈,走吧。"娜佳大哭起来。

"是啊,"尼娜·伊凡诺夫娜沉默了一会儿后说道."多久以前你曾经是个婴孩,一个小女孩,可现在已经快做新娘了。大自然一直在新陈代谢。你不会发觉自己怎么会变成一个母亲,一个老太婆,你也会像我一样,有一个固执的小女儿。"

"我亲爱的、善良的妈妈,你可是个聪明的女人。不幸的女人,"娜佳说,"你非常不幸,你为什么说这些庸俗的话?看在上帝分上,为什么?"

尼娜·伊凡诺夫娜想说什么,但是一句话也说不出口,便抽泣了一声,回到了自己房里。炉炕里低低的声音又呼啸起来,突然变得令人毛骨悚然。娜佳从床上一跃而起,迅步向母亲房里走去。尼娜·伊凡诺夫娜泪流满面。用被子蒙着头躺在床上,双手捧着一本书。

"妈妈,你仔细听我把话说完!"娜佳说道,"我求你了,你仔细想想,心里要明白!你只需要明白一点,我们的生活微不足道和丢面子到了何种程度。我的眼睛已经睁开，现在我什么都看得见了。你的安德烈·安德列依奇究竟是什么？要知道他并不聪明，妈妈！我的天！妈妈你要明白，他很蠢！"

尼娜·伊凡诺夫娜霍的一下坐起来。

"你和你那位老奶奶折磨得我好苦！"她抽泣了一声说，"我要活下去！活下去！"她重复说，并用拳头在胸口捶了两下："你们给我自由！我还年轻，我要活下去，可你们却把我变成了一个老太婆……"

她痛苦地哭起来，又躺了下去，在被子里缩成一团，看上去是这么小，这么可怜，这么愚蠢。娜佳回到自己房里，在窗口坐下，开始等待早晨的来临。她整夜坐着，想着，外面似有人还在敲着百叶窗，发出呼啸声。

早晨，祖母抱怨着夜里风把花园里所有的苹果都吹落了，还刮断了一棵李子树。天色灰暗，阴沉，令人郁闷，真想点上一盏灯。大家都抱怨天冷，雨点打击着窗户。喝过茶以后，娜佳走进萨沙的房间，在圈椅旁边的角落里跪下，双手捂住了脸。

"怎么啦？"萨沙问。

"我不能……"她说道，"我以前在这里怎么生活得下去，我不明白，也理解不了！我看不起未来的丈夫，也看不起自己，看不起这儿游手好闲、毫无意义的全部生活……"

"好吧，好吧……"萨沙尚未弄清是怎么回事，说道，"这没关系……这是好事。"

"这种生活使我感到羞耻，"娜佳继续说，"在这儿我一天也容忍不下去了。明天我要离开这里。看在上帝分上，您带我跟您走吧！"

萨沙惊讶地看她一会儿，终于他弄明白了，便高兴得像个孩子似的。他两手一挥，用穿便鞋的脚跺起来，仿佛在因高兴而跳舞。

"好极了！"他一面搓着手一面说，"老天呀，这有多好啊！"

她用一双醉心的眼睛一眨不眨地望着他，像着了魔似的，等待着他说出某句意义重大、无限重要的话来；他还是什么话也没有对她说，但是她却觉得她的面前已经展现出一种新的、宽广的境界。那种境界她以往是未曾知晓的，而此刻却已满怀着期待在凝视着它，愿意去做任何事情，哪怕去死。

"我明天走，"他想了想说，"您搭车到火车站去送我……您的行李我放在手提箱里带走，车票也由我替您去买；到响第三遍铃时您走进车厢来——我们就出发了。您送我到莫斯科，从那儿一个人到彼得堡，身份证您有吗？"

"有。"

"我向您发誓，您不会感到遗憾，也不会后悔。"萨沙兴奋地说，"您乘车走了，您将去求学，到了那里就让命运带着您前进吧。等您的生活翻了个个儿，就一切都变啦。主要的是让生活翻个个儿，其余的都不需要了。就这么定，也就是说咱们明天出发？"

"哦，是的！看在上帝分上！"

娜佳觉得她心里很激动，觉得她从未这么心事重重，觉得从现在起直至她离去,她将不得不经受煎熬,进行痛苦的思索;然而当她刚上楼回到自己房里,往床上一躺,立刻就进入了梦乡,她睡得沉沉的,脸上带着泪痕,挂着笑容,直至晚上。

五

家里派人去叫马车了。娜佳已经戴上宽檐帽,穿好大衣,走上楼去再一次看看母亲,看看自己的一切。在自己房里,她站在被褥依然温热的床边环顾四周,然后静静地走到母亲房里。尼娜·伊凡诺夫娜还在睡觉,房间里静悄悄的。娜佳吻了吻母亲,抚了抚她的头发,站了大约两分钟……接着从容地回到楼下。

外面下着大雨。张上篷的马车停在门口,整个儿湿漉漉的。

"娜佳,你和他两个人车里坐不下,"当仆人把手提箱往车上放的时候,祖母说,"你真有兴致在这样的天气送客人上路!你还是待在家里吧。你看看,雨下得多凶!"

娜佳想说点什么,可是说不出。这时,萨沙让娜佳坐到车上,用方格毛毯盖住她的膝头。接着自己也在旁边坐下。

"一路顺风!上帝祝福你们!"祖母从门廊台阶上大声说,"萨沙,你在莫斯科可要给我们写信啊!"

"好吧!再见,奶奶!"

"圣母保佑你!"

现在娜佳才哭了起来。现在她明白地知道，她必定得离家远去了，在她和祖母道别，在她看望母亲的时候，对此她心里仍然是将信将疑的。再见了，城市！突然间什么都涌进了她的记忆：无论安德烈，无论他的父亲，无论这新的住宅，还是那裸体的女人和花瓶；这一切已不再使她害怕，感到压抑，而是显得幼稚和微不足道，正在向后远去，远去。当他们两人坐进火车车厢，火车启动的时候，过去的一切，这如此巨大而严重的一切，便缩成了一团；而硕大无朋、辽阔宽广的未来正在徐徐展开，在此之前这未来是那么不显眼。雨敲打着车厢的窗户，只看得见绿色的田野，电线杆和停在电线上的鸟儿在眼前一一闪过，欢乐的心情突然攫住了她的呼吸。她想起来了。她是在奔向自由，驰上求学之路，这和很久以前被称作投奔哥萨克的行为，是一模一样的。她又笑、又哭、又祈祷。

"没关系——系！"萨沙得意地笑着说，"没关系——系！"

六

秋天过去了，随后冬天又过去了。娜佳已染上浓浓的乡愁，每天都在思念母亲、祖母，思念萨沙。一封封平静、善意的书信从家里寄来这里，看来一切都被原谅、被忘却了。五月里，考试过后她身体棒棒的，高高兴兴的，启程回家了，途中在莫斯科逗留，以便见见萨沙。他还是去年夏天那副样子：胡子拉碴，头发蓬乱，还是穿着那件常礼服，那条帆布裤，依然瞪着那双漂亮的大眼睛；但是他面色不好，一脸倦容，他变老了，也变瘦了，不停地咳嗽。不知为什么娜佳觉得他毫无光彩，土里土气。

"我的天哪，是娜佳来啦！"说着他高兴地开怀大笑，"我亲爱的，好姑娘！"

他们在石印工厂坐了一会，那里充满了卷烟的烟味和浓得叫人透不过气的油墨与颜料味。接着两人到了他的房间，里面满是卷烟的烟味，地上痰迹斑斑；桌子上，冷却的茶炊旁放着一只打破的盘子，上面有张黑黢黢的钞票，桌子和地板上有许多死苍蝇。从这一切可以看出萨沙自己的个人生活安排得极其糟糕，过得随随便便，对舒适两字他毫不在乎，要是有人和他谈起他的个人幸福、个人生活，别人对他的爱，恐怕他会毫不理解，恐怕只会发出笑声。

"没事儿，一切都顺顺当当地应付过去了，"娜佳急急忙忙说，"秋天妈妈到彼得堡来看过我，说祖母没有生气，只是老往我房间里走，对着四面墙壁画十字。"

萨沙兴冲冲地望着，但是发出一阵阵咳嗽，说话的声音发颤。娜佳凝视着他，不清楚他是真的病得很重，或者这只不过是她的感觉。

"萨沙，我亲爱的，"她说道，"您要知道自己生病了呢！"

"不，没事儿。生病了，但是不厉害……"

"唉，我的天，"娜佳不安起来，"您为什么不看病，为什么不爱惜自己的身体？我亲爱的，亲爱的萨沙，"她说着眼眶里滚出了泪水。不知为什么她的想象中出现了安德烈·安德列依奇，出现了裸体的女人和花瓶，出现了她既往的一切。如今她觉得如此遥远,仿佛童年一样遥远的一切。她哭泣起来,因为她觉得萨沙已不像去年那样,显得那么新鲜、有书生气、有趣味。

"亲爱的萨沙,您病得非常非常厉害。我不知道怎么办才能使您不会那么苍白,那么消瘦。我是多么感激您!您简直无法想象,您为我做了这么多事,我的好萨沙!从本质上说,您现在是我最近、最亲的人。"

他们坐了一会儿,聊了一阵。如今,当娜佳在彼得堡度完一冬以后,从萨沙身上,从他的谈吐、他的笑容和他整个人的身影,散发出来的是一种衰亡、陈旧、早已熟透和也许已然进入坟墓的气息。

"我后天要去伏尔加河,"萨沙说,"然后去接受马奶酒治疗。我想喝喝马奶酒。和我一起走的有我的一个朋友,还有他妻子。他妻子是一个很出色的人。我一直在怂恿她,劝她出去求学。我希望她把自己的生活翻个个儿。"

谈了一阵后,两人乘车去了火车站。萨沙招待她喝茶,吃苹果;当火车启动、她微笑着挥着手绢的时候,就是从他的双脚都能看出他病得很重,恐怕活不了多久了。

娜佳回到自己的城市已经是中午。在乘车从火车站回家的路上,她仿佛觉得街道非常宽广,房屋却又小又矮;一路不见行人,只遇到个德国钢琴调音师,身穿一件红棕色大衣。所有的房屋似乎都蒙着一层灰尘。祖母已经完全老态,依然身躯肥胖、样子难看,用双手抱住娜佳,把脸贴在她的肩头,哭了好久,难分难舍。尼娜·伊凡诺夫娜也大大地变老、变难看了,整个人似乎变瘦了，不过还是和以往一样紧紧地束着腰，手指上的一枚枚钻戒仍然熠熠生辉。

"我的宝贝！"她全身颤动着说，"我的宝贝！"

接着她们坐下来默默地流着泪。看得出来，无论祖母还是母亲都觉得往昔的生活已永远失去，无可返回了——她们已没有了社会上的地位，也没有昔日的荣耀，更没有邀人来家做客的权利。当轻松、无忧无虑的生活中突然遇到夜间警察临门、进行搜查，原来屋里的主人犯了盗用公款和伪造证件罪时，常常会出现这种情景——于是，永别了，轻松、无忧无虑的生活！

娜佳走上楼去，看见了原来的床铺，原来挂着朴素大窗帘的窗户，窗外依旧是那个洒满阳光、欢乐、喧闹的花园。她碰了碰自己的桌子，坐了一会儿，想了一会儿。午饭她吃得很好。喝了掺有可口多脂的凝乳的茶，然而已经感到屋里缺了点儿什么，一个个房间也觉得空空洞洞的，天花板也低低的。夜晚她躺下睡觉，用被子蒙着头，不知什么原因，躺在这张温暖、非常柔软的床上觉得可笑。

尼娜·伊凡诺夫娜过来待了一会儿，她坐下来，像犯了过错似的，提心吊胆，左顾右盼。

"怎么样，娜佳？"她沉默了一会儿后说，"你满意吗？非常满意吗？"

"满意，妈妈。"

尼娜·伊凡诺夫娜站起来，对着娜佳和窗户画十字。

"你看到，我开始信教了，"她说，"我告诉你，我现在对哲学感兴趣,一直在想啊想的……对我来说,许多事都像白昼一样一目了然了。我觉得首先要让生活过得像从三棱镜里透过那样。"

"你告诉我,妈妈,祖母身体怎么样?"

"似乎没什么问题。当初你和萨沙走了,又收到你打来的电报时,祖母一念过电报就倒下了,躺了三天毫不动弹,后来就不断地向上帝祷告,哭泣。现在已经没事了。"

她站起来在房间里走动。

"嘀——笃……"更夫在打梆子,"嘀——笃……"

"首先要像透过三棱镜一样过生活,"她说,"换句话说也就是在心里要让生活分析成一个个最简单的元素,就像七种基本颜色似的,对每一种元素还应当个别地进行研究。"

尼娜·伊凡诺夫娜还说了什么话,她什么时候离开的,娜佳没有听见,因为她很快就睡着了。

五月过去,六月来临了。娜佳对家里已经习惯。祖母忙着张罗茶炊,深深地叹着气。尼娜·伊凡诺夫娜每到晚上就谈她的哲学:她依然像寄居的食客一样住在家里,每一个铜板都得向祖母张口去要。屋子里有许多苍蝇,每个房间的天花板似乎变得越来越低了。奶奶和尼娜·伊凡诺夫娜不敢出门上街,怕遇见安德烈神甫和安德烈·安德列依奇。娜佳在花园里、街上漫步,望着一间间房屋、一堵堵灰色的围墙,她觉得城里的一切早已变老,衰败了,这一切唯一期待的是某种年轻、新鲜的东西,期待的既不是它的开头,也不是它的终了。哦,如果这新的、灿烂的生活能早些来临该有多好,到那时可以直接地、勇敢地正眼面对自己的命运，意识到自己是正确的，去做个快乐和自由的人！这样的生活早晚会来临！祖母的房子里生活是这么安排的，在那里四个仆人挤在一个房间，住在地下层，身处污秽之中，没有别的活法。可是会有那么一天，到时候这间房屋将荡然无存，人们会忘却它，再也不会有人记起它。只有邻家院里的几个小男孩儿拿娜佳逗乐：当她在花园里散步时，他们敲敲栅栏，笑着逗她："没出嫁的新娘！没出嫁的新娘！"

从萨拉托夫寄来了萨沙的信。他用自己欢乐、舞蹈般的笔迹写道，他在伏尔加河上的旅行十分成功，他在萨拉托夫染了点儿小病，嗓子失音，在医院已经躺了两个星期。她心里明白，这意味着什么，于是一种类似信念的预感涌上了她的心头。她感到难过的是这种预感和对于萨沙的思绪已经不如以前那样令她激动不安了。她不由自主地有一种生活的炽烈愿望，想到彼得堡去，而与萨沙的相识已变成一件亲切的、遥远而又遥远的往事！确确实实楼下传来了人声，惊惶不安的祖母开始急切地询问什么事。接着有人失声哭起来……待娜佳走到楼下，祖母站在角落里祈祷着，她的脸上流满了泪水。桌子上放着一份电报。

娜佳在房间里久久地来回踱步，一面听着祖母的哭泣，然后拿起电报看了一遍。电报通知说亚历山大·季莫费耶伊奇，或者简称萨沙，于昨天早晨在萨拉托夫因肺结核去世。

祖母和尼娜·伊凡诺夫娜去教堂安排安魂弥撒了，娜佳在房间里久久徘徊，思索。她清楚地意识到她的生活已如萨沙所希望的，翻了个个儿，意识到她在这里是孤独、陌生、多余的人，这里的一切她都不需要，既往的一切已离她而去，无影无踪，就如烈火烧尽一样，连灰烬也随风飘散了。她走进萨沙的房间，在这里站了一会儿。

"别了。亲爱的萨沙！"她想道。展现在她面前的是新的、宽广辽阔的生活图景，这种生活还不怎么清楚，充满着秘密，却令她陶醉，令她神往。

她上楼到自己房里去收拾行李，翌日早晨她告别了自己的家人，朝气蓬勃、高高兴兴地离开了这座城市，——就如她自己所想的，永远地离开了。

1903 年

（沈念驹 译）

索洛古勃

对另一种存在的烦恼
（神秘剧）

开场白

我的白天——是梦境和幻想，夜晚——则是磨难。

命运之书便是如此描写，这种描写自始至终没有变化。

当灿烂的太阳冉冉升起，召唤他人去劳动或者收获的时候，我的忧伤则用嘶哑的声音对我说："还有一天无所事事，碌碌无为。但是不必害怕，——有我同在。你的任何琐事，都有我在场。"

她如此安慰我。她以为我害怕孤独。但是梦境与幻想照亮了无聊时日的无止无境的虚空。

我的梦境对于他人来说极为奇特，谁都认为这是残酷的梦境！

而我的幻想更为奇特和残酷。因为它们在一切方面都完完全全属于我，我引导它们进入奇特的异样存在的山谷。

按照人类世界的形象和式样所创造，这一山谷被吸血鬼和恶魔所居住，——然而，他们却是最为爱好和平相处的居民。

在异样存在的山谷，没有天空，也没有太阳，——光线只会从冥思苦想者身上射出，而且只为他所有。不得迫使任何人冥想异样世界的形象。

毫无疑问，在异样存在的山谷，拥有自由。

自由和联盟。大家一同，全都按照自己的和我的自由规则行事。如果有血液流出，那么，这只是我的血液，幸福地流淌的血液。

每当对劳累的人们进行安抚的夜晚降临的时候，我的磨难走向我，对我说："不要害怕，我也与你同在。"

它以为我害怕孤独。

我真的害怕孤独吗？

假如吸血鬼和恶魔将我拦住，我倒不孤独了。我将会把别的梦幻从非存在的黑暗中引向真实的异样存在的光芒，我将从非存在中消灭别的恶魔。消灭那些吞噬我的血液、撕咬我的肉体的恶魔。因为我不热爱生活，也不喜欢面色绯红、身材肥胖的女人。

一

我坐在狭窄的凳子上，在等待自己所臆想的惩罚中，遭受着忧伤和恐惧的折磨。

我曾经独身，现在依然独身一人。我所栖息的屋子又小又挤，从内部紧紧地锁着。屋子的四壁没有装饰，显得黑暗，如同监狱的墙壁。墙外传来为了让我无法辨明而压低的私语，以

及被抑制的笑声,

但是,只有我能够辨明。除了我,还有谁能够住在这里,能够听清和辨明呢?

屋子的窗户很高,它在我监狱的黑暗的拱门之下受着煎熬,仿佛它压根儿就不存在似的。如果有光线,那么也不是来自这一窗户。可是光线是有的。依靠这一光线,我看到了窗户,高高的、狭窄的、被窗栅所挡住的窗户。我也看见了一扇门,一扇沉重的、冷冰冰的铁门,门上的夹条和黑乎乎的铰链都生满铁锈。

我还看到了冷冰冰的、平滑的石材地面。

二

随着刺耳的嘎吱的声音,门的把手微微移动起来。声音奇特,令人厌恶。我所创造的不可避免的物体临近了,但是,对它已经无法防备,无法改变。好讽刺的锉刀仿佛开口说话:"愿意也罢,不愿也罢,反正都会应验的。无需对你提问。"

在这尖声刺耳而且总是嘶哑的声音中,能够听得出一个卑鄙的胜利者如何得意洋洋地炫耀违规获取的胜利。声音中还有着对我的侮辱,但是,也不会使任何人感到高兴。幻影不会高兴的。幻影伤害别人,殴打别人,甚至侮辱别人,而自己却无动于衷,——它们所带来的是绝望和羞耻。

当门慢慢打开的时候,我用充满恐惧和忧伤的眼睛朝她看了看。门慢慢地打开了。开门者兴高采烈,不慌不忙,悄悄地说了些什么，在其低沉的耳语声中，传出了轻轻的笑声。

三

门已经打开一半，但进门者尚未出现。我发现，灯光的特性已经有所不同了。我将目光从门边移开，转向我觉得已经发生变化的方向——那里有着火焰反射。它呈现暗红色，逐渐扩展开来。眼看就要触到我的眼睛了。于是我看见了几根点燃的蜡烛，冒着烟，射出昏暗的摇曳不定的光线。然后我看见了几个人影，于是猛吃一惊。

那是几个裸露着身子的、美丽而又可怕的少年。他们一共有七个，手里所握的东西预示着残酷折磨的欢乐。他们的躯体在蜡烛带有烟雾的照明中映得通红。他们宽阔的胸部缓慢而又安详地起伏着，他们所有的动作都显现出饱满的奇特力度和不可动摇的平静。根据他们慢悠悠的令人倾倒的动作，我终于明白，他们是演员。

他们的脸上洋溢着超凡脱俗的美丽，但是眼睛里却闪烁着凶残的喜悦，仿佛是刚从地狱里走出来的一群魔鬼。然而他们却是我根据最初的伊甸园里的一对男女的模样所创造出来的人类。在他们肿起来的鼻孔里，所搏动的唯有人类的欢乐，——他们预感到他们得以充分享受的苦难的欢乐。啊，他们还不知道，他们的嬉戏究竟会怎样完结！他们也不知道，他们自己也仅仅是注定要经受磨难的奴隶演员。

四

前两个少年手里握着用黑色羊皮纸卷着的蜡烛,里面饱含着松香,还有助燃并且延缓燃烧速度的物质。火苗飘浮在高高的蜡烛的顶端,有时,一两朵火苗似乎脱离了蜡烛,在空气中升腾片刻,仿佛企图逃离有着松香的并不纯净的烛体,然后又重新回到已经烧焦的蜡烛的顶端,轻轻地发出一阵吱吱的声音,悄悄地往更低一些的地方蠕动。蜡烛上冒出少量烟雾,如一片轻薄的浮云,往后面飘去,飘向现在已经敞开的门洞。

这两个少年如同天真的小孩,快乐地笑着。他们的牙齿闪烁着,如同盗匪嘴中的洁白坚固的牙齿。他们的眼睛中闪烁着火星,不知是烛光的映射,还是内在的火焰。

他们朝我走来,站在我的两侧。他们紧紧地盯着我的脸,发出了冷酷的不知羞耻的笑声。他们身上散发出甜蜜、温柔的气味,因为他们的肌肤上搽了香膏。蜡烛的臭味与来自他们身上的香味混合在一起。他们的脚掌因为寒冷的石板地而冻得发红。

五

另外两个少年手里拿着一捆绳子。这是普通的中等粗细的麻绳,非常结实,搓得很匀称。这种绳子通常是在短途旅行中用来捆扎不大的包裹和行李箱。

绳子摞了起来,有几次几乎落到了地上。绳子在少年的手中摇晃着，不时轻轻地拍打他们的大腿和小腿。

两个少年抿嘴笑着，仿佛他们轻轻地咬住了牙齿。有时，他们自己用绳子轻轻地抽打大腿，同时销魂般地颤动全身。

这两个少年的个头比头两个要高，肌肉也比头两个结实。他们仿佛偷偷地走到我的身边，站到我的背后。他们离我很近，我都能在颈脖上感觉到他们抑制的呼吸。

一种不安促使我转身朝后退去，——当一个人的背后站着某个有敌意的人时，肯定会被这种不安所控制。但是其中一个人怀着强烈的敌意看着我，使得我不由得打一哆嗦。

他向我俯下身子，以喉音用一种我所不懂的奇特的粗鲁语言对我说了些什么，——尽管他说话我听不懂，可是，显而易见，他是在对我进行威胁。我从他身边退过，见到了朝我走来的第五个少年。

六

第五个少年的右手拿着一卷长长的羊皮纸。他抓着的羊皮纸的上端接近天花板了。纸卷弯成了很大的弧形，因为羊皮纸非常厚实，下端几乎碰到地板了。

拿着羊皮纸的少年站在我的面前，聚精会神地凝望着我。他没有微笑，他那美丽的脸庞上表露出宁静和淡漠。他久久地看着。他所保持的这一状态简直是折磨人。

然后，他低头看着纸卷，开始喃喃地诵读。他不时地停下，每当停住的时候，总是仔细而又冷漠地看着我，仿佛在核对我的特征与羊皮纸上所写的内容是否吻合。对他来说，所想象的内容应验了还是没有应验，反正都无所谓。他只需关注现实世界的特征与他手中稳稳抓着的羊皮纸上的预言是否相似。

在七个少年中，他最为文静，像不切实际的一介书生。他的身体在带有烟雾的烛光照射下，微微红润，几乎晶莹透彻。他的四肢纤秀匀称，他的步态缓慢，充满着一种非凡的、动人的优雅。

七

他喃喃诵读，不时地将目光从羊皮纸上移开朝我凝望，这一举动让我着迷，我情不自禁地带着平静而又奇特的好奇心打量自己，仿佛在打量着一个陌生的新人。我带着镇定的惊奇，看到自己纤秀的身材上罩着一件落满灰尘的旧衣服。

这是所有欧洲公民日常所穿的衣服，枯燥乏味的黑色衣服，经常穿着，像镣铐一样令人感到累赘。

坚硬的袖甲和胸甲束缚了身体的活动，但是什么也不能防备，其硬度是具有欺骗性的，经不起普通的甚至并不太热的温水的冲击。极为简陋的金饰在他胸前闪烁，饰物的含金量极为稀少，就连对挨饿的小偷也失去诱惑。黑色的皮鞋不知为何曾经锃锃发亮，有人汗流浃背地为此辛劳，好让这双皮鞋在每一次太阳升起的时候都能接受新的光泽，——可是现在，鞋子上布满灰尘。通往这个监狱的道路是遥远而又艰辛的。

我的眼光时而转向自己，时而转向正在诵读羊皮纸的少年。于是我觉得在这个少年的身上,有一种东西以新的不安模模糊糊地搅动着我的心灵,——不是出自前四个少年的那种恐惧,而是一种无法表达的激动心情。我竭尽全力观察他的特征,最后终于明白:原来这是我自己。我站在我自己跟前,诵读自己的判决。

在新存在的国度,具有在尘世没有听说的另一种可能性。

羊皮纸上的话语以暗淡的光泽在我眼前出现,可我没有去阅读,因为我已经对此倒背如流。

在多少个令人疲惫的白昼,在多少个使我苦闷的夜晚,我将这一纸卷念了一遍又一遍,然后才将此交到演出者的手里!

八

这时我见到了最后两个少年。他们起先藏在别人的后面,小声私语,发出微弱的笑声,现在,他们走了出来,与另一个少年并列站着,诵读纸卷。

这两个少年在所有七个少年中,个头最高,力气最大。他们那宽阔、强健的肩膀,他们那缓慢而有力起伏的结实的胸膛,他们那肌肉隆起的微微弯起的手臂,——所有这一切都引起人们的恐惧。的确,他们是表演者,他们的脸上流露出贪婪、欢乐、嘲笑、挖苦交织一起的神色。他们每人的手中都握着蛇一般的结实的长鞭。

这两个少年微笑着,不耐烦地跳动着,用长鞭的一端相互呵痒,出于焦虑和狂喜而尖声叫喊。他们贪婪地嘲笑般地凝望着我,说着悄悄话。

手拿纸卷的少年结束了自己的诵读,平心静气地说:"想必就是他。"

其余六个少年欣喜若狂,大声地笑着。握着长鞭的两个少年笑得最响。

我对他们说:"你们笑什么?难道你们不知道这就是我吗?"

少年们沉寂下来,他们的脸上呈现出恐惧。但是,手拿羊皮纸卷的少年慢吞吞地平静地说:"不要害怕。这只是他。我甚至可以更多地告诉你们。这只是我们自己为了玩游戏而创造的一个躯体。因为作为孩子,我们是喜欢玩耍的。"

少年们又变得欣喜若狂,笑得比刚才更加宏亮了。

手拿羊皮纸卷的少年向我转过身子,说:"你即使拿真理,拿最具引诱力的真理,也诱惑不了我们。因为我们只是表演者而已。"

九

他提高嗓门,打破突然降临的沉默,开始讲话:"这一躯体,虚弱、多病,却承受着全世界的弊端和罪孽,必须予以清除。如同雕塑大师揉着一团黏土,当雕塑像没有成功的时候,他必须将这一存有缺陷的躯体消灭,重新揉成一团。表演者的职责也是这样。

他铺开羊皮纸卷,慢悠悠地从容地念了起来:"你在你自己推断和感知的移动监狱里,会找到这一躯体,你将让其承受最为严酷的苦难,遭遇难以忍受的折磨,甚至折磨至死。你将让背叛你的躯体脱光衣服,听任你的独断跋扈,让他遭受肆意凌辱。然后,你把他扔在监狱的地面上,将其捆得牢牢的,使其无法逃脱你的残忍的折磨。你将用鞭子抽打他,长久地慢慢地抽打。但只是把他打得半死。然后,你将砍下他的双手和双脚,把躯体的剩余部分投到火中慢慢燃烧。于是,你对他的回忆也将在大地上消逝。"

他结束了诵读,少年们高兴地笑了起来。他说:"这是表演者的职责。"

而我却说:"我就是表演者。"

手拿羊皮纸的少年回答我说:"谁是表演者,对我们来说都无所谓。我们都是表演者。我们履行职责。

他向其他少年转过身子,对他们说:"把蜡烛在墙上固定好,准备开始吧。"

(吴笛 译)

捉迷藏

一

列列奇卡的婴儿室里，一切都显得灿烂、美好、愉快。列列奇卡甜美的声音迷住了她的妈妈。列列奇卡是个令人愉快的小孩。过去从来没有出现过这么可爱的小孩，将来也不可能出现了。列列奇卡的妈妈，谢拉芬娜·亚历山大罗芙娜，对此非常确信。列列奇卡的眼睛又大又黑，脸颊红润，嘴唇仿佛是为亲吻和欢笑而生。但是，令她母亲感到无比欢乐的并不是列列奇卡身上的这些妩媚。列列奇卡是她妈妈的独生女。因此，列列奇卡生活中的每一时刻都令她母亲着迷。让列列奇卡坐在膝上，逗着她玩，真是天赐的巨大的幸福。将她抱在怀里的时候，仿佛觉得她像小鸟一样可爱、伶俐。

说实在的，谢拉芬娜·亚历山大罗芙娜只是在婴儿室里的时候，才会感到幸福。她与丈夫关系冷淡。

也许这是因为他本人喜欢冷淡——他喜欢喝冷水，喜欢呼吸冷空气。他总是淡漠、冷静，常常带着冷冷的笑意。当他从身边经过时，空气中似乎也有冷流涌动。

对于涅斯列吉耶夫夫妇——谢尔盖·莫杰斯托维奇和谢拉芬娜·亚历山大罗芙娜——来说，结婚不是出于爱情或者出于盘算，而是出于传统习俗。他是一个三十五岁的男子，她是一个刚满二十五岁的姑娘，两人在同一个圈子里生活、成长；长辈希望他娶一个妻子，与此同时，她也被期待嫁一个丈夫。

谢拉芬娜·亚历山大罗芙娜甚至觉得自己很爱未婚夫，这令她非常高兴。他显得英俊、敏捷，聪明的灰色眼睛里总是保存着丰富的内涵，而且在未婚夫的职责方面总是表现出无可指责的温情。

新娘也长得美丽，高挑的个儿，浓黑的眼睛，乌黑的秀发，有些羞怯，但处事非常得体。他并不追求她的嫁妆，尽管知道她娘家有些陪嫁也非常高兴。他交际甚广，他的妻子也是来自于体面的很有影响的家庭。有些场合，这一点还是很起作用的。谢尔盖·莫杰斯托维奇总是彬彬有礼，很有分寸，他干起活来，既不是快得令人嫉妒，也不是慢得羡慕别人，而是在时间和方式方面都恰到好处。

他们婚后非常融洽，谢尔盖·莫杰斯托维奇在外表上一次也没有做过对不起自己妻子的事情。后来，当谢拉芬娜·亚历山大罗芙娜怀孕的时候，谢尔盖·莫杰斯托维奇在外面建立了一些并非稳定的男女关系。谢拉芬娜·亚历山大罗芙娜知道了这些，但是，使她自己感到震惊的是，她并没有感觉受到什么伤害。她以不平静的预期等待着婴孩的降临，从而掩盖了所有其他的情感。

谢拉芬娜·亚历山大罗芙娜生了一个女孩,她把一切都倾注到女儿身上。一开始,她兴高采烈地向丈夫讲述列列奇卡生活中的愉快的细节。但是她很快发现,谢尔盖·莫杰斯托维奇没有一丝兴趣,完全是出于礼貌而听她讲述。谢拉芬娜·亚历山大罗芙娜渐渐地与他疏远。她以永不满足的热忱爱着自己的女儿,就像那些背叛自己丈夫的女人,对偶遇的年轻情人格外钟情一样。

"妈妈,我们玩捉迷藏吧,"列列奇卡叫嚷着,将"Zh"发成"S",这样,"捉迷藏"差不多说成"锁迷藏"了。

这些可爱的说话错误常常使得谢拉芬娜·亚历山大罗芙娜温柔而又动情地微笑。列列奇卡接着跑开了,用丰润的小脚踏着地毯,然后藏在床边窗帘的后面。

"妈妈,阄一阄!"她以温柔的、欢笑的声音叫道,眯起一只黑色的、调皮的眼睛。

"我的小姑娘躲到哪里去了呢?"妈妈问道,假装寻找列列奇卡,可是怎么也找不到。

列列奇卡在躲藏的地方发出一阵银铃般的笑声。然后,她跑得更远一些,这时,她的妈妈仿佛刚刚看到她,起身抓住女儿的小肩膀,欢快地叫嚷:"我捉到了,我的列列奇卡!"

列列奇卡长久地欢笑,她的头靠近她妈妈的膝盖,整个身子在妈妈洁白的手中扭动着。她妈妈的一双眼睛发射出激动的光芒。

"妈妈,现在轮到你躲了,"列列奇卡敛住笑容,说道。

她妈妈开始躲藏。列列奇卡转过身子,仿佛不是观看,而是悄悄监视她的妈妈躲到哪里。她妈妈躲到了碗橱后面，叫道:"小姑娘，阄——阄！"

列列奇卡在房间里来回找着，察看每一个角落，就像她妈妈先前一样，装着正在寻找，尽管她清楚地知道，她妈妈藏在什么地方。

"我的妈妈在哪里呢？"列列奇卡问道，"这里没有，——这里也没有，"她说道，走向另一个角落。

她妈妈站在碗橱后面，屏住呼吸，她的头抵着墙壁，她的头发有点散乱。一种绝对的幸福掠过她红色的嘴唇。

保姆费多霞，表面上有点笨拙，实际上心地善良，也很漂亮，她微笑地看着谢拉芬娜·亚历山大罗芙娜，带着一种独特的表情，仿佛想说，她无法反对孩子母亲的任性。她暗自自忖:"做母亲的像小孩子本人一样——看她多么激动。"

列列奇卡走近母亲的角落，而母亲对于游戏的兴趣越发浓烈，母亲的心剧烈地跳动，她将身子更紧地贴在墙上，头发也更加散乱。列列奇卡突然转向她妈妈所处的角落，兴奋地失声尖叫。

"找到呐！"列列奇卡高兴地大声叫道，再一次没有准确地发音，这也使得她妈妈异常兴奋。

她拖着母亲的手，走到屋子中间，她们愉快，她们欢笑；列列奇卡又将头伏到母亲的膝盖上，口齿不清地没完没了地说着甜蜜的话语，说得亲切，但是也很不自然。

这时，谢尔盖·莫杰斯托维奇来到了婴儿室。透过半掩半开的门，他听到了一阵阵笑声，还有欢快的尖叫和喧闹的响声。他走进婴儿室,冷淡而又亲切地笑了一笑,他穿着得体,身材挺拔,神采奕奕。他周身散发出洁净、清新、冷漠的气息。他走进来的时候,游戏正处于高潮,他以明显的冷漠使得大家都感到难堪。甚至连费多霞都感到窘迫,时而为孩子母亲,时而为自己。谢拉芬娜·亚历山大罗芙娜立刻恢复平静,显然,也表现出冷漠的神情,——这一情绪也感染了小姑娘,她不再欢笑,而是一声不吭地聚精会神地看着父亲。

谢尔盖·莫杰斯托维奇迅疾地扫视了房间。他喜欢到这里来,——这里布置得非常美丽,一切都是谢拉芬娜·亚历山大罗芙娜亲手安排的,她希望小姑娘从幼年时代起,所成长的环境是最为美好的。谢拉芬娜·亚历山大罗芙娜的穿着也高雅得体,她把列列奇卡也打扮得漂漂亮亮。只有一件事情谢尔盖·莫杰斯托维奇不肯赞同,这就是妻子总是喜欢来婴儿室的原因。

"我必须跟你好好谈一谈……我知道我能够在这里找到你,"他带着嘲弄的笑容和故意的屈尊说道。

他们一起走出了婴儿室。谢尔盖·莫杰斯托维奇跟着妻子进入书房的时候,毫不经心,仿佛出于偶然,不做强调地说:"你是否觉得,有的时候,小姑娘没有你的陪伴,对于她会更好一些呢?你应当知道,小女孩应该有自己的个性。"面对谢拉芬娜·亚历山大罗芙娜的惊奇的目光,他解释说。

"她还这么小呢,"谢拉芬娜·亚历山大罗芙娜说道。

"不过,这只是我个人的卑微的观点。我不坚持。那儿是你的自由王国。"

"我想一想吧,"他妻子答道,像他一样冷漠而又和蔼地笑了笑。

然后,他们开始谈论别的话题。

二

晚上,保姆费多霞坐在厨房里,与沉默无言的达里娅以及饶舌多嘴的老厨师阿加费娅谈起了年轻的女主人,也谈了小女孩怎样喜欢和她妈妈玩捉迷藏游戏。"她总是藏起自己的小脸,喊着'阄—阄!'"

"女主人自己也像小孩一样,"费多霞笑着补充了一句。

阿加费娅听着,以不赞同的神态摇了摇头,她的脸变得严肃和沉痛。

"娇小姐玩这个游戏,是一方面,"她说,"但是,年轻的女主人玩捉迷藏,就不太好了。"

"为什么?"费多霞好奇地问道。

她的绯红的脸因为这一好奇的神情而变得呆板,就像粗糙着色的洋娃娃。

"是的,这不太好,"阿加费娅肯定地重复说,"甚至非常糟糕!"

"是吗?"费多霞说,她脸上的滑稽可笑的好奇表情变得更为明显了。

"她藏啊,藏啊,就这么藏掉了,"阿加费娅以神秘的耳语说道,小心翼翼地看了看门口。

"瞧你说的？"费多霞惊恐地叫了一声。

"说真的，记住我说的话，"阿加费娅肯定而又神秘地继续说道，"这是非常确定的征兆。"

老太婆自己臆造了这一征兆，完全是突然的，可是显而易见，她为此十分得意。

三

列列奇卡睡着了，谢拉芬娜·亚历山大罗芙娜坐在自己的卧室里，幸福地回想着列列奇卡的温柔。在她的思绪中，列列奇卡首先是一个可爱的小女孩，其后是一个漂亮的大姑娘，再到最后，始终是妈妈的列列奇卡。

谢拉芬娜·亚历山大罗芙娜没有注意到费多霞走了进来，站在她的跟前。费多霞的脸上呈现出担忧的、惊恐的表情。

"夫人，夫人，"她以颤抖的声音急促地说。

谢拉芬娜·亚历山大罗芙娜吃了一惊。费多霞的脸使她感到不安。

"你怎么了，费多霞？"她担忧地问道，"列列奇卡有什么不好吗？"

她从椅子上迅速站了起来。

"没有什么，夫人，"费多霞答道，挥了挥手，以便夫人安静地坐下，"列列奇卡睡着了，愿上帝在她身边。不满您说，我只是想告诉您，——列列奇卡总是玩捉迷藏，这可能不太好。"

费多霞目不转睛地看着女主人,一双眼睛由于害怕而变得很圆很圆了。

"有什么不太好?"谢拉芬娜·亚历山大罗芙娜有点气恼地问道,不自觉地屈从于一种不明的担忧。

"有什么不太好,我也说不出,"费多霞说,她的脸上却显露出不可动摇的坚信。

"请你说得更明晰一些,"谢拉芬娜·亚历山大罗芙娜干巴巴地说道,"我什么也不明白。"

"是这样的,夫人,有时会出现不好的苗头的,"费多霞唐突地解释道,觉得羞愧难当。

"一派胡言!"谢拉芬娜·亚历山大罗芙娜说道。

什么不好的苗头,什么征兆,她再也不想听下去了。但是,心里不知怎的感到有点莫名其妙的害怕,而且,显而易见,她又觉得有点儿羞辱,莫名其妙的荒唐的臆造,打搅了她美好的憧憬,沉痛地折磨了她。

"当然,我知道名门世家不会相信什么征兆的,但是,这是不太好的征兆,"费多霞用凄凉的声音继续说道,"千金小姐捉迷藏,藏呀,藏呀……"

突然她泪流满眶,大声哭了起来:"她藏呀,藏呀,就这么藏掉了,天使般的小灵魂,藏到了潮湿的坟墓。"她继续说着,用围裙擦了擦眼泪,并且擤了一下鼻涕。

"这一切是谁跟你说的?"谢拉芬娜·亚历山大罗芙娜严厉地低声问道。

"夫人,是阿加费娅说的,"费多霞答道,"她知道的。"

"她知道的!"谢拉芬娜·亚历山大罗芙娜懊恼地重复说,仿佛她希望自己能够抵挡这一突然出现的不安,"简直一派胡言!请你以后不要跟我这样胡说八道。你可以走了。"

费多霞心灰意冷,沮丧地离开了女主人的房间。

"真是胡说八道!仿佛列列奇卡要死似的!"谢拉芬娜·亚历山大罗芙娜想道,竭力以理性的推论排遣已经占据她身心的因想到列列奇卡可能死亡所引起的寒冷和恐惧的感觉。

谢拉芬娜·亚历山大罗芙娜心想,这些女人因为没有文化,所以相信征兆。她清楚地想到,在任何一个小孩所喜欢的游戏与孩子生命的延续之间,没有任何可能的联系。这个晚上,她做出了特别的努力,竭力让自己去想别的事情,但是,她的思绪总是不自觉地回到列列奇卡喜欢玩捉迷藏这一事实。

当列列奇卡还非常幼小的时候,才刚刚学会区分她的母亲和保姆,她有的时候在保姆的怀里,就会看着妈妈,突然做一个欺诈的怪相,将自己的笑眯眯的小脸藏到保姆肩膀的下面。然后,她又会调皮地露出脸来。

后来有一段时间,当女主人偶尔离开婴儿室的时候,费多霞也教列列奇卡捉迷藏。接着,当列列奇卡的妈妈看到女儿玩捉迷藏时的可爱神情,她便开始与女儿一起玩这一游戏了。

四

第二天早晨,谢拉芬娜·亚历山大罗芙娜出于对列列奇卡的关爱和欢乐,忘记了昨天与费多霞的交谈。

但是，当谢拉芬娜·亚历山大罗芙娜安排好午餐，回到婴儿室的时候，听到列列奇卡从桌子底下突然叫嚷"阉—阉"，一种恐惧的情感立刻控制了她的全身。尽管她立刻责备自己不该具有这种毫无根据的迷信的恐惧，但是，她也无心与孩子玩捉迷藏了，而是想方设法将孩子的注意力吸引到别的方面。

列列奇卡是一个可爱的听话的好姑娘。她心甘情愿地顺从母亲的意愿。但是，由于她已经习惯离开妈妈躲到屋子的一角，并且喊叫一声"阉—阉"，所以，那一天她不止一次地返回捉迷藏游戏。

谢拉芬娜·亚历山大罗芙娜竭尽全力转移列列奇卡的兴趣。但是，这谈何容易！尤其是那一令人不安的可怕念头不时地侵扰。

"为什么列列奇卡始终记得'阉—阉'呢？为什么她不厌其烦地做同一件事情，不停地把眼睛遮住，又藏起自己的脸呢？"谢拉芬娜·亚历山大罗芙娜心想，"也许，列列奇卡对世界还没有强大的吸引力，不像其他孩子那样，对很多事情发生兴趣呢。如果是这样，那么，这是不是本质上的软弱标志呢？这是不是无意识的没有生存愿望的胚芽呢？"

这一预感折磨着谢拉芬娜·亚历山大罗芙娜。她为在费多霞面前停止与列列奇卡玩捉迷藏游戏而感到羞耻。但是这一游戏使她感到苦闷，然而，使她更为苦闷的是，她真实期盼玩这一游戏，因为有什么东西强烈地吸引她从列列奇卡身边躲开，以及寻找躲藏的小孩。谢拉芬娜·亚历山大罗芙娜有时甚至自己开头玩起这一游戏，尽管带着沉重的心情。她遭受着折磨，似乎正在做一件人人都知道不该做的事情，可她偏偏还是做了。

对于谢拉芬娜·亚历山大罗芙娜来说，这是艰难的一天。

五

列列奇卡准备睡觉了。她一爬上围着栅板的小床，眼睛就因为疲劳而闭了起来。她妈妈给她盖上了蓝色的被子。列列奇卡从被子里面伸出一双洁白的温柔的小手，拥抱她的妈妈。她妈妈俯下身子。列列奇卡的昏昏欲睡的脸上带着温情，亲吻了母亲，然后让脑袋落到枕头上。当列列奇卡将双手放进被子里面的时候，她轻声地说："小手阉—阉！"

她妈妈的心房几乎停止跳动，——列列奇卡躺在那儿，如此渺小，如此脆弱，如此平静。列列奇卡微微笑了一笑，闭起眼睛，静静地说："眼睛阉—阉。"

随后声音更轻地说："列列奇卡阉—阉！"

说完这些，她睡着了，脸贴在枕头上。她盖着被子，身子渺小，显得脆弱。她妈妈用忧伤的眼睛看了看她。

谢拉芬娜·亚历山大罗芙娜久久地站在列列奇卡的床前，带着温柔与担忧交织一起的目光，凝望着列列奇卡。

"我是你的母亲，难道我不能保护你？"她暗自思忖，想象着列列奇卡可能遭遇的各种不幸的事件。

这个夜晚，她长久地祈祷，但是，这番祈祷并没有缓解她的忧伤。

六

若干时日消逝而去。列列奇卡着凉了。夜间,她开始发烧。谢拉芬娜·亚历山大罗芙娜被费多霞叫醒之后,来到了列列奇卡的身边,看到女儿烧得满脸通红,烦乱不宁,非常难受,她立刻回想起来以前所提及的不好的征兆,——于是,一种无助的绝望在第一时间就主宰了她的心灵。

请来了医生,做了在这样的场合该做的一切,——但是,难以避免的事情还是发生了。谢拉芬娜·亚历山大罗芙娜力图安慰自己,期盼列列奇卡能够恢复健康,再次欢笑,再次游戏,——这一切对于她是一种难以想象的幸福!可是,随着时间的推移,列列奇卡的身体越来越虚弱。

大家都装出平静的样子,以便不让谢拉芬娜·亚历山大罗芙娜感到恐慌。但是,大家不自然的脸庞使得她更加忧伤。

没有什么比费多霞所重复的话语更令她忧伤了。费多霞抽泣着说:"她藏呀,藏呀,我们的列列奇卡!"

但是谢拉芬娜·亚历山大罗芙娜的思绪一片混乱,她无法弄明究竟发生了什么事情。列列奇卡仍在发烧,时而失去知觉,说着胡话。然而,当她恢复意识的时候,她会忍住疼痛和疲惫,温和而又虚弱地对妈妈微微一笑,以便让妈妈觉得她不是非常痛苦。像噩梦一般的折磨持续了三天。列列奇卡已经非常虚弱了。不过她不知道自己濒临死亡。

她用混浊的眼睛看着妈妈,用沙哑的嗓子咬着舌儿说了勉强能够听见的话语:"阉—阉,妈妈!做个阉—阉,妈妈!"

谢拉芬娜·亚历山大罗芙娜把脸藏在列列奇卡小床附近的窗帘的后面。她是多么地悲痛啊!

"妈妈!"她勉强听到列列奇卡的呼唤。

做妈妈的朝列列奇卡俯下身子,视力更加混浊的列列奇卡最后一次看到了妈妈惨白的、绝望的脸庞。

"白色的妈妈!"列列奇卡轻轻地说。

妈妈惨白的脸变得模糊不清,列列奇卡的眼前变得一片黑暗。她用双手虚弱地抓住了被子的边缘,低声地说:"阉—阉!"

她的喉咙里发出一种呼哧呼哧的声音。列列奇卡微微张开又迅速闭上她那苍白的嘴唇,离开了人世。

在无言的绝望中,谢拉芬娜·亚历山大罗芙娜离开了列列奇卡,走出了房间。她遇见了丈夫。

"列列奇卡死了,"她以呆滞的声音轻轻地说道。

谢尔盖·莫杰斯托维奇忧虑地看了看她惨白的脸。他被妻子所表现出的奇特的麻木所震惊,以前,她的表情是那样生动美丽。

七

列列奇卡已经换好了衣服,放在小小的棺材里,抬进了大厅。谢拉芬娜·亚历山大罗芙娜站在棺材旁边,两眼呆滞地看着死去的女儿。谢尔盖·莫杰斯托维奇走到妻子身边,用冷漠的、空洞的话语安抚着她,力图使她离棺材远一点。谢拉芬娜·亚历山大罗芙娜笑了笑。

"走开,"她平静地说,"列列奇卡在玩游戏。她马上就会起身的。"

"西玛,亲爱的西玛,你平静下来,"谢尔盖·莫杰斯托维奇轻声说道,"你必须顺从命运的安排。"

"她马上就会起身的,"谢拉芬娜·亚历山大罗芙娜固执地重复说,双眼凝视着死去的女儿。

谢尔盖·莫杰斯托维奇提心吊胆地观望四周,他担心发生有碍观瞻的、可笑的事情。

"西玛,你平静下来,"谢尔盖·莫杰斯托维奇再次说道,"那将是一个奇迹,可是,在十九世纪的今天,奇迹是不会发生的。"

说罢这番话,谢尔盖·莫杰斯托维奇模糊地觉得这些话语与所发生的事情之间并没有太多的关联。他感到懊恼,感到很不自在。他挽起妻子的胳膊,领着她离开了棺材。谢拉芬娜·亚历山大罗芙娜也没有反抗。

她的面容似乎很平静,眼睛里也没有泪水。她走进婴儿室,开始在室内来回漫步,寻找列列奇卡习惯于躲藏的地方。她走遍了整个房间,不时地俯下身子朝桌子底下和床下察看,并且不停地用快乐的声音重复:"我的小姑娘躲到哪里去了呢?我的列列奇卡在哪里呢?"

她绕着房间走了一遍之后,又重新开始寻找。费多霞满脸沮丧,一动也不动地坐在房间的角落,害怕地看着女主人,然后突然号啕痛哭,失声喊叫:"她藏起来了,我们的列列奇卡,天使般的小心肝,她藏起来了!"

谢拉芬娜·亚历山大罗芙娜猛一颤抖,停下脚步,朝费多霞投过困惑的目光,哭了起来,静静地离开了婴儿室。

八

谢尔盖·莫杰斯托维奇为葬礼而张罗着。妻子的状况令他不安。他理解,谢拉芬娜·亚历山大罗芙娜因为遭遇了突然的痛苦打击而丧魂落魄,由于担心她丧失理智,所以觉得应该尽快将列列奇卡安葬,使得母亲能够从中摆脱出来。

次日早晨,谢拉芬娜·亚历山大罗芙娜穿得特别细心,——她是为列列奇卡而穿着打扮。当她走进大厅的时候,在她与列列奇卡之间已经聚集了很多人。牧师和执事在室内走来走去,空气中飘浮着蓝色的烟雾,并且散发着熏香的味道。当谢拉芬娜·亚历山大罗芙娜走近列列奇卡的时候,她的脑中有一种呆滞的沉重。列列奇卡静静地躺着,脸色苍白,哀婉动人地微笑着。谢拉芬娜·亚历山大罗芙娜将脸颊依在列列奇卡小棺材的边缘上,轻声地说:"孩子,阄—阄!"

孩子当然没有回答。谢拉芬娜·亚历山大罗芙娜的身边出现了一些骚动和混乱。奇特的、不必要的脸膛俯向了她,还有一个人搀扶着她,——而列列奇卡不知被抬到什么地方去了。

谢拉芬娜·亚历山大罗芙娜站直了身子,失落地叹了口气,笑了一笑,高声喊道:"列列奇卡!"

列列奇卡被抬出来了,——母亲以绝望的痛苦扑向棺材,但是人们把她拦住了。她穿过列列奇卡经过的门,坐到那儿的地板上,看着缝隙,大声叫道:"列列奇卡,阉—阉!"

接着,她将脑袋从门后伸了出来,开始狂笑。

列列奇卡迅速地从她母亲身边运走了,抬棺材的人们几乎是跑步离开的。

(吴笛 译)

绥拉菲莫维奇

在悬崖旁边

一

青幽幽的夜色已经落向远处的河湾、发黄的沙滩、陡峭的河岸以及对岸的沉寂下来的树林。

声音渐渐减弱，天色渐渐暗淡，在安详的、深深发青并有稀落星光点缀的天空下，大地的脸庞开始蒙上宁静而又疲倦的烟雾。

驳船和旁边的小船，仿佛失去了少许轮廓，模模糊糊地、昏暗地呈现在岸边。在紧靠河水的地方，燃烧着一团篝火，映出忽明忽暗的红光，一口吊锅中冒出的白沫，溅到木柴上，发出咝咝的声音，几个长长的身影动来动去，在狭长的沿岸的沙地上寻找着什么，而悬崖若有所思地耸立着，黏土微微泛红。

万籁俱寂，不过，寂静中渗进了流水的无言的抱怨，还有断断续续、慌张仓促的絮语，时而轻柔，催人入睡，时而情绪激昂，饱含讥笑意味，然而，河流却非常安详，闪光的河面没有一丝波纹，毫无委屈之感。

鱼儿的击水,夜鸟的鸣啭,簌簌作响的落沙,勉强可辨或恍惚听到的轮船的噪音——然而又复令人昏沉欲睡的、模模糊糊的絮语,时而温和,催人入睡;时而匆忙,令人精神振奋。在夜幕降临时的越发稠密的幽暗下,河流那无物能够骚扰的安详却越发明朗。

"'叶尔马克号'好像在行驶。"

"哪里的话!……现在恐怕还搁浅在那鬼沙滩上呢……"

人们谈话的声音,这般简单明了,响彻并且消失在平静安详的河流所发出的模糊的不平静的细语中。

一个矮矮的靠在摇曳的火边一动也不动的影子,突然伸长,从篝火边跑开,不成样子地映过悬崖,落入幽暗的草原。正是从那片草原传来鹌鹑的叫声和牧草的清香。一个身材高大、体魄健壮、手大腿长的男子在篝火旁边站了起来。这位身穿花粗布衬衫的男子用勺子清除了浮在锅边的白沫,又向沸腾翻滚的水里撒了一把黄米。沸水顷刻平静下来,那影子在悬崖上晃动着,回到了草原,然后又隐在篝火旁。高个头男子双手锁膝,一动也不动地坐着,凝望那闪闪发亮的河水、沉入幽冥的树林以及遥远的彼岸。

稍远处的沙地上有一个伸开双腿躺着的纹丝不动的身影。看不到脸部。

他是在沉睡还是在深思,或是病了,或是不再呼吸了,——无法辨别。

树林已经完全沉入青幽幽的夜色,再也看不见了,还有那河流的拐弯处,那远处的沙滩,也都消失得无影无踪了,唯有河水依然不时地轻轻拍击，但呈现的已是黑色的闪光，无数的灿烂的星辰悬在水中，深不可测。

仿佛应当如此，应当在这一青幽幽的夜里，在悬崖旁边，靠近低沉絮语的河水，燃烧着一团篝火，红色的反光忽明忽暗，篝火的红光也摇晃不定地映照出高大、笨拙、但实实在在的身影，一个双手锁膝的男子的身影，也映照出躺在沙滩上一动不动的黑暗的身影，还有第三个——是个大胡子老头，那张脸庞安详而又严肃，仿佛是用古铜铸的。

好像有人思潮澎湃地无言地歌唱，听不出任何嗓音，呈现在眼前的唯有沉入青幽幽的夜色中的河流、篝火、朦胧的悬崖以及在黑暗的深渊微微波动的星辰。

"这一时刻终于到来……好像青草也具有了人一般的生命……"

说话的声音显得平稳、安详、慢慢悠悠，如同周围的气氛，所以根本说不出这是谁的声音。

在一刻也不中断、音响不绝、催人入眠的絮语中，这说话的声音似乎属于青幽幽的夜，如同阴沉耸立的悬崖，如同潺潺流水，如同篝火及其在沙地上无声晃动的阴影。

"好像初春时的嫩草从黑色的土地中钻了出来……"

"是啊，……现在钻出来了，是扼杀不了的。"

有人在彼岸做出模糊的反响，发出微弱的声音："是啊！……"

双手锁膝、席地而坐的人一声不吭。简洁的剪影朦胧地描绘在沙地上的那个人，他也一声不吭。古铜色脸庞微微动弹的老人同样沉默不语，时而懒洋洋地用赤裸的手把从篝火中弹出来的烧得发烫的木柴重新扔到篝火中去。在这种气氛的沉默中似乎有无边无际的思绪，——就连青幽幽的夜也思绪万千。

一声微弱的、令人压抑的叫喊掠过河面。

又复寂静，幽暗中充满沉思冥想，接着又是断断续续、匆匆忙忙、无止无境的絮语——潺潺的流水声，悬崖默不作声地、朦胧地耸立在从四面袭来的黑暗中，悬崖后方的草原也默不作声。吊锅懒洋洋地沸腾着，不时因沸出的水而迷迷糊糊地抽搐一下。

微弱的叫喊在对岸重复了一遍，掠过河面。是水怪在戏耍？要么是看不见的水鸟在贴着水面飞翔？这也说不准。无言的黑暗的夜幕从四面八方压了过来。

"沿着河流继续听吧……哪怕听到拐弯处……定能听出什么来……"

两个人低着头，偶尔捕捉到含混不清的声音。耳朵想捉住轮船那临近的噪音，但黑夜那寂静的、朦胧的声音千百次地被听了出来，不过，依然新奇、独特，说明无人参与。

篝火在燃烧，在篝火旁坐着两个人，而第三个人一动不动地朦胧地呈现在沙地上。

二

高个儿站了起来，取下了吊锅。人影开始忙碌起来，其中一个影子又一次爬到了悬崖之巅，并落到后方的草原。

"熬熟了。"

他放好锅,转到了沙地上。

"九点了……啊哈……"

河对岸发出回声:"哈……哈……"

"告诉那小伙子,让他与我们坐到一起,瞧他,都变瘦了。"

老人从衣袋里掏出匙子,用粗糙的手指将它擦了擦。

"喂,小伙子,想和我们一起吃点什么吗?"高个儿朝一动不动呈现黑色的身影俯下身子问道。

"啊?……啊?……啊?……去哪儿?……你等一等!……伙计,等着瞧吧!……"此人一跃而起,一边喊叫一边踉跄而行。

"你怎么啦……小伙子,你怎么啦……我是说,你与我们一起吃点……"

那个人以惊奇的目光环顾四周,无法理解朦胧地勾勒出许多轮廓的这一片黑暗、这充满着连续的簌簌之声的夜间的沉默、这水中的时而微微闪现的颤动着的红色反光。他用手在脸上抚摩了一下,仿佛是从脸上擦除蛛网。他真是全身萎靡不振,露出了一丝无力的、饱经折磨的笑意。

"咦,你怎么啦……又遭鬼啦。"

在篝火的照耀下,可见他那瘦骨嶙峋、疲惫不堪的样子,那塌陷的面颊、发黑的眼眶,还有他那炯炯有神的眼睛流露出焦虑与不安,仿佛注视着身边的物体。

他们围着吊锅而坐,腿盘在沙地上,开始进餐,大口大口地喝粥。而他们的影子重复着相同的运动,在沙地上移来动去。

他们长时间默默地吃着,令人昏沉欲睡的夜的絮语中又长时间地闯进了人类颌骨勤奋运动而发出的声音。

强烈的饥饿感得以缓和,仿佛被死神留下痕印、脸色死灰的小伙子叹了一口气:

"嘿——嘿!……现在好一些了。"

接着,他又露出一丝无力的、饱经磨难的笑意,补充说:

"已经两天没吃东西了。"

"你是从哪儿来的?"

"从城里,"他又露出疲倦而信任的笑意,"是从真正的地狱里逃脱出来的。是怎么逃脱出来的,连我自己也不知道……"

"当你还在河岸徘徊的时候,这一点我们就已经猜到了,"高个儿微微一笑,说道,"所以我们就没问了,免得让人家白白地担惊受怕。"

"不用怕,没什么好怕的……巡逻队在草原来回穿梭,抓从城里逃出来的。若是抓住了,二话不说,要么吃枪子,要么套绞索。我们载运走不止一个人了……驳船上有一帮人,轮船上有一帮人,都是自己人……没人打驳船的主意,否则……他们可不是好惹的。你在城里是干什么的?"

"排字工。"他耸了耸肩膀,仿佛觉得寒冷并且怯生生地环顾四周。

高个儿舀了一勺粥,撅起嘴唇,吹了一吹,然后吧唧一声,连食物带空气一起吸进嘴里。

河面上掠过水怪或夜鸟。鱼儿也不时闪现,但在黑暗中看不见活动频繁的场景。老头儿默默地吃着。

"一直沿着河道走,差不多走在水里……昨天一天,直至夜晚,我都坐在水里,满身泥浆,头藏匿在芦苇丛中,就这么坐着。"

他放下勺子,缩着身子坐了下来,双眼迷蒙,远离篝火和温暖之夜的思绪,萦绕在他的脑际之中。

"过去的事情——不堪回首……血的代价啊!……多少人倒下了!……"

他又胆怯地环顾四周,双肩哆嗦了一下,仿佛怕冷似的。

"我累了……累了,受尽了折磨,而且……受尽折磨的不是手脚,而是心灵疲惫不堪。我已经招架不住了,好像全都垮下来了……"

他又环顾四周,凝望靠近这片黑暗、这堆篝火、这条河流、这帮同伴的某个地方,残垣断壁的幻影闪现着,似乎遮住了一切,使人无路可走。

"主要的都垮了!……"他勃然大怒起来,"力气,消耗了多少力气啊。让我们的兄弟深信不疑难道容易吗?……不断地跟他叨唠,不断地对他讲解,他勉强支撑着,好像一匹在鞭子的抽打下匍匐而行的驽马,他饿得气喘吁吁,还想喝一些……当安排好一切,聚集起来,组成小组,开始读书和思考的时候,大家一下子明白过来,哎呀呀,所花费的时间和精力是多么值得啊!……然而,有多少人消失在监狱里,在流放地,在服苦役的时候——而且是多么优秀的人啊!……我们是一点一点培育壮大的，可是突然间！……完了！全都结束了！……全完了！……"

他回过头来，接着又漫不经心地观察青幽幽的夜色、含混不清的低语、洋溢着安详的昏沉欲睡的河岸。

"啊……啊……啊……"他在篝火上方有节奏地摇晃着身子，双手抱着脑袋，仿佛担心它会崩裂，化为碎片飞溅。影子也摇晃着，失去常态，弯成弧形，也是用双手抱着畸形的、荒谬地向前伸着的脑袋。

但是，水流绕过废墟，绕过破碎的希望和绝望，发出低沉的潺潺声响，还有万里星空在含有潮气的黑夜中深沉地晃悠。有些堆在篝火上的细树条，怎么也无法燃烧，勉强可辨的细烟，像影子似的毫不晃动，径直升了起来。

沉在黑夜中的这一安详和寂静，庄严地蕴含着某种别的更深邃的、尚未揭开和道明的东西。

"瞧，小伙子，你瞧：夜，寂静，一切都在沉睡，一切都在歇息，"老人的声音也显得深沉、平静，"一切：人、兽、虫、草，都被夜的寂静所压倒，而到了清晨，又会站起来，又会生长。一切都在沉睡……是啊！……"

水面上轻轻的叽叽嘎嘎的声音传向远方，——一定是小䴘飞走过夜了。

"是啊，安歇……因为白天一直张罗、奔波，累得够呛，腰酸背痛，手脚乏力……嘀……整个大地沉睡了，而清晨一到，全都恢复常态，——禽兽、鸟雀、人类，全都精神抖擞了。一旦太阳露出了笑脸，得了，一切都会重新开始。就是这么回事，小伙子……"

寂静久久笼罩着。排字工稍稍弯腰，并昂起头来，看了看远处烟色的路。高个儿津津有味地吃粥。

"老爷爷，"传来虚弱的颤抖的声音，"要知道，到了清晨，全都醒过来，而躺在城里的那些人啊，唉，却不会再起身了。"

"你吃吧，小伙子，吃吧。"老人边说边捋了捋胡须，"是啊……庄稼汉，农夫出门耕作……耕啊，耕啊，拿起筐子，开始播种。下种后，耙好，下起了雨，从土里冒出了幼芽，仿佛是挤压出来的。农夫感到高兴。对我们的兄弟来说，这意味着开垦、播种、收割、富裕。是啊。开始抽穗了。于是，不知哪来的乌云，黑压压的乌云。遭受了暴风雨和冰雹的袭击，顿时，一切化为乌有，曾有庄稼的地方，剩下的唯有一片阴暗。可怜的人儿捶胸顿足！你以为怎么着，垂头丧气、撒手不干了？不行，孩子们不断地要吃要喝。去了铁路，开始在铁路上干活。双腿被车轮轧了。疼了一阵子，病了一阵子，然后把灵魂交给上帝了。这下你是怎么想的，认为事情就此结束了？没有，小伙子，听我说下去。他的田地并没有变得无人过问，兄弟们、亲属们开始耕作、播种。幼芽又长了出来，穗又抽了出来。无论庄稼汉怎样受苦遭罪，——或是赶上战场，或是关进监狱，或是穷苦潦倒，或是饿得一命呜呼，反正每一个春天，田野总是披上绿装，而且……"

他沉默下来。

唯有一片可以感知的寂静。

"啊……"

从河的对岸传来一个认真的一半肯定一半疑问的回答:"啊……啊……啊……"

排字工开始默默地从锅里盛粥。

"你瞧,流星飞逝。"高个儿边说边打了一个响嗝。

"是的,老弟……无论怎么践踏青草,草儿仍然会直起来,向上生长。人民无论受到什么样的压迫和暴虐,老弟,他们也会逐渐挺起腰杆。任凭焚烧,任凭殴打,今天毁坏城市,明日烧毁村庄,但是,城市不会无止境地遭到毁坏,村庄也不是无止境地遭受烧毁,人民会挺起来的,如同遭受践踏后直起来的青草。方才我们注意到你,你一瘸一拐地走着,紧皱眉头凝望,仿佛你的周围全是仇敌,你来到我们附近,也害怕我们。而我们早已发觉,你是什么样的人物,于是我对米秋莎说:'别碰他,让他绕开。'现在看来,我们所从事的是同一个事业。那边是我们的人,"老人朝驳船方向点了点头,"若是愿意,在每个村庄都可以卸载。让老百姓感到好奇,让草儿直起身来……嗬……嗬……嗬……"

对岸也传出"嗬……嗬……嗬……"的声音。

三

"大叔,您干吗在这儿站着?"

"你瞧,那浅水滩上,驳船没被拖走,而是一动不动地停着。现在这河流很早就变浅啦,于是轮船要卸载一部分,以便通过浅水滩。然后再回来,从这一驳船卸一些下来,并把它拖走。"

排字工懒洋洋地伸手到锅里盛粥。突然,他慢悠悠地微笑着环顾四周。他第一次注意到了寂静的、沉默的、深思的、安详的夜,看到了在苍穹深处微微颤动的星辰,听到了不见身影的水流所发出的催人入睡的潺潺声响。他深深地叹了一口气,说:

"好一个夜晚!……"

软绵绵的、召人歇息、引人入梦的倦意占据了上风。

"现在哪怕打个盹儿该有多好,已经两个昼夜没合眼了。"

"稍等一下,罐子里还有酸牛奶。"

高个儿懒洋洋地站了起来,与自己的影子一起走向了小船,翻寻了一阵子,手里拿着一个不大的罐子,返回并且坐了下来。影子也回到了自己的位置上。

"喏,喝吧。这奶不错。"

没有沉寂的潺潺的流水声仿佛陷入深思,与周围可以感知的寂静融为一体,突然,一种异样的声音粗暴无礼地、不请自来地闯入寂静。这是模糊的、含混的、难以捉摸的声音,但却闯进来了,而且慢慢变得清晰,向黑夜注入了一种直到此刻还不曾有过的东西。

三个人朝悬崖转过头去,开始倾听。

篝火颤动着反光,以自己红色的眼睛盯着从黑暗中闪现一时的悬崖。人影匆忙、焦虑地在沙地上来往穿梭,寻找什么东西,但什么也没找到。影子吃力地拉长、弯曲,穿过悬崖落到了草原。正是从那个方向越来越近地传出分散、均匀的咚咚的声音。

越来越近……可以感觉到，上方的地面干燥、坚实，敲上去声音清脆。

篝火耗尽最后的力气，猜想着发生了什么事情，随后开始熄灭，抽搐着，洒下灰烬，几个影子绝望地消散，与周围的黑暗相融合，但几个脑袋却依然转向了悬崖。

咚咚声猝然停止了。在以星空为终界的悬崖边上，深沉地勾勒出一个怪物的畸形的轮廓。它悄然无声地上升，扩展，但高低不平，犹如从山上移下的巨石，遮住了灿烂闪烁的星辰。

短暂的沉默，吞没了夜间的全部声息。

"唉……是些什么人？"

从那里传来沙哑的、粗鲁的声音，河的对岸发出很不情愿的、低沉的回声。

"关你什么事？……"高个儿懒洋洋地、漫不经心地说了一句，用匙子喝着牛奶。

"是些什么？！他妈的……"粗鲁的骂声玷污了警觉起来的夜的寂静。

高个儿像笨熊一样慢慢腾腾地站了起来。

"想干什么？……离远点……滚走……找错人了……"

篝火从半垂的发红的眼帘下小心谨慎地观看着，有时，在悬崖上的红色反光中，可以辨出一个马头以及马头上的人头，旁边还有另一个马头以及马头上的另一个人头。就在这一时刻，闪出了一条长长的火焰，突然响起了枪声，这些恶棍，枪声响彻在河面上，响彻在树林里，打破夜的寂静，砰砰的声音久久地互相呼应,并阴森地沉寂下来。

已经没有了寂静的夜,没有了深邃的有星光颤动的星辰,没有了催人入睡的潺潺声,没有了悬崖,也没有了传出鹌鹑叫声和牧草清香的朦胧的草原。所存的是无谓的沉重和残忍。

"哥萨克!……"排字工嘟囔道,"再见吧,我得跑了……"

老人抓住了他的手。

"等一等……"

"没关系……"

"别吓唬人……我们可不是胆小鬼……这只是在抓三四俄里以外的树林后面某个无辜的人,——一定没错……子弹就是飞向那边的……这些恶棍!"高个儿愤怒地举起拳头,朝他们比划着。

篝火又因灰烬而抽搐着,深色的轮廓在黑暗的悬崖上移动,逐渐变小,被遮住,藏匿起来了。

星星又开始嬉戏,不慌不忙,草原上的咚咚声渐渐远去,渐渐消逝,寂静和黑暗中只留下了威胁和预感的无法消磨的痕迹。枉然紧张一番的潺潺流水声竭力像以前那样用昏沉欲睡和飘忽不定的沉思遐想来填充寂静和黑暗,——传向远方的咚咚声的沉寂,充满了不祥的恐怖,压住了催人入睡的低语和安详。

人们又坐了下来。

"让我吃都吃不安宁,这帮坏蛋!"

"下流的家伙!……土地他们应有尽有,却到处欺压百姓……"

没有声响,可是夜却始终难以平静下来。寂静与安详,昏沉欲睡的静谧,原先像薄纱一样覆盖着一切,现在仿佛全被吹走了,剩下的唯有黑暗以及不安的敏感的等待。仿佛是证实这紧张的等待似的,从黑暗中传出金属叮当的响声……过了一分钟又响了起来。几个人将头重新掉转过来,但现在他们向下俯看黑暗的河畔。

又响起了叮当声,还有岸边沙地上的潮湿的有节奏的咯吱声。在悬崖下的黑暗中,在靠近河水的地方,又有黑东西呈现出来,甚至在夜的黑暗中也显得漆黑。越来越近,已经能够分辨出来回晃悠的马头的轮廓以及骑手的黑色身影。

他们径直走近篝火,勒住晃动着脑袋、不时发出轻微声响的马,直着腰紧坐在马鞍上,步枪的枪管不时从背后闪现出来。

"是些什么人?"

"关你什么事?"

三个人都站起身来。

一阵不堪入耳的骂声。

"想尝尝马刀的滋味?这当然可以……把你们每个人劈成两半……说,你们是什么人?"

"你眼睛瞎啦?……守护驳船的。"

"里雅波夫,把他们抓起来,带到司令那儿去。"

一个脸色发灰、嘴巴突出的年轻哥萨克从马上跳了下来,抓着缰绳,把武器弄得咔哒直响,走了过来。

"我们认识看驳船的人。转过身来看看。"

"你,高个头贱种,我要用马鞭开道,以便不要撞上你这该死的东西。"

"我们不久才接任的。"老人平静地说,"赶我们走当然可以,这是你们的事,只不过,以后谁来收拾这个乱摊子?把我们赶走,而驳船上装满了货物,清晨前就会被轻巧地洗劫一空。轮船开来一看,什么也没有了,如同空壳……哼!到时候,人们会领悟过来:'是哥萨克来此洗劫,为此,他们还赶走了看驳船的,他们干这种勾当是很老到的……'"

"胡说八道,老鬼。"在大胡子哥萨克的嗓音里流露出疑惑,"等一等,里雅波夫……你,粗鲁汉,把证件拿出来看看。"

"你是怎么啦,难道才出世吗?浑身还湿漉漉的呢……"高个儿冷冷一笑,"证件通常在主人那里,去找船长吧,他会把证件给你看的。"

哥萨克没有把握地拉了拉缰绳。

"这一个呢?"

"这位看守者……是驳船上的工长。"

"胡扯,我看是个狗杂种……是从城里潜逃出来的。啊哈!……他对我们有用……里雅波夫,察看一下,也许还有逃出来的。看看有没有脚印从篝火通往那个方向。"

年轻的哥萨克将一根树枝塞进炭火里,握在手中,直等它点着。他俯下身子,用点燃的树枝照耀着,向前走了几步,仔细地看着急剧地颤动着影子的沙滩。

"没有通往别处的脚印,而只有从城里来的脚印。"

"好哇,粗鲁的家伙,还想回嘴顶撞,原来想窝藏谋反的人。等着瞧吧,你们一个也逃不了。不过,里雅波夫,你来把这个人绑起来。"

"没有绳子。"

"用皮圈,用套脖子的皮圈。然后像牵狗一样牵着。"

年轻的哥萨克解下一根套马的缰绳上的皮圈,走到排字工面前。

"嗨,你这个下流坯,转过身来。"

而排字工推开他,向后退去。

"见你的鬼!……"

枪机咔嚓一响。排字工不由得昂起眼睛:枪口对着他,大胡子从马背上对他瞄准。

"要是再动一步,就地打死你!……"

里雅波夫把皮圈套到排字工的脖子上,并且扣了起来。大胡子把枪背到肩上。排字工无动于衷地、疲倦地看着河面上的黑暗。夜色浓密、阴沉,从四面八方压了过来,叫人都喘不过气来。

老人和高个儿相互递了个特别的眼色,继续平静地观看着所发生的事情。

"套好了吗?那就上马吧,咱们走吧!让他走在马前面,用马鞭子赶着他。"

年轻的哥萨克一只脚踏上了马镫,抓住了鞍鞒,用上劲,准备一下子跨到马鞍上去,黑暗中,从马嘴连到人的脖子的皮带显得更黑。

老人家走到年轻的哥萨克身边,趁他抬腿上马鞍的时候,边发暗号边扑向他。哥萨克从马上栽了下来,靠到了老人的肩膀,用断断续续的声音尖叫着。

就在同一时刻,高个儿走到了坐在马背上的大胡子哥萨克跟前,用手拉了一下什么东西,说:

"大人,您小心别摔倒了。"

哥萨克从马鞍上侧过身子,察看了一下,突然觉得有一条粗壮的蛇以铁一般的力量缠住了他的脖子。他立刻用脚踢马,想把这条蛇摆脱掉,可是,另一条同样粗壮的蛇以同样的铁一般的力量缠住了他的腰部,还有一只大手从他的背后抓住了缰绳,狠狠地拉着,拉得马把头往后一仰,后腿蹲了下来,倒退着,直到屁股顶住悬崖。

"啊——哟!……该——死的!……里雅——波夫……快——过来……"

"过——不来,头儿……"

"等着——瞧吧……我——用——马刀!"

"我——等着……快—上!……"

他们艰难地、嘶哑地、断断续续地相互交流,异常激动,上气不接下气。马在两个人的重负下挣扎着,从悬崖下把黏土和干土块朝他们抛撒。

"啊——哟……里雅——波夫……"

哥萨克竭尽全力,试图抽出手来,并寻找马刀柄,可是,紧紧抱住他的"恶魔"以超凡的力量折伤了他的脊骨。大胡子哥萨克尽管做出了绝望的非人的努力，仍然从马鞍上笨重地倾斜了。歪七扭八的腿上那模糊闪现的马镫已经翘起来了，挣扎着的马匹肚子底下已经闯进了一个被汗水浸透的头。什么东西发出咯吱咯吱的响声。在直立起来的马的下方，地面被沉重地栽下去的人体撞得轰隆一响。

夜幕镇静地、阴沉地笼罩在上方，期待着，在凝重的夜的寂静中只能听得见呼哧的喘气声和压抑的呻吟，诅咒和辱骂则卡在紧紧咬着的嘴唇中。

马儿感觉到了轻松，它不时地踩着拖在沙地上的缰绳的尾端，每一次都低垂着头，接着恐惧地跑到一旁，离开那个有一团黑东西笨重地扭动的地方。

老人与被解救的排字工一起，把束手无策地躺在沙地上的年轻哥萨克紧紧绑了起来。

"唉，把皮圈拿来！……"高个儿用膝盖紧紧压着吁吁直喘的哥萨克的胸口，用沙哑的声音说道。

老人与排字工一起，捉住了马，赶到躺在沙地上的马主人跟前，用关节咔嚓直响的手紧扎皮带。

"呸，这个坏蛋，拉紧一些，再紧一点，要不然会脱掉的，得靠马儿运走呢。嗨，让我把牛奶喝完吧，总是不容我们好好吃顿晚饭……不必在这里和他们两个恶棍纠缠啦。"

四

他们围在一起坐着，兴高采烈，气喘吁吁，擦着满脸的汗水,重新坐下来吃饭。

"嘻,这个年轻的哥萨克还没来得及发出叫声,老大爷就把他放倒在沙地上了。"

"而那个健壮的、养得滚肥的公猪呢?……"

"嘻,从背后把他脖子这么一抱……啊,瞧你,头像浸过水似的!……"

他们添了干树枝,几乎快要熄了的篝火,重新燃了起来,重新把忙碌的身影投到沙地上。被绑起来的哥萨克一动不动地躺着,旁边的马也一动不动,沮丧地站着,耷拉着脑袋。

"去年,我们站在这儿的浅水滩上,"高个儿说道,他放下匙子,转过身去,用一个手指压住一个鼻孔,大声地擤了擤鼻涕,"这时,出现了暴风雨,还有雷电!附近,一个蓝色的球状物体飞驰而过,强大的气体把我冲了两俄丈远。这一球状物体落在岸边五十俄丈远的一棵树上,当然,这棵树除了树墩以外,什么也没剩下,真可怕!"

"去年夏天,是个多雷雨的季节,城里,有两幢房子被雷电烧毁。"

大胡子哥萨克恢复了一些知觉,十分惊讶,觉得所发生的事情不可思议。他简直不相信自己的眼睛,于是侧着脸,观察自己可能的处境。是的,他躺着,被皮带紧紧地绑着,他的上方站着马,而那几个人则在安详地喝着酸牛奶,用匙子慢慢地喝着。他没有看到里雅波夫,因为后者躺在他的背后。

"你们这是怎么啦,粗鲁的酒鬼,一喝就没有止境,难道不怜惜自己的脑袋?"

"怎么会不怜惜呢？当然怜惜，"高个儿冷笑着说，"所以才把你俩给绑起来。"

"你们认为我们只有两个人，是不是？那边还有整整一个骑兵连呢，而且到处都有巡逻队……他们一回到这里来，肯定会把你们枪毙掉……还是趁早来松绑吧！"

"若是我们这里一个哥萨克也不剩了，谁又能来向我们开枪呢？"

"你胡说，不要扯谎。听见没有，立刻过来松绑！……他妈的……"

"若是我们这里没有哥萨克了，怎么开枪呢？"高个儿天真地继续说道，"你稍稍忍受一下，我们马上就走，我们要给你们的马儿卸下鞍子，把你们的裤管灌满沙子，绑在你们的怀里，然后把你们两个扔进河里。"

笼罩着死一般的沉寂。哥萨克的眼睛瞪得圆圆的，甚至在黑暗中也可看见他眼睛泛白。他开始频繁地、艰难地呼吸，然后克制住自己，毫无生气地说：

"别吓唬我，我不害怕……哥萨克，可不是小孩，什么都会弄清楚的……别把马淹死了，还会有人骑着马找你们算账的。"

高个儿愉快地哈哈大笑起来，河流对岸也同样愉快地发出回声。

"你只管说你的吧，反正没有人听你的……别为我们操心吧，强盗……我们要给马儿卸下鞍子，把鞍子架到你的脖子上，以表示信守不渝。这鞍子很沉，你不会浮上来的。至于马嘛，我们把笼头解下来，把它们赶到草原上去，我们只要用力啪哒一打，就像你所见过的那样，马儿就会溜到草原上去了。在草原上嘛，老弟，它们很快就能遇上新的主人。它们随着其他牲畜混入村庄，每个人都会欣喜万分地接受这不请自来的马，用来做庄稼活。嗨，还有偷马贼呢，他们不停地在草原上转来转去，看到这送上门的马，一下子就把它捉住了。事情正是这样，强盗……"

一阵沉默。浓密的、黑暗的夜色笼罩着哥萨克。这夜色中充满了死前的期待，而且毫无怜惜可言……突然，在令人窒息的、沉默无声的黑暗中，响起了扑哧扑哧的声音。这声调婉转、若断若续的哀鸣，恰似昂着头的小狼的叫声。大胡子哥萨克沉下脸来，斜着眼睛，观察他们怎样用匙子喝牛奶。他们不慌不忙地喝着，要知道，面临死亡的不是他们，这些人的平静简直令人震惊。而若断若续的狼的嚎叫撕裂了夜的寂静，恐怖地蔓延到河面上，痛苦的悲哀的尾音落到了静静地往四处延伸的黑暗的草原。

"嗨，你没有力量报复喽。以前，你枪杀、摧残无辜的、手无寸铁的人们。就像勒狗一样用绳子勒人们的脖子，不是绑住双手或是捆住腰部，而是勒住脖子，嗨！……"

大胡子紧咬嘴唇，慢吞吞含糊地说：

"不要叫了，畜生！……"

可是，狼的嚎叫依然响彻在他的身后，蔓延到河流和草原上。于是大胡子集中精力注意静静吃饭的几个人，独自带着死亡的恐惧，痛苦地希望牛奶能够无止境地喝下去，然而，匙子放得越来越深了。

"老兄,"他无力地说,"放了我吧……"

"瞧,这小子,"老人平静地说,"你骑着马儿不假思索地枪杀、摧残百姓,可现在,你自己躺着等待死神的降临。"他用匙子喝了一口,擦了擦胡子,继续说:"是啊,终归有一天,人民会出人意外地、料想不到地站立起来,你们却躺倒在地等待死亡。这时,你们会感到震惊,你们的心会感到悲伤,大叫起来:'唉,假若有来生,一定换一种活法。'"

"我们的职责就是这样,难道我们自己……我有家业,有妻儿,成天在草原上溜达,也怪寂寞的……"

"职责!……难道你的职责就是砍人家脑袋,是不是?"

"哪里的话!因为向皇上和国家宣誓……"他觉得在这空旷的、黑暗的、无声等待的岸边,时间迅速地消逝,——他们手中的匙子快要舀到锅底了。

"宣誓!……"老人的嗓音里充满了愤怒。"宣誓!……瞧,这才是宣誓!"老人情绪激昂地举起右手,"面对神圣的星辰,面对皓洁的月亮,面对黑暗的树林,面对纯净的河水,面对林中的野兽,面对原野的飞鸟,面对人类的生命,我宣誓。而不是面对头发蓬松的神甫。神甫只要有贿赂就行。这就是宣誓,真诚的宣誓!受难者面对这些对象宣誓。每一个有良心的人都应该面对这些对象宣誓……而你们,不幸的东西,你们的心变黑了,你们到处乱钻,就像狗崽似的……生命,就在我们的周围,"他用力挥了挥手,"应当向这些生命宣誓,而不是向神甫,可是你们对待这些生命却是用马践踏,用剑刺杀,用刀乱砍,还用枪射击……咦,只知道开枪,也不顾子弹射向哪里!……"

周围一片黑暗,寂然无声。在黑暗的河面上没有活生生的潺潺絮语,也看不见对岸那困惑地倾听的树林,甚至两步之外的河岸也已不见踪影。因此,使人大发光彩的蜜酒明显在黑暗中染红了围着篝火席地而坐的人们的脸颊,——这是唯一可见的情形。

哥萨克无法将眼光从他们身上移开。越看越觉得他们充满了活力。他们坐着,这些黑夜中的神秘的勇士,仿佛是蜜酒的化身。

"啊——哈!这是人类的生命!"老人放下匙子,说道,擦了擦嘴边的胡须,然后,他又拿起匙子,开始慢悠悠地从锅里把食物送进汗毛重的、围着浓密胡须的嘴里,——而哥萨克则目不转睛地注视着泛白的匙子。"瞧这些生命是怎样奔忙吧……比如,有许多农活需要操劳:扛着犁走,还要揉和黏土……然后,当地里长出了新苗的时候,心口又要作痛了,于是不停地望着天空,企盼降雨。随后长出叶片、拔节、抽穗、灌浆,始终得围着庄稼转,围着谷物转,围着禾苗转……"

"瞧,流星飞逝。"高个儿说道,并打了个响嗝。

哥萨克转过眼睛,看到了深沉黑暗的有无数星辰颤动的河面,听到了朦胧的催人入眠的潺潺流水声,但是,这一切仿佛都在躲开他,又仿佛这是记忆中的过去。在这个过去中,有家庭,有农活,有习惯了的、几乎在心里扎根的原野上的劳动,——然而这一切全是过去,而现在——全是黑暗,还有在黑暗中被篝火照成红铜色的人的脸膛。

马站着不动，痛苦地耷拉着脑袋，忧伤地垂着耳朵。河面上，看不见的夜鸟发出叽叽嘎嘎的声音，渐渐远去。

老人沉默下来，双眼从紧锁的银白的眉头上注视着河的对岸，那里恍惚呈现着树林。

"禾苗长出来，你要保护它；树丛从大地生出来，你得绕着走，免得折断它……人啊，算不了什么，甚至还不如谷物。你想想看，人虽然活着，可是你瞧星辰总是能够永远闪烁，人却遭受压迫，遭受屠杀，或被关进监狱。宣誓！……什么样的宣誓也比不上人的生命，小子，人的生命才是最珍贵的誓言。方才你骑在马上，以为自己威力无比，可现在自己却躺在地上等死……"

哥萨克咬紧牙关，竭尽全力挣扎起来，可是，柔软的皮带却把他绑得更紧了。

"老兄！"他说，声音已经虚弱无力了，"老兄，要不然我就……"

几个用餐的人头部动来动去，篝火映着他们的脸膛。哥萨克看到他们沉着镇静，决心已定，不由得移开目光。他们擦净匙子，收了起来……接着走开了。

整个一天的情景在哥萨克脑海中闪现，一桩一桩事情异常清晰地、有条不紊地浮现。他想起了怎样来到这里送死，通往毫无意义的毁亡。他忧伤地倾听：背后那哀号声不安地回响着，草原里传不出一丝声响。谁还可能骑马过来呢？没救了，也得不到饶恕，更何况不可能得到饶恕，因为方才他自己也没有饶恕他们呀。

这种沉默比死亡还要可怕。他侧耳倾听，集中全部精力仔细谛听。他突然听到：传来了无数的山雀叽叽喳喳的啼啭，正是这种啼啭总是响彻在活生生的草原，而现在却来与他做最后的告别。

大概已经着手处置里雅波夫了，因为那哀号声越发急促、越发惊恐地传了过来，紧接着，哀号声突然中止了。

大胡子心里发紧。

高个儿朝里雅波夫俯下身子，开始摆弄皮带。皮带松了，然后解开了。哥萨克迅速站了起来。里雅波夫用一只脚跳着，把武器弄得哐当直响，想坐到马鞍上。他终于骑上了马，于是马儿迈步跑了起来，消失在黑暗中。

"嗨，简直缩成一团了！"高个儿笑着说，"来啦，伙计，轮到你啦！"

哥萨克沉住气，好不容易克制住洋溢全身的生命的欢乐，表面上镇定地走到马的旁边，试了试鞍带，然后坐了上去，动了动缰绳。

"再见吧，伙伴们！"

"再见吧，小子……"

马不慌不忙地小步快跑起来，把潮湿的沙地踩得咯吱作响，接着，夜的黑暗把它慢慢地吞没了。

催人入眠的潺潺的流水像以前一样梦幻般地颤动着，深邃的水中倒映着有无数星辰点缀的夜空。

"哎，现在真该睡上一觉。"

"锅还要洗呢。"

高个儿在河水边上俯下身子,开始勤恳地用细沙擦洗锅的内部。

"嘻,他们还是逃到远处去了。"

"谁也不愿意死嘛。"

"北斗星高悬着。夜很深了……啊——哈——哈!……"

河边上,有人昏昏欲睡地多次轻声地打着哈欠。寂静笼罩着草原、河流以及微微可辨的黑暗中的树林,引来安详和歇息的感觉。

"你叫什么名字?"

"阿列克赛。"

"父名呢?"

"尼古拉耶维奇。"

"喏,好吧,尼古拉耶维奇,我们爬到驳船上睡一觉吧,我们那儿还有稻草呢。睡觉前洗个澡怎么样?"

"好主意。"

他们来到了河边上。河水微微颤动,乌光闪烁,一条活生生的不断变化的水流,区别于纹丝不动的黑沉沉的河岸,他们开始脱衣,当他们双手解腰带的时候,他们的脸却转向了悬崖。

"啊?"

"莫非?……"有人简短而又担忧地说。

他们的脸同样紧张地转向了草原:从哪个方向传来了逐渐临近的咚咚声,越来越清晰,越来越响亮。再次可以感觉到,那儿的地面干燥、坚实，敲上去声音清脆，不知怎的，这使人产生了特别的不安。恐怖，就像一只隐身的黑鸟，翱翔在阴沉的黑夜。唯有老大爷毫不在意，像先前一样在船上翻寻。

"唉！……"高个儿沮丧地叹息一声，把腰带系了起来，"我说不能放他们走……现在糟了……瞧，快马扬鞭赶来了，若是不把他们放走……"

"好像是骑到那个方向去。"阿列克赛说道，声音里流露出担忧。

"没关系，小伙子们，没关系。"老人平静地说，继续在船上张罗。

现在声音已经很近了，就在悬崖边上，然后声音减弱了一些，移向左边——绕道下行。好几分钟，笼罩着无法攻克的寂静。然后传来了逐渐临近的踩在潮湿沙地上的咯吱咯吱的响声。两个年轻人目不转睛地盯着那个方向。

"唉！……"高个儿嘴中发出吧唧吧唧的响声，"白白地把他们放了。"

黑暗中，勾勒出马的剪影。大胡子哥萨克骑着马儿小快步来到这里，勒住性情激昂的马，说：

"是这么回事，伙计们……你们马上把驳船转移到那个方向去，并让那小伙子穿越树林逃走……那个畜生去报告了骑兵连司令……打算从那儿，从悬崖上朝你们射击，我竭力劝说也没用……而且我还说：应当抓活的。甚至不准我去见司令：事先报告了他，说我包庇恶魔……瞧，天亮前就要派一个排来，你们处境艰难啊……"

"哈——哈！……过两个钟头轮船就要开来了，天亮时，连我们的影子也找不到了。"

"啊，是这样……那好吧，本来我想我得回来告诉你们……那么，再见吧！"

"一路平安，伙计……谢谢你。"

"也谢谢你们……"他勒马停了一会儿，"我们也一样——并非一丘之貉，嗐，情形就是这样。你们的老大爷——真是个好人啊。"

马轻捷地走了。有一阵子，从草原上传来渐渐远去的马蹄声，随后归于沉寂。在悬崖上方，没有被遮住的星辰自由自在地闪烁着，闪烁在高高的天空，闪烁在深邃的河中……

1907 年

（吴笛 译）

魏列萨耶夫

在舞台上

大厅一片通明。宽阔的舞台上，作家奥索金坐在点着两支蜡烛的书桌旁边，尽量抬高无力的嗓音，朗读着自己小说中的一个片断。大厅里挤满了观众，但一片静寂，如同九月夜晚的没有一丝风声的田野。当奥索金的目光从书中移开时，他看到了台下那黑压压的人的海洋以及那数以百计的专注的眼睛……

奥索金脸色苍白。他不加选择，读得很糟，心里却感到纳闷：他所读的，是他所写作品中最诚挚的，也是对他最珍贵的，在他面前活生生地呈现着他总是非常想见的那一个遥远的、看不见的读者。与此同时，奥索金所朗读的内容在他本人的耳中却显得不真实，显得陌生，而听众仿佛也不是他所认为的那些读者。

他越发盼望尽快读完。他开始读漏一些句子，又混淆另一些句子。于是，终于读到了用铅笔做了记号的段落……结束了！

奥索金合上书，站起身来。人的海洋突然沸腾起来，墙壁和天花板上的灰泥也仿佛噼里啪啦地掉落：这是如雷的掌声。

奥索金笨拙地俯了俯身子,然后咬着嘴唇,仰着既苍白又火辣辣的脸,穿过小门,走进了"演员休息室"。

大厅里传来经久不息的鼓掌。一位安排在奥索金之后演唱的袒胸露背的年轻女郎站在镜子前面,用因激动而颤抖的双手整理发型。另一位已经演奏完毕的发胖的女钢琴家双眼定睛地凝视着奥索金。桌上放着主办者用来招待演员的茶点。

一位留着黑色胡须、戴着金色夹鼻眼镜的中年男子抓住奥索金的手,情绪热切地说了几句话,与他一起坐到沙发上。奥索金不知道何时何地曾与这位先生相识,而后者却那般热情,仿佛是久别重逢的挚友。

"祝贺演出成功!……这才叫成功哩!"中年男子说,"听吧,观众真是欣喜若狂哩!从来没有对任何人报以这样的掌声!……您得出去谢幕啊。"

"见鬼!"奥索金没好气地答道。

"不能这样,谢尔盖·瓦西里耶维奇,不能这样!"中年男子满脸笑容地说道,随后,又带着同样的笑意转向了几个可爱的、什么也不明白的小孩,"不管怎样,应当尊重观众。"

一位胸前别着花结的主持人跑进了后台。

"大家都在叫您,喊您!"他带着尊敬的微笑对奥索金说。

"随他们去吧!我不上台了。"奥索金以恳求的口气说道。

"不行,不行!怎么也不行!"戴夹鼻眼镜的先生固执地叫道,笑嘻嘻地抓住奥索金的手,拉他站起身来。

主持人善意地并怀着敬意地笑了一笑。

"您朗读时润润嗓子的那杯水,已经被几个娇小姐喝得一滴不剩了。"他说。

"唉,真是娘们儿!"奥索金轻视地一笑,嘴角沾沾自喜地颤动了一下。

他叹了一口气,走上前台。大厅里爆发出雷鸣般的掌声和喊叫声。观众们离开了座位,挤到舞台的周围,甚至跑到台上。奥索金上台时,人群为他让路。他看到周围有几张他没见过的年轻姑娘的脸庞,以直勾勾的眼神激昂地、兴奋地看着他。

"奥索金!再来一遍!"一位高个头大学生用宏亮的嗓音喊道,竭尽全力地拍着手掌,发出令人震惊的响声。

"再来一遍!再来一遍!奥索金!"传来几个女性的清脆的声音,姑娘们拍着手掌,力争拍得更响。

奥索金忍着笑,笨拙地鞠躬致谢。当他转过身子准备离开时,姑娘们挡住他的路,继续拍掌,喊着"再来一遍"。主持人探出身子,将一本书递给了奥索金。

"好!好!再来一遍!"周围的人兴高采烈地更加激奋地嚷叫。

奥索金伸出双手,恭顺地把书翻开。

"嘘……嘘……"厅内发出促人安静的声音。

他沉默着,表情严肃,开始朗读书中的另一个片断。现在,奥索金所写的那些真诚而又珍贵的文句,在他自己看来,显得优美华丽,感人肺腑,于是他为自己的创作感到骄傲。观众变得亲近可爱了,与此同时,他体验到了一种对观众既宽容又蔑视的感觉。欢呼和请求的声音持续了很长时间。奥索金又念了三遍,最后,他解释说,嗓子已经实在不行了。直到这时,观众才开始慢慢平静下来。

袒胸露背的女歌手走上舞台。一同上台的还有手拿乐谱、身穿燕尾服的伴奏者。随后,女歌手唱了起来:

> 在我一生的青春时光
> 我饱受着爱情的忧伤……

奥索金与戴着金色夹鼻眼镜的先生一起,穿过人员开始稀少的大厅,走进了小吃部。这里熙熙攘攘,很是热闹。

"怎么样,我们喝茶吧?"奥索金说,"您去占个位子,我去端茶。别指望那些服务员。"

一张长桌四周挤满了人,桌上摆满了杯子和盛面包片的碟子。茶炊旁边,有两名女服务员正在倒茶。奥索金钻进人群,开始费力地向桌前挤去。周围的人恭敬地看了看他,给他让路。奥索金装出样子,仿佛没有注意到别人向他投来的目光,并且稳住自己,仿佛压根儿就没担心周围有人认识他。

若是胳膊肘碰到了某个人,或是挡住了某个人的去路,他总是面带特别客气、特别歉疚的笑容,说:"对不起!"

奥索金终于挤到了桌边,要了两杯茶。站在旁边的身穿天蓝色上衣、系着宽皮带的姑娘听到他的声音,转过身来,认出了他,表现出冷漠的样子,急速掉过头去。女服务员倒满两杯茶,奥索金紧挨姑娘伸手去端,姑娘却以极不自然的冷漠的表情接过两杯茶,递给了奥索金,并以自己因愁闷而紧皱的眉头表示，他与自己毫不相干。突然，在最后一个时刻，当奥索金从姑娘手中接过茶杯的时候，姑娘涨红了脸，她那孩子般明净的眼中，闪过愉快的羞怯，于是她急忙垂下眼睛。

奥索金掩饰住笑容，端着杯子坐到一张小桌子旁，戴夹鼻眼镜的先生已经占了两个座位。熟人们走到跟前。奥索金一边交谈一边注意到，从四面八方向他投来关注的目光。这些目光使他平时那些自然的动作全都失去作用，他的身体变得富有弹力，就像自动装置似的。奥索金开始自我观察，憎恶地谛听在他心灵深处颤动的幸福、满足的笑声。

喝完茶后，人们回到大厅听巴拉莱卡琴乐曲。奥索金不停地与人们握手，大家争先恐后地与他相识。戴夹鼻眼镜的先生告诉他，恩特维德-奥德伯爵小姐希望与他结识。奥索金被领到伯爵小姐身边。伯爵小姐让他坐到自己身边，她摆弄着带柄眼镜，声称自己是他"美妙作品的崇拜者"，并且早就寻找机会与他相识。

时间一分一秒地流逝。奥索金走在大厅里，样子仿佛是谦恭温雅、彬彬有礼的王子，坚持使用这一众所周知的化名。他感觉到了自己的这一种既谦逊又高傲的样子，憎恶因而越发增强。但他无法控制自己，双脚违背他的意愿，以一种荒谬的庄重踏在镶木地板上。而周围像先前一样——数以百计的脸庞急切地向他投以尊敬、关注、好奇的目光。

一种奇特的情绪突然涌上奥索金的心头，在人多的地方，他的这种情绪时常突如其来地出现。他的眼中仿佛有什么东西掉落下来，于是所有的人，甚至最为熟悉的，突然间模样变得崭新，脸庞变得奇特、陌生、楚楚动人。他惊奇地凝视着这些脸庞，看出了清晰地印在这些脸庞上的精神历程和黯然无光的自我满足。是什么让这些人被他所吸引？他自己又算是什么人？他这个矮小、羸弱的人，竟为印在纸上的自我情感的优美和魅力而自豪……奥索金越来越强烈地感受到，他与周围人之间有某种牢固的、秘密的联系，有某种各自守口如瓶、不愿告诉对方的默契。

晚会结束了。滚滚人流涌向出口。奥索金夹在人群中走下楼梯。突然，在楼上的栏杆旁边，一个年轻的男高音对着整个楼梯叫喊起来：

"奥索金！……乌拉！"

这一声叫喊仿佛是导火索，随即爆发出一阵震耳欲聋的掌声。

"奥索金！……奥索金！……"

面色苍白、惊慌失措的奥索金在楼梯间的平台上停了下来。从四面八方传来叫喊：

"谢谢您！……谢谢您！……"

奥索金咬住嘴唇，喘着粗气，一声不吭地望着鼓掌的人们，听着他们朝他发出的叫喊。

掌声变得更密集、更强烈、更坚决。已经走下楼梯的人们，停住脚步，朝奥索金转过身子，挡住了他的去路。大家好像都在等待奥索金说几句话。

奥索金脸色更加苍白，一声不吭，也不致谢，只是望着叫喊的人们。他应当说些什么？他知道在这种场合应当讲几句话，他应当用由于激动而颤抖的声音宣称：此时此刻，是他一生中最美好的时刻，是对他劳动成果的最高的奖赏。然而，与此相反，奥索金觉得，此时此刻，是某种意义上的可怕的时刻，这一时刻过分剧烈地在他面前展现出早已在他心中产生的疑虑和犹豫。

他的眼睛一闪。他跳到了窗台上，准备发表演说。

"嘘……嘘！……"楼梯上传出不耐烦的声音。周围随即静了下来。

"先生们！……"奥索金气喘吁吁地说了起来，"我看到，我今天以某种东西满足了你们大家。我想要解释的是，正因如此你们今天才慷慨地以欢呼和兴奋对我回报……伟大的军队从事伟大的解放事业。我，是这支军队中的一名普通士兵，也许，是一名普通鼓手，是不是？难道你们今天所给予我的这些奖赏，是让我以普通鼓手的名分而获取吗？不，不是这么一回事……你们为什么对我表示感激？为了'有魅力的声音'？为了我以自己的'杰作'给你们带来的享受？如果是这样，先生们，那你们就谢错人了。去找那些把'有魅力的声音'作为目的和最高真理的人吧。对我来说，这种声音则是艺术的最高谎言和最可怕的诅咒。那么，感激我是因为我给你们带来了艺术享受——这是恶意的嘲笑或是遗憾地承认我艺术上的苍白无力。我根本不想给你们带来任何享受，——我只想折磨你们，使你们感到痛苦……不过，你们倒也没有说感激我是因为我给你们带来了享受，——至少，你们大多数人不会这么说。显而易见，你们感激我，是因为我以伟大的艺术力唤醒了你们心中的'善'。

"是的,艺术的力量是伟大的,然而,它的力量仍不足以把'善'唤醒。艺术也有邪恶和荒淫的力量,它以最令人难以置信的方式激发和产生各种各样的情感、各种各样被行为所挑衅的内心活动。艺术家朝生活扬起鞭子,但是,正要抽打时,鞭子却转变成了由芳香四溢的铃兰所织的花条。艺术家向人们的心中献上一团能够搬动顽石、熔化顽石的火焰,而人们心中的反应只不过是隐隐一闪、无济于事的微弱的震荡。艺术犹如车厢里的缓冲器,向人们提供轻松愉快地经受巨大的心灵震惊的可能。于是,你们现在事实上是因为艺术的这种缓冲器效应来对我表达这般热切的感激……先生们,让我们开诚布公地说吧。当然,并不是美吸引你们并使你们对我们发生极大的兴趣。什么是美?我们纯粹是从美学意义上向你们提供更强烈、更愉快地体验情感的可能。你们与我们体验两种只有生活知晓的最高的幸福,那就是斗争的幸福和博爱的幸福。从我们身上能够多么轻易地获取这一幸福啊——不必为此斗争,也不必为此而爱!与此同时,我们双手加工的这一幸福,如此顺利、温暖、舒适!而在生活中它却粗糙得多,苛刻得多。你们知道,一名受伤的战士完全不能注意自己美丽的姿势,而只是强烈地感觉到伤口的难熬的疼痛,当一个人在正义斗争中献身的时候,他根本无法得到普遍的同情,而对他的同情却通过我们作家对于这一斗争的描绘在读者中激发出来。

"被人战胜、受尽折磨而坚信未来胜利的人们所感受的幸福是伟大的……然而,这一幸福有别于你们的幸福,其区别甚于森林大火与磨擦石头所产生的火花的区别。他们,他们这些人坚毅刚强、英勇无畏,然而——这是偶然的吗?——恰恰我们在最美好的场合也完全不必为他们送上哪怕一份可口的甜点心。谁又会为这份甜点而感激万分!人们只会为维持生命的面包而感激……你们感激我们正是为我们向你们提供的你们自己心灵中所缺乏的活力,为你们自己通过我们而体验的满足。可是,须知这种满足就是祸害,源于一颗心灵的扼杀,若是为这种满足而接受感激——那真是莫大的侮辱!……生活中还有什么能让你经受得起!艺术家——从托尔斯泰、雨果、陀思妥耶夫斯基起,到我们这些无名之辈为止,都叫你们轻松愉快地经受一切最沉重的触痛心灵的灾难。你们却对此感到腻烦。你们厌倦了斗争,不再去斗,你们厌倦了爱情,不再去爱。你们以无谓的感觉来经受一切,——若是你们在严峻的生活中比刮风暴时的牛奶更容易变酸[1],又有什么大惊小怪的呢?

"'这一切显得残忍,极不公正,'于是你们说,'我们感觉到射向我们心中的明亮的火光,因此为这些火光我们深深感激……'但是,先生们,若是这样的话,请允许我说吧。为什么会出现这些点燃的火光?你们凭什么取得为它们而感激的权利……我又凭什么取得接受你们感激的权利?这是最后的也许是最重要的一个问题。说它最重要,是因为我们与你们已经紧密联系在一起了。生活在我们身上激起奔赴战斗的冲动,而我们将这种冲动化为美丽的呼声,并把它带给你们……人们早已

---

[1] 原文中的"变酸"一词,还具有"垂头丧气"之意。

说过：'作家的语言便是行动。'也许！但事情的实质在于，这一行动依然停留在语言上，我与你们在心中非常明白这一语言行动的古怪和不自然。明白，但不吭声，因为这样更有益，更愉快。下边那个方向，人声鼎沸，热火朝天。我们的竖琴仅以微弱的、忧郁的呻吟对这沸腾的生活做出反应，但却在你们的心弦上激起巨大的反响。出现了温柔、美好的乐曲，心灵当然变得温存、舒适。但是，难道你们没有感觉到，在这一音乐中有多少心灵的腐败？难道你们没有感觉到，为它而接受感激是一种羞耻？请原谅吧，先生们，我还没有完全丧失羞耻感，因此，我不能接受你们的感激！……"

1900 年

（吴笛 译）

谢苗诺夫

看守院子的人

一

盖拉西姆在一个最为萧条的时期来到了莫斯科,很难找到工作,在圣诞节前,哪怕是一个很差的岗位,大家都会争抢,盼着得到节日礼物。盖拉西姆已经找了三个礼拜了,却一无所获。

他一直住在亲戚或者同乡家中,尽管他还没有穷到一贫如洗的地步,可是,年纪轻轻的,身体好好的,却找不到工作,他不时感到郁闷。

盖拉西姆自孩提时代就住在莫斯科。很小的时候,他就到酿酒厂做童工,洗酒瓶。长大一点之后,他给人家看守院子。最近两年,他被一个商人雇用。他辞去这份差事是因为他要回到乡下报名当兵。可是,他没有被征上,留在乡下又不习惯,觉得无聊,于是他决定回到莫斯科去,与其在乡下睡懒觉,不如在城里踩马路。

然而,城里的马路踩多了,他也感到腻烦,真希望能够安定下来。为了找工作，他几乎跑遍了所有的地方，找老乡求情，找亲戚帮忙。但是没有在任何地方找到任何工作。

盖拉西姆也羞于继续找老乡帮忙了——已经找腻了。他们有些人也对他不断纠缠而感到厌烦了，还有一些人因为为他说情而受到自己老板的严厉训斥。找熟人毫无办法了——他有时候一整天都吃不上任何东西。

二

有一天，盖拉西姆到莫斯科郊外去找一个老乡，这是远离市区的地方，都靠近索科尔尼科夫了。他的一个老乡在那里一个名叫沙洛夫的商人身边当马车夫，已经干了好多年了。他对主人阿谀奉承，博得了信任，获得了宠爱。他获得了主人的宠爱多半是靠那张圆滑的嘴。他喜欢打小报告，在主人面前说工友们的坏话，这也正是主人器重他的地方。

盖拉西姆走到老乡跟前，同他打了招呼。老乡按常规接待了他，给他沏茶，请他吃饭，还跟他拉起家常。

"我的情况很糟糕的，伊戈尔·达尼里奇，"盖拉西姆说。"好几个礼拜了，我都找不到工作。"

"你没去找以前的老板啊？让他重新接纳你嘛。"

"找过的。"

"没有接纳？"

"没有。我的岗位已经安排别人了。"

"原来如此。这就是你们年轻人采用的方式。你们就那么为老板干活，一旦离开，就把返回的门路全都关上了。你们应该好好干的，让老板器重你们，下回再去找的时候，就不会遭到拒绝的，他宁可开除那个新来的。"

"我们怎么可能达到那个地步呢？这年头，没有那样的好老板的，再说我们这些弟兄们也不是那么完美的……"

"你找他谈谈有什么不好呢？……我跟你说说我自己吧。如果我有什么事情要回乡下或者要去什么其他地方，要是又回来了，老板不仅二话不说马上重新录用我，而且还会很开心呢。"

盖拉西姆低下头来。他知道这个老乡在吹嘘，也就随声附和。

"这我知道，"年轻人说，"可是有谁能跟你相提并论呢，伊戈尔·达尼里奇。像你这样的人上哪儿去找呢。你要是干得不出色，你的老板怎么也不可能让你干十二年了。"

伊戈尔·达尼里奇微微一笑，他喜欢这样的奉承话。

"是啊，确实如此！"他说，"如果你能像我一样生活，像我一样工作，你就不会一连几个月失业，找不到工作的地方。"

盖拉西姆沉默下来。

这时，伊戈尔被老板叫走。

伊戈尔转过身子对年轻人说："你稍等一下，我马上回来。"

"好吧，"盖拉西姆答道。

三

伊戈尔回来了,说:"半个钟头后,我得备好马,送老板进城。"

他点燃烟斗,在车夫屋里走了两圈,又在盖拉西姆面前停了下来,说:"这样吧,小伙子,如果你愿意,我去跟老板说说,让他留你在这里看院子。"

"难道这里没有看守院子的人?"

"有是有的,但非常不好。上了年纪了,这份工作对他来说非常艰难,毁誉参半。好在我们这个地方比较偏僻,警察局对这里的卫生状况也没有特别的要求。要不然,他是无法应对的。"

"既然是这样,那么,伊戈尔·达尼里奇,你就替我好好美言几句。我会一辈子记得你的,会为你祈祷的。没有工作……我再也支撑不下去了。"

"好吧,我为你说说看。你明天再来吧,这里有十戈比钱,你先拿着,或许对你有用。"

"谢谢你,伊戈尔·达尼里奇!你一定替我美言美言,行行好了。"

"好的。一定尽力。"

盖拉西姆走了,伊戈尔·达尼里奇也备好了马。放好了东西,穿好了衣服,把马车驾到了大门口。

老板走了出来,坐上了马车。马儿向前疾驶。办完了该办的事情,又迅速返回。伊戈尔·达尼里奇看到老板很开心,于是对他说："伊戈尔·费奥多里奇，我想跟您打听一件事情。"

"说吧，什么事情？"

"我有一个老乡，很好的小伙子，可是没有工作。"

"哦，那又怎样？"

"您能否录用他？"

"录用他做什么事情呢？"

"让他看守院子呀。"

"看守院子？那波里卡尔彼奇怎么办？"

"波里卡尔彼奇有什么好的？该解雇了。"

"这样不好的，兄弟！他苦苦地干了这么多年，不能没有任何理由就被解雇。"

"他是干了这么多年。可他并不是白白地干啊。想必，他还节省了一些钱养老呢。"

"节省一些钱？怎么可能？从哪儿节省？他又不是光棍，还有个老婆呢，也需要吃喝呀？"

"他老婆也能自食其力，在打零工呢。"

"她能挣到什么钱呢？够买杯水算是不错了。"

"您操什么心啊？波里卡尔彼奇嘛，直截了当地说吧，是一个不中用的人，干吗给他白白偿付工钱？他从来都不会及时扫雪，也不会把任何事情办妥。晚上值班的时候，一个晚上起码溜掉十次，当然喽，对他来说，天气确实很冷。您会发现，因为他的原因，警察总有一天会找麻烦的。警察分局长也会突然找上门来的。您也会乐意为他担当全部责任吗？"

"可是仍然不好意思。在我这里干了十五个年头了，因为上了年纪就这样欺侮他……真是罪过啊……"

"哪有什么罪过啊,伊戈尔·费奥多里奇?您伤害他什么了?他不会受冻挨饿的。他可以去救济养老院,那里对他更合适,在他这个年纪,会觉得很安静的。"

老板想了又想。

"好吧,"他最后说,"把你老乡领过来。我看看那里怎么样。"

"一定照办,伊戈尔·费奥多里奇。您就安排安排吧。小伙子很可怜的。人挺好的,可是却找不到工作。我知道,他一定会好好为您效劳的。他是想当兵才丢掉了工作。要不然,他过去的老板是不会让他走的。"

四

第二天傍晚,盖拉西姆来了,问道:"伊戈尔·达尼里奇,事情怎么样?"

"我想,事情还挺顺利的。我们先喝杯茶,然后去找老板。"

盖拉西姆没有心思喝茶。他只想尽快知道结果。但是,碍于情面,他喝了两杯。接着他们一起去见老板。

老板问盖拉西姆住在哪里?会做什么活?随后同意录用他,让他第二天过来上班。

盖拉西姆脚步轻盈地离开了老板,为得到工作而满心欢喜。他走进马车夫住房。伊戈尔对他说:"瞧,小伙子,要好好干，不要让我为你丢脸。你应该知道做老板的一个个是什么样的人。你只要一次做得不对头，他们就始终责怪你，让你不得安宁。"

"这你放心，伊戈尔·达尼里奇！"

"好的，好的！"

盖拉西姆同伊戈尔·达尼里奇道别，走出了车夫住处。年轻人穿过院子，走到大门口。守卫室就在大门旁边，窗户里亮着灯。盖拉西姆很想看一眼他即将居住的地方，但是窗户上结满了冰霜，根本看不见里面的任何东西。然而，他听到室内有人说话。于是，他停住脚步，侧耳倾听。

传出一个女人的声音："眼下我们该怎么办呢？"

"我自己也不知道，"另一个声音说道，显然是波里卡尔彼奇。"只有一个办法了，去做要饭的。"

"也只好去要饭了。"女人说道，"唉，我们这些穷人真是倒霉啊！日子怎么过得这么难啊！干活，拼命地干活，就这么说撵就撵走。"

"能有什么办法呢？人家当老板的，又不是我们自家人，跟他多谈也是白搭。他只是维护自身的利益。"

"所有这些当老板的都这么卑鄙，他们只考虑他们自己。我们为他们辛辛苦苦、任劳任怨地干活，干了这么多年，在工作中累坏了我们自己，耗费了我们的时光，可他们压根儿不考虑这些，只想趁我们还没有耗光气力，赶快把我们打发掉，不愿多雇我们一年。唉，如果我们没有力气做了，我们自己自然会走的。"

"老板没有错，他那个马车夫一肚子坏水。伊戈尔·达尼里奇想为自己的老乡安排职位。"

"他这么阴险啊！他只是知道怎样耍嘴皮。等着瞧吧，这个畜生，我要和他比比高低！我要当着老板的面，戳穿他的画皮。他怎样偷燕麦，怎样骗干草——我全都记录在案。让他长点记性，拨弄是非会有什么结果。"

"不要这样，老婆子！不要造孽。"

"造孽？我所说的难道错了不成？我全都知道，全都会说出来的。让他眨巴着眼睛不知所措吧。你想想看，我们该怎么办？到哪里栖身？他毁了我们，全毁了。"

老婆子无法抑制自己，痛哭起来。

盖拉西姆听到这番话，就像一把刀子扎到了心口。他意识到这将给老年人带来多么深重的灾难，他因此感到心酸，觉得遗憾。他在那儿站了很长很长时间，想了又想，最后，他回到了车夫住所。

"忘带什么东西了？"伊戈尔·达尼里奇问道。

盖拉西姆觉得很难开口。

"不是，"他说，"伊戈尔·达尼里奇，我回来，是想真心实意地……感谢你——对我费心。向你表示……诚恳的敬意！……只是……我不想在你老板身边谋取这份差事了。"

"什么意思？"

"我不想干这份差事了……我想去找别的工作。"

伊戈尔·达尼里奇勃然大怒。

"你这个白痴，你想捉弄我啊！你一会儿苦苦求我替你美言美言,一会儿又断然拒绝。哎呀呀,你呀,你真是个猪脑袋!你简直是在羞辱我。"

盖拉西姆沉默着,不知如何回答。他的脸红得像龙虾,于是垂下了眼睛。

伊戈尔·达尼里奇没再说了,只是轻蔑地转过身子。

盖拉西姆戴上帽子,走出了车夫住处。然后他穿过院子大门,轻快地走上了大街。这时,他的心里感到一阵轻松和愉快。

(吴笛 译)

高尔基

读者

……夜阑人静时,我走出屋子,来到了街上。方才在屋子里我向熟人们朗读了我刚发表的小说。大家对小说大加赞赏,于是我喜气洋洋、心潮澎湃,我慢悠悠地走在阒无一人的大街上,平生第一次感受到了充分的生存的享受。

这是二月份的事,夜色格外明朗,洁净的缀满星辰的天空朝刚刚披上松软雪装的大地呼出一阵阵沁人心脾的寒气。从栅栏上方探出身来的树枝在我走的路上投下了一幅幅奇妙的阴影的图案,在温存、皓洁的月光下,雪光晶莹、欢快地闪烁。周围看不见一个人影,唯有积雪在我脚下发出咯吱的响声,打破这一令我难忘的明朗夜晚的神圣的寂静……我暗自思忖:

"能够在大地上出人头地,干出一些名堂来,那可真是美好!"

想象力毫不吝惜自己灿烂的色彩,为我描绘美好的未来……

"是的,您写了一篇好作品!……的确如此!"我背后有人若有所思地说道。

突如其来的声音使我猛一哆嗦。我掉过头来。

一个身材矮小、穿着深色服装的人赶上了我，与我同步走着。他仰望着我的脸，露出敏锐的笑容。他身上的一切都显得敏锐：目光、颧骨，还有留着西班牙式短尖胡子的下巴。他整个矮小、瘦削的身材以一种奇特的锐利刺痛人们的眼睛。他步履轻盈，没有声响，仿佛是在雪地上滑行。我在方才朗读小说的地方没有见过他，因此，自然为他所说的话感到惊奇了。他是什么人？从哪里来的？

"您……也听了我的朗读？"我问道。

"是的，荣幸地听了。"

他说起话来声音宏亮。他的嘴唇很薄，短短的黑胡须遮不住从中露出的笑容。这笑容久久不肯消失，引起我产生了不愉快的印象，我觉得在这笑容的后面隐藏着某种对我挖苦讽刺、嗤之以鼻的意味。但我的心情实在太好了，因而没有过多在意我这同路人的上述特征。这样，面对我的自我满足的光辉，他的那种笑容像阴影一样在我眼前迅速消逝。我走在他的旁边，等着他继续说下去，暗自希望他大加赞赏，说今晚与我共度的时光是令人愉快的时光。人常常贪心不足，因为命运很少对人开颜嘛。

"出人头地的感觉一定特别良好吧？"我的同路人问道。

我从他的问题中感觉不到什么特别的东西，因此很快表示赞同。

"嘿，嘿，嘿！"他发出讪笑声，用有力的细手指紧张不安地揉着自己的小手。

"您是个快活人！……"我被他的笑声所刺激，干巴巴地说。

"是的，我是个快活人，"他点了点头，微笑着肯定地说，"而且，我好奇心很强……我什么都想知道，始终如此，——这是我经久不变的追求。这样做，使我感到精神饱满、生活充实。瞧，现在我很想知道，您为自己的成功费了多大的力气？"

我看了看他，很不情愿地回答说：

"大约一个月的劳动……也许，还要更长一些……"

"嗐！"他迅速接过话茬，"不多的劳动，少许生活经验，总算是费了力气的……但是，当您意识到，此时此刻，成千上万的人读着您的作品，靠您的思想而生存时，您会觉得所费的力气是不大的。以后，人们希望，随着时间的流逝，也许……嘿，嘿！……当您离开人世时……嘿，嘿，嘿！……不管怎么说，您可以给得更多，多于您已经给予我们的，——对不对？"

他又发出挖苦般的笑声，用锐利的黑眼睛狡黠地看着我。我也不太友善地俯视着他，因气恼而冷冰冰地问道：

"对不起……请问我有幸与谁在交谈？"

"我是谁？您猜不出来？而我暂时不想告诉您我是谁。难道对您来说，知道人的名字比知道这个人要讲的话更重要吗？"

"当然不是……不过，这一切——显得奇怪！"我回答说。

他不知怎的碰了一下我穿了大衣的手臂，轻轻一笑，说：

"奇怪的倒是：人们为什么不允许自己打破常规？……要

是您不反对的话，让我们开诚布公地谈一谈吧。您设想我是谁吧——读者……某个奇怪的读者，非常好奇，例如，很想知道，书为什么要写，又是怎样被……你们写出来的？让我们谈一谈吧。"

"那好吧！"我说，"我很高兴……这样的相会、这样的交谈，并非每天都能遇得到。"其实，我是对他说谎，因为对我来说，这一切已经令人扫兴。我心里想着："他要干什么？我何必介意与一个陌生人在大街上的相会，更何况与此人的交谈带有辩论的性质！"

然而，我依旧慢悠悠地走在他的身边，竭力在我的脸上表现出对他的关注。我知道我要做到这一点是很不容易的。不过，暂且我精力充沛，心绪很佳，我不愿以拒绝与他交谈的态度而使他感到委屈，因此决定检点自己。

我们身后，皓月当空，因此，我们的影子落在我们的脚下。它们融汇成一个黑点，滑动在我们前方的雪地上。看着影子，我不由得感到我的心里也出现了像它们一样的东西，也像影子一样，这些东西就在我的跟前，黑沉沉的，捉摸不定。

我的同路人沉默了一会儿，然后用一种经过深思熟虑而坚信不疑的口气说了起来：

"生活中没有什么东西比人的行为动机更重要、更新奇了，对不对？"

我点了点头。

"您表示赞同！……那么就让我们开诚布公地谈谈吧——不要放弃开诚布公地说话的机会，趁您还年轻！……"

"奇怪的人！"我暗自想道。我对他的话语产生了兴趣，笑着问道：

"但是，谈什么呢？"

他朝我的脸上投过一瞥，像故友一般不拘礼貌地说：

"我们谈谈文学的功能吧！"

"好吧……尽管我觉得已经很晚了……"

"哦！对您来说还不算晚哩！……"

我停住脚步，对这句话感到惊奇。因为他说这句话时，带着认真的确信不疑的口吻，而且这句话中，也别有寓意。我停住脚步，想问点什么，可他却抓起我的手，静静地、坚定地领我前行，对我说：

"不要停下来，因为您与我是走在美好的道路上……开场白已经足够了！告诉我，文学想干什么？……您从事文学，对此您一定知道。"

我异常惊讶，以致影响了我的自制力。这个人到底需要我怎么样？他是什么人？

"听着，"我开了口，"不瞒您说，我们中间所发生的一切……"

"具有自身的扎实的基础，"他抢过话头，"请您相信！要知道，世界上任何事情的发生都不是平白无故的，而是有自身的扎实的基础。我们走快些吧，但不是往前，而是向深处……"

毋庸置疑，这个怪人挺有趣，但他让我恼火了。我又不耐烦地朝前走去，他跟在我身后，平静地对我说：

"我理解您:此时此刻,您很难做出有关文学功能的定义。我试着说一说吧……"

他叹了一口气,然后带着微笑,看着我的脸。

"我说出来,不知您是否赞同。文学的功能——帮助人们理解自身,提高自信心,引导人们渴求真理,并与邪恶作斗争,善于发现人们身上优秀的品质,并能激起他的心灵中的羞耻、愤怒、勇气,做出一切努力,以便使人们变得更加高尚,更加坚强,使人们能够以神圣之美净化自己的生活。这就是我的说法,显然,还不够完善,比较抽象……您做些补充吧,谈谈怎样净化生活,还有,请说——您是否赞同我的观点?"

"是的,是这样!……"我说,"差不多——是这样。人们通常认为,总体上说,文学的任务——是使人变得高尚……"

"瞧,您所从事的是多么伟大的事业!"此人生动有力地说……然后,他又发出刺耳的讪笑:"嘿,嘿,嘿!"

"您说这些话到底想干什么?"我问道,表现出没有被他的笑声所刺激的样子。

"您是怎么认为的呢?"

"开诚布公地说……"我刚开口说,便想起来了他的挖苦话,于是沉默下来。什么是开诚布公地说话?此人不笨,他一定知道,人的开诚布公是多么有限,人的自尊是多么坚韧难摧。我看了一眼同路人的脸庞,觉得自己被他的讪笑所深深侮辱,——那笑意中包含着多少讥讽和蔑视!我觉得我开始担忧什么,这种担忧迫使我产生马上离开他的念头。

"再见!"我微微提了提帽子,干巴巴地说。

"为什么？"他轻声叫道。

"我不喜欢没有分寸的玩笑。"

"于是就想离开！……这是您自个儿的事……不过，不瞒您说，若是您现在离开我，我们以后再也不会相逢了。"

他强调了"再也不会"几个字，在我的耳中，这几个字的发音，如同丧钟的敲击。对这几个字，我既憎恨又害怕，因为在我面前，它们总是显现出沉重、冰冷的样子，如同命运之锤一般，注定要砸碎人们的希望。这几个字阻止了我的脚步。

"您想干什么？"我怀着忧伤和愤恨问道。

"我们在这里坐坐。"他又笑了起来，说道，同时，紧紧抓着我的手，往下拉。

这时，我们已经来到城市公园的林荫道上，置身于静止不动、蒙上冰雪的金合欢和丁香的枝条之中。这些枝条沐浴着月光，悬挂在我头上的空中，于是我觉得，这些被冰雪覆盖的坚硬的树枝直刺我的胸口，触击我的心脏。

我被同路人的乖戾行为弄得困惑莫解，不知所措，直勾勾地看着他，一声不吭。

"他有毛病。"我心里想，希望使自己鼓起勇气，于是这样向自己解释他的行为。但他仿佛猜透了我的心思。

"你觉得，我神经不正常？算了吧，抛开这种想法吧。这种想法太糟糕、太有害了！正是被这一想法所蒙蔽，我们常常只是因为某一个人比我们更特别、更新奇而拒绝对这个人的理解；正是这一想法顽固地促使我们在相处的时候显得漫不经心，从而使人与人之间的关系变得复杂！"

"哦,对!……"我说,越发强烈地感受到自己在此人面前哭笑不得,"不过,对不起,我得走了……我早该……"

"你走吧,"他耸了耸肩,说,"走吧,不过,你得明白,你正急着丧失自我……"他从自己的手中放开我的手,于是我从他身边走开了。

他留在公园里。这公园坐落在向伏尔加河绵延的山岗上。整座山被皑皑积雪所覆盖,数条深色的小道蜿蜒其中。

在他面前,河流对岸那无言、单调、辽阔的平原景象尽收眼底。此人留在公园里,坐在一个凳子上,开始观察荒凉的远方。而我走在林荫道上,觉得无法从他身边走开,不过,仍然在走。我边走边想:"我该不该悄悄地走或者迅速地走,好让我身后坐在那儿的人看看他对于我是微不足道的?"

他在那儿用口哨轻轻地吹着一个我所熟悉的曲调……我知道,这首奇特的、忧伤的歌描绘的是关于一个盲人勇于承担盲人首领这一重任的故事。"他为什么一定要吹这首歌曲呢?"我思忖着。

此时,我突然明白,自从我与这个身材矮小的人相遇那一时分起,我就进入了奇特感受的深沉的怪圈。不久之前的那种怡然自得的平静的心情蒙上了一层对某种重要的艰难之事的渴望。

我回想起了那人所吹的那首歌曲的歌词:

> 若是道路不能辨明,
> 怎能成为众人首领?

我回过头来看了看他。他用一个胳膊肘支撑在膝盖上，手掌抵着下巴颏，望着我，吹着曲调，黑色的胡须在照有月光的脸上微微动弹。我被某种不祥之感所驱使，决定返回。我快速走到他的身边，坐了下来，并非激动但很热切地对他说：

"听着，我们随便谈谈吧……"

"对于人类来说，这是必要的。"他点了点头。

"我觉得，您具有某种感化我的力量，显然，您有什么话要对我说……是吧？"

"最后，你终于有了听我说话的勇气！"他笑着叫道，不过，现在这笑声要柔和得多，我甚至觉得其中有某种几乎令人愉快的东西。

"那么您说吧！"我说，"若是可以的话，别说得太古怪了……"

"那好吧！不过，你已经表示赞同，认为这种古怪对于吸引你对我的注意力来说是必不可少的，对吧？而现在，吸引力退化了，变得普通、明确了，甚至过于严酷、残忍了，我们不善于使什么东西变得温暖、柔和，我们本身就寒冷、严厉嘛。看来，我们重新需求梦幻、美丽的虚构、理想和妄诞，因为被我们所创造的生活缺乏色彩，没有生气，单调乏味！我们曾经热切希望创造的现实，摧垮、践踏了我们……怎么办？或许，虚构和想象能够帮助人们短时期地超越在地球之上，重新审视他们在地球所丧失的位置。是的，所丧失的位置，对不对？要知道，人类现在不是大地的主宰，而是生活的奴仆，不再以自己是万物的灵长而感到自豪，而是在事实面前垂下头来。是这样吧？人类从自己所造就的事实中得出结论，并且告诫自己：这是不可改变的法则！在屈从于这一法则的同时，人类却没有注意到，在争取革故鼎新的权利的斗争中，在通往自由地创造生活的道路中，到底是什么在阻碍着自己。人类甚至不愿继续斗争，而只想看风使舵……他们为什么而斗争？他们为之奋斗、建立功勋的理想在哪里？怪不得生活得这般贫乏、这般寂寞，怪不得人类的创造精神如此软弱无力……有些人在盲目地寻找那种能够振作精神、恢复自信的东西。但他们时常不去存有团结人民的永恒力量的地方，不去上帝所生存的地方……那些在追求真理的道路中迷失方向的人，必然毁亡！得了，不必搅扰他们，不值得怜惜他们，——反正人很多！重要的是志向，是寻找上帝的心灵的渴望，如果人们的生命中富有渴望追寻上帝的心灵，那么，这个上帝就会与他们同在，就会使他们振奋精神，因为上帝永无止境地追求完善……是这样吧！"

"是的，"我说，"是这样……"

"可你很会应和，"我的这位交谈者边说边挖苦地笑了笑。然后他沉默下来，眺望远方。我觉得，他沉默了很久，于是我不耐烦地叹了一口气。这时，他把在远方游移的目光收了回来，转向了我，问道：

"你的上帝是谁？"

在未提这一问题之前，他说话的声音显得柔和、亲切，我也乐意听。如同所有善于沉思的人们一样，他带有少许忧郁的神色，使我感到亲近，我理解他，因而我的窘迫也就消失了。可现在，他突然提出严肃的问题，而且，现代人很难对这一问题做出回答,如果他诚实地对待自己的话。我的上帝是谁?我自己倒很想知道呢!

我被问住了,请设身处地想一想,遇到这种情况,谁会保持镇静?可他却用锐利的目光盯着我,笑嘻嘻地等着我的回答。

"对于一个能够回答问题的人来说,你沉默的时间实在太长了。如果我问你下列问题,也许,你会对我回答。你写作,成千上万的人读你写的东西,那么,你到底在鼓吹什么?你考虑你的教育别人的权利吗?"

我平生第一次认真地审视自己。不要认为我抬高自己或贬低自己是为了吸引人们对我的注意,——无须从赤贫者身上请求施舍。我敞开自己的胸怀,从中发现了不少善良的情感和愿望,发现了不少通常称之为"善"的东西,然而,联系这一切的情感、包容一切生活现象的严谨、清晰的思想,我在其中却没有找到。我的心中有许多憎恨,它始终潜伏在那里,有时会爆发出愤怒的火光,但是——我的心中有更多的疑虑。有时候,这种疑虑震动我的头脑,压在我的心头,以致我长时间感到内心的空虚……什么也不能激起我对生活的兴趣,我的心一片冰凉,像死了一样,才智沉睡着,噩梦扼杀了想象力。这样,我又瞎又哑又聋,生活了多少个日日夜夜,什么也不向往,什么也不明白。我那时觉得,我已是一具尸体,只是因为某种奇特的误会,尚未埋入土中。这种生存的恐惧被必须生存的意识进一步加强,因为只有在死亡中,思绪才会减少,黑暗才会增多……也许,它还会消除憎恨的乐趣……

实际上，我能鼓吹什么呢？我就是这个样子。我能对他们说些什么呢？说别人早已对他们说过的话以及时常所说的话？说一些能够吸引听众但难以使他们变得优秀的话？但是，我有权宣传这些思想和概念吗？尽管我本人是靠这些思想培育的，可我常常没有按照这些思想的要求来处理问题。如果我遵循这些思想，那么，这是否意味着，我对它们真诚的信念就是我自己基于"自我"的真诚的信念了呢？……我该怎样回答坐在我身边的人呢？而他已经等得不耐烦了，重新开口说：

"假若我没有注意到，你的虚荣心还没有来得及泯灭你的良心，那我就不会向你提出这些问题了。你有勇气听我说话……仅凭这一点，我可以做出结论：你对自己的爱是较为理智的，因为你为了增强这种自爱，甚至不愿逃脱痛苦的折磨。为此，我得减轻你在我面前所感到的重负，同你说话时，像是同过失者说话，而不是同罪人说话。

"……曾经在我们中间有一些语言艺术大师，对生活和人的心灵了解得非常细腻，对美化生活充满无法遏止的向往，对人生怀着深沉的信念。他们所创作的作品，从来不会被人忘却，因为在他们的书中铭刻着永恒的真理，从他们的书页中散发出不朽的美。在那些书中所描绘的形象，极为生动，洋溢着精神的力量。在那些书中有勇气，也有强烈的愤怒，还有真挚的、自由的爱，没有一句多余的话。我知道，你从哪里为自己的心灵汲取了营养……然而，你的心灵一定营养不良，因为你所讲述的关于真理和爱的话语显得虚伪、失真，仿佛你是逼迫自己讲这些话的。你，如同月亮，照射的是他人的光芒，而你自己的光却很昏暗,只会大量产生阴影,反射的也只是微光,不会给任何人带来温暖。你太贫乏,不能向人们奉献真正有价值的东西,而你所给的,不是为了以思想和语言之美来充实生活,让人们获取崇高的享受,而更多是为了把你所存在的偶然事实看作人类所必需的非凡现象。你的给予,是为了从生活和人们中更多地索取。你太贫乏了,难以做出奉献,你简直是个高利贷者:你付出一点点经验,来索取人们对你的注意。你的笔软弱地触及一点现实,轻柔地翻动生活中的琐事,你描述无聊人物的无聊情感,也许,你向他们的脑中展现了许多庸俗的事实,难道你就不能为他们创造哪怕一点点能使心灵得以升华的幻想吗?……不能!你坚信挖无聊生活的垃圾是有益的吗?结果你从中什么也没找到,除了一些令人忧伤的微不足道的事实。这些事实也只能证明人的险恶、愚蠢和无耻,只能证明人完全、始终依赖一系列外部条件,显得无力、可怜、孤立无援。不瞒你说,人已经对此深信无疑了!因为他的心已经凉了,他的头脑——已经钝了……那还用说!他在作品中看到自己的形象,而作品总是有些令人入迷,尤其是那些写得比较娴熟(而这种娴熟又常被人们当作才气)的作品。一个人在你的作品中看到对他的描述,看到他自己多么愚蠢,看到他没有变好的可能。难道你能向他展示这种可能吗?难道你能做那种连你自己也……好啦,我对你表示宽容,因为我觉得,你在听我说话时,想的不是怎样替自己辩护,想的不是怎样对我反驳。这是对的!因为一个教师,如果他诚实的话,就应该始终是一名认真的学生。你们作家,作为我们时代生活的教师,向人们的索取远远多于向他们的付出。你们作家只谈人们的缺点，也只能看见人们的缺点。但人们身上也有优秀之处，你们身上不是也有优秀之处吗？你们与你们所塑造的那平庸、愚昧的人物又有什么区别呢？你们那般残忍、那般吹毛求疵地描写他们，却认为自己是宣传者，是惩恶扬善者。你们难道没有注意到，你们所费力界定的善与恶，只是纠缠在一起的两团线，白线和黑线，它们由于相互接受对方的原生色彩，从而因相互贴近而变成灰色？恐怕不是神送你们来到大地上的吧……如果神打算这么做，他也只会选派一些比你们更强的人。他也只会用火焰去点燃他们的心灵，使他们焕发对生活、对真理、对人民的热爱，那么他们就会在我们现实生活的黑暗中燃烧，就像反射神的力量和荣耀的明灯……你们冒着烟，就像恶魔庆祝会上的火把，你们的烟渗入大脑和心灵，以不信任自己的毒物来毒害它们。告诉我，你们能教什么？"

我在自己的面颊上感觉到此人热切的呼吸，但没有转过脸去看，怕遇上他的目光。他的话语像一个个火星，落到我的脑子里，使我疼痛难熬……我可怕地明白：简单的问题多么难以回答……因而没有回答他。

"因此，我，一个非常热心的读者，几乎读遍了你所写的东西以及像你这类作家所写的东西，现在想问一句：你们为何写作？可你们——却写了不少……你们想唤醒人们心中善良的情感？然而，你们用冷冰冰的、苍白无力的话语是做不到这一点的，做不到！你们不仅不能向生活提供新的东西，就连那旧东西也是草率了事、没有光彩、不成样子的。读着你们的东西，什么也学不到，除了为你们感到羞耻外，一无所获。始终是单调无聊的生活，单调无聊的人，单调无聊的思想、事件……到底何时才谈心灵的激荡以及心灵必然的复苏？哪儿有创造生活的召唤？哪儿有勇气的开导？哪儿有鼓舞人心的激昂的话语？

"……你或许会对我说：'除了我们所描绘的，生活中再也没有别的形象了。'别这么说，因为对于一个有幸支配词语的人，在生活面前承认自己的无能，承认自己不能做到超越生活，是丢人和羞耻的。如果你与生活站在同一水平线上，不能超越，如果你无法用你的想象力来塑造生活中所没有的，但对指导生活必不可少的形象，那么，你的作品有什么益处？你的作家称号岂不徒有虚名？你用从人们生活中摄取的乱七八糟的画面，用不幸的事件来堵塞他们的记忆和注意力，试想一下，你这不是害了他们吗？因为——你该承认！——你不善于描写，你笔下的生活画面难以引起人们心中的有反抗心理的羞耻以及创造新的生活方式的强烈渴望……你能加快生活之脉的搏动吗？你能像其他作家那样在生活中获取能量吗？"

我这位奇特的交谈者停了一会儿，而我则默默地思考着他的话语。

"我在我周围看到许多聪明的人，但他们中间高尚的人却不多见，即使有，也已遭到打击，心灵受到伤害了。不知为什么，我总是在观察，发现一个人越是优秀，他的心灵越是纯净、越是诚实，那么，这个人就越是没有活力，越表现出病态，越感到日子难挨。孤独和忧伤，——是这些人命定的事。

然而，无论他们怎样渴望美好生活，他们却没有力量创造。是不是因为他们已被击垮，处境凄惨，所以他们就不再需要帮助，不再需要鼓舞人心的话语？……"

这位奇特的交谈者接着又说：

"还有，你能否激起人们乐观愉快、净化心灵的笑声？不瞒你说，人们已经忘记怎样痛快地笑了！他们不怀好意地笑，低声下气地笑，而且常常含着泪水笑，在他们中间，从来听不到愉快、真诚的笑声。只有这种真诚的笑声才能激荡成年人的心房，因为好的笑声能使心灵保持健康……对于人来说，必须笑才行，因为笑声——是人类不多的优于动物的特点之一。你能否唤起人们的任何别的笑声，除了指责的笑声，除了对你的庸俗的嘲笑？你这个人只是因为可怜而可笑？你必须明白，你宣传鼓动的权利必定有足够的基础，那就是，你有能力在人们心中激起真挚的情感，这一情感犹如锤子，定能打破和摧毁一些旧的不自由的生活模式，从而创造另一些较自由的生活模式。愤怒、憎恨、勇气、羞耻、厌恶，最后还有绝望——这就是能在大地上摧毁一切的动力。你能创造这些动力吗？你能使这些动力发生作用吗？为了拥有向人民说话的权利，心中应当具有对他们不足之处的强烈的恨，或者具有对他们的伟大的爱，同情他们的苦难，如果在你的心中没有这些情感，那么请你谦虚一点，多加思索，然后再发言……"

天已经发亮了，可是在我的心中黑暗仍在增浓。而在这位交谈者看来，我的心中是没有秘密的，他什么都说了。有时候，我的脑中突然闪过念头：

街上的面具

"他是不是人？"

但是，我的脑中满是他的话语，无法思考这个谜。他的话语像针一样，又开始扎进我的脑中。

"不管怎样，生活朝广度和深度两个方面发展，虽然发展得很慢，因为我们没有力量和技能来加速它的发展。生活在发展，每一天人们都学会询问。谁来为他们解答？当然是你们，你们这些自封的传播者。但是，你们是不是非常理解生活，以至能向别人解释它呢？你们是不是非常理解自己时代的志趣？你们是不是能够预感未来，并能用自己的话语去感化被生活中的恶行所败坏的垂头丧气的人们？他们垂头丧气了，他们对生活的兴趣非常低落，他们心中，优越生存的愿望正在枯竭，他们只想像猪猡一样简单地生存，而且，听着，当他们说出'理想'这个词的时候，已开始厚颜无耻地发笑了。这些人只是成了一堆堆骨头，上面覆盖着皮肉，——推动这些骨头的，不是精神，而是淫欲。他们需要引起注意——赶快！趁他们还是人，去帮助他们生存！但是，你们只是发牢骚，埋怨，悲叹，或者冷漠地描摹他们怎样腐朽。你们这样做怎么能激起他们对生活的渴望呢？生活中弥漫着腐烂的气息，胆怯、奴颜卑膝浸透心灵，懒惰缚住大脑，双手被缚于细软的绳索……对于这种令人厌恶的混乱局面你们做了什么？你们全都这么渺小，这么可怜，而你们——却为数不少！啊，倘若出现一个内心炽热、智力超群、知识渊博的严肃认真、富有仁爱的人，该有多好！那么，在令人窒息的沉闷中，就会响起英明的话语，也许，这些话语就像警钟一样，震动活尸们的可鄙的灵魂……"

说完这句话后,他久久沉默无语。我没有看他。不记得我的心中什么成分更多了——是羞耻还是恐惧?

"你能跟我说些什么?"耳边响起了淡漠的声音。

"没话可说!"我答道。

又是沉默。

"你现在打算怎样生活?"

"不知道!"我回答说。

"你打算说些什么?"

我沉默不语。

"金口不开为妙!……"

折磨人的是介于这些话语和随后出现的笑声之间的停顿。他笑的时候带着满足,仿佛他很久没有遇到过这般轻松愉快地笑的机会了。而这种可恶的笑声使我心房中的血液都发出啜泣声。

"嘿,嘿!这就是你——生活的导师?你这么容易发窘?现在,我想,你已经明白我是谁了,是吧?嘿,嘿,嘿……你们每一个生来就衰老的年轻人,假若想与我有所交往的话,那么,就会这么发窘。只有穿着虚伪、卑劣、无耻之盔甲的人,才会无动于衷地面对自己良心的审判。你就这么有力:轻轻一推——你就会栽倒!跟我说吧,跟我说些申辩的话吧,对我所说的话进行反驳吧!把你的心从羞耻和痛苦中摆脱出来吧。你哪怕能够坚强一分钟,坚信自己,那么我就把抛向你的话全都收回来。我就会崇拜你……向我展示一些你心中的能够帮助我承认你是导师的东西吧!我需要导师,因为我是人;我在生活的黑暗中迷路了，寻找通往光明、通往真理、通往美、通往新生活的途径，——给我指路吧！我是人，——恨我吧，揍我吧，但是，把我从对生活无动于衷的泥淖中解救出来！我想变得比现在更好，——你说该怎么办？教教我吧！"

我想：我能满足人们根据自己的权利而向我提出的要求吗？生活渐渐变得暗淡，怀疑的黑暗越发浓密地笼罩人们的理智，需要寻找出路。路在何方？我只是知道——不必追求幸福，要幸福干什么？生活的意义不在于幸福，人不能满足于自我优裕，理应有所超越。生活的意义在于追求目标中的力与美，应当让生存的每一时刻都拥有自身崇高的目的。这是可能的，——但不是在拥挤不堪、不能自由呼吸的旧的生活模式里……

他又笑了笑，但笑得很轻了，是思想负担沉重的人发出的笑声。

"大地上的人如此之多，但是大地上为人建造的纪念碑却为数极少！为什么会这样？我们要诅咒过去，——它激发了太多的自我嫉妒。因为现在几乎没有人乐意让自己死后在大地上留下什么痕迹。人在昏睡……而且——谁也不愿将他唤醒。他继续昏睡——并且正在转化为动物。他需要鞭笞，鞭笞之后是热烈的爱抚。别担心把他打疼：如果你爱他，就抽打吧，他会理解你的抽打，并认为自己活该挨打。当他感到疼痛，并且为自己而羞愧时，你就热切地安抚他——这样，他就会获得新生……人啊？这些人仍然是孩子，尽管有时候干些错事，想出一些坏主意。他们也始终需要别人对他们的爱，他们的心灵也需要得到滋养，得到经常的关怀……而你，你会热爱他人吗？"

"热爱他人？"我疑惑地反复问道，因为，说真的，我实在不知道我是否热爱他人。应当诚实——我真的不知道。谈及自己时，谁会说"瞧——我热爱他人"？谨慎行事的人，常常会久久思考这一问题，然后才能做出回答：热爱。大家都知道，我们的亲人与我们每个人相距甚远。

"你沉默不语？反正一个样，你不说话，我也理解你……我走了……"

"走了？"我轻声问道。因为，无论他对于我是多么古怪，我对于我自己——更加古怪……

"是的，我走了……不过，还会经常来找你。等着吧！"

他走了。

怎么走的？我没有在意。他迅疾地、无声无息地走了，如同消失了的影子……我在公园里的凳子上又坐了许久，感觉不到来自外部的寒冷，甚至没有注意到，太阳已经升起来了，蒙上了冰雪的树枝灿烂地闪烁着太阳的光辉。我奇怪地看到，这是一个晴朗的日子，像平时一样无动于衷的太阳照射着受尽折磨的古老的大地，它身上所裹的雪装在阳光下闪烁着令人目眩的光芒……

1895—1898 年

（吴笛 译）

斯基塔列兹

野外判决

一

在日古廖夫斯克群山之后,隐藏着一条小河——乌萨河。它从离伏尔加河半俄里处的彼列沃洛克村畔的树林中钻出,在崇山峻岭之间朝伏尔加河迎面流去,仿佛是伏尔加河的子女或胡须。乌萨河斜穿过萨马拉湾,在莫洛杰兹山岗附近,汇入上游两百俄里左右处的伏尔加河。

若是从彼列沃洛克顺着这条河流走,而不是逆伏尔加河向上游走,那么,用不了几个钟头就可以到达萨马拉湾彼岸。这样,顺水而行,距离就缩短了很多。

从前,乌萨河便被伏尔加河一带的强盗所利用,他们在彼列沃洛克村附近袭击商船。若是船队从他们手中逃掉了,那么他们就乘独木舟漂过乌萨河,超到船队之前,在莫洛杰兹山岗旁重新实施抢劫。

因此,乌萨河至今仍保存着以前的那种强盗的面貌:它流淌在荒凉的日古廖夫斯克,流淌在人烟稀少的悬崖、狭谷之间，充满野性，有时消失在森林，有时突然重新钻出，有时河道宽阔、温顺娴静，有时像脱缰之马，水势凶猛。它陡峭的两岸被古老的松林覆盖，没有一块地方能够见到人的住所。当你乘坐带有伏尔加斜帆的独木舟在河上漂流时，四周万籁俱寂。此地是禁伐、禁猎的区域，森林繁茂，密得难以通行，耸立在森林之上的群山仍像几百年前一样，气热犷悍。在乌萨河继续泛舟时，只见河两边的陡岸越来越高，越来越阴沉。河流仿佛顺着深渊的黑暗的隙缝流淌，山岩仿佛悬挂在河的上方。在高高的天空中，陡峭的山巅重叠在一起，仿佛童话中鬼怪的参差不齐的脊背，又像一座座坍塌的古堡。高大的古松随风摇动，嘈杂地唱着自己奔放的歌曲，或是相互阴沉地讲述着令人敏感的强盗的故事。这一隙缝中的风每分每秒都在改变。从两岸的山岩中，不时流出淙淙清泉，也不时闪现满是积水的洞穴。

乌萨河畔，耸立着高高的贞女峰。据传，在几百年前的某一天，从这一山峰曾把一位无辜的、纯洁的姑娘抛进了伏尔加河。从那时起，每年春天，贞女村都要着火，春天的夜晚，烈火熊熊。于是，在山上，在烈焰的反光中，人们似乎可以看到她那激昂的、复仇的形象。现在人们已经记不得为何把她扔进河里了……

此地还有一个天然界限"司令楼"。一座红色的带有高大窗户的楼阁坐落在伏尔加河上，即司令楼。司令的妻子曾经热恋一个彪悍的强盗。强盗乘坐轻盈的小舟与她幽会，吹出了夜莺般的哨声，于是楼阁的窗户打了开来，司令妻子用绳子将强盗头子拉到自己身边。然而，最后一次他未能从楼中返回，只有不见他身影的小舟在顺水漂浮着,小舟后面,有一顶年轻人的带金色缨儿的红帽子……

这儿是阴郁的库杰雅尔山。库杰雅尔本是一个嗜血成性、残忍、爱报复的人。对于他,放血如同倒水。他喜欢一名被抢来的美女,将她囚禁在山顶上。库杰雅尔为了赎罪,后来以僧侣生活结束了自己的一生。

乌萨河畔还有十二个土丘,那是十二个兄弟的坟冢。人们现在已经忘了这一情形的来龙去脉。

到处弥漫着富有诗意的赞歌和古老的传说。仿佛令人感到,在山顶上一排排挺拔的古松的树干之间,闪现着一个无言的身影,一个极度悲伤的身影,一个戴着金色缨儿的红帽子、穿着镶边的华贵长上衣的强健的身影。

这阴沉的寂静,令人觉得格外可怕,让人只想发出喊叫,只想听到通常的人的声音。然而,做到这一点的唯有群山,富有魔力的回声一旦捉住了几个词语,就会用宏亮的、超人般强有力的声音久久地重复。

遥远过去的阴影存留在这里。尚武、勇敢、强健的人们曾经住在这里,他们的生活自由自在,他们在为自由而进行的斗争中牺牲……

他们早就不在了。

真想知道,现在谁住在这里?这个地方的真正的主人已经不在了,他们曾用自己的鲜血浇灌这片热土,然而,这些英勇无畏的人们的后裔又在哪里?

仿佛对这些思绪作答似的,乌萨河突然冲出深深的狭谷,进入被群山环抱的辽阔的平原。一座座山峦若有所思地凝视着塞利蒂巴——一个灰蒙蒙的、阴郁的、赤贫的村庄。该村庄藏匿在河畔的平原，与树木繁茂、气势磅礴的大自然相比，实在显得太不起眼了。

乌萨河就在这里汇入宽阔的、波涛澎湃的伏尔加河。说它宽阔，是因为普通的眼睛几乎无法看见它那绿草如茵的平坦的彼岸。

河流汇合处，莫洛杰兹山岗犹如童话中的巨人的脑袋，向前方伸出，仿佛在放哨似的，一张石头面庞布满皱纹，神情阴郁、痛苦，眉头紧锁，该长头发的地方则是一片绿林。汹涌的波浪拍打着巨人阴郁的面庞，绿林随风吹拂，发出阵阵清脆的沙沙响声。这一阴郁的山岗看着映在巨镜般河面中的附近那些郁郁葱葱、喜气洋洋的崇山峻岭，不由得皱起眉头，永久地沉入古老的有关强盗的思绪之中。

这一地区恬静怡人，无限美好，无限圣洁，它有着深邃的安详、亲切的爱抚、温存的忧伤。它的情绪与力量、自由与宽广，令住在这里的人们无限羡慕，它所洋溢的种种欢快气息，简直叫人难以相信这一地区所存在的人间的苦难。

二

自从整个奇特的伏尔加河流域——河流、土地、森林、群山——变成了伯爵的世袭领地以来，已经过去一百三十多年了。这一小小王国以不可冒犯的形态代代相传，而古老伯爵姓氏的代表却从不在此居住。然而，塞利蒂巴比古老伯爵家族还要古老，在一座矮小的古教堂里至少仍保存着古代的年鉴，上面记述着这一村镇的古老历史。

还在伊凡雷帝统治时代，一些无拘无束的人们，诺夫哥罗德的乌什库尼克[1]，就来到了这里。他们带着火绳枪和利斧等物，从此地赶走了某个异教徒部落，并且"在山岗附近躲藏起来"。

他们住在那里，经常与游牧部落打仗，但渐渐便稳定下来。这一地区成了莫斯科公国的边境地区，成了进犯之敌的经久的威胁。

英勇尚武的塞利蒂巴人的功绩得到了沙皇阿列克赛·米哈伊洛维奇的好评，因此，他把所有与塞利蒂巴毗连的平原全都赠给他们，与赠送有关的沙皇的手谕被塞利蒂巴村中最年长的一代传一代地保存下来。

他们就这样久久地生活在不能通行的密林深处，高山和森林把他们与外界完全隔离。很长时间，谁也不知道他们的情况。一个世纪接一个世纪，森林之子的生活丝毫未变，一切都与从前没有差别，他们只是知道自己的土地、树林、山峦。后来，农奴制度寻到了他们，征服了他们，并把他们领上常轨。在叶卡捷琳娜女皇统治时代，他们连同土地、连同肉体和灵魂一下子全都被赠给了"杰出的"伯爵及其子孙，按"长子继承制"的方式，永远被伯爵家族拥有。"圣谕"变得无用了，

---

[1] 乌什库尼克：十四世纪诺夫哥罗德的贵族和商人雇佣的武装民团成员，乘乌什库船在伏尔加河等地打劫和经商。

被忘却、被丢失。只剩下了关于它的一些朦朦胧胧、难以磨灭、无法忘却的传说。老年人常向子孙们讲述关于"圣谕"的故事。

后来,农奴制也废除了。

农民们来到小块份地[1]上,发现没有一块土地不处在伯爵领地的包围之中。

于是,他们又转为伯爵领地的劳工,在农奴制废除之后仍像农奴制废除之前一样,为地主老爷耕作土地。

它,这一场"农奴制改革",仿佛从塞利蒂巴路过,丝毫也没惊动这个村庄。

它离开他们,出了森林,出了群山,而他们却留了下来,像以前一样静止不变,过着逆来顺受的生活,莫名其妙地遭苦受难。

只不过关于丢失的"圣谕"的传说又以新的力量活跃起来,只不过这一传说被不自觉的美丽的想象更多地美化起来,而这一想象则产生于人民诗一般的心灵。

在人们心灵中,所有从前的美好传说总是显得年轻。在人们心灵中,留存着关于土地和意志、关于原生的正义、关于古代生活的永久的被人遗忘的记忆。他们不知道,在这一森林之外的生活,在这些神秘山岗之外的生活,会是什么样子,他们只知道他们那古老的强盗河奔向他方,只知道强大的伏尔加河把他们小河的水带向他方……

---

[1] 份地:指1861年俄国农奴制改革后村社或地主分给农民的一部分土地。

历史以铁蹄踩着他们的脊背,而他们依然生活在森林童话的世界里,那里有潺潺的溪流和俏皮的回声,而在无意识的形象和沉睡心灵的深邃朦胧的回忆之下,如同童话中的珍宝一般,蕴藏着某种被丧失的伟大的真理。

他们本可以继续长久地生活在这种顺从的、神秘的沉默中,沉默被打破,是有一次,在失火的时候,塞利蒂巴的一位百岁孤老太婆的茅屋烧着了,救火的人把她的一只古老的小箱子从窗口扔了出来。落地时,箱子摔坏了,于是,至此谁都不知道的秘密的小箱子中掉出一个古老的羊皮纸卷,上面用古老的字母写满了字,鲜为人知的字,——这令人惊奇的纸卷上还盖有一个古老的大印。

塞利蒂巴村派人去城里让人辨认,并把上面的文字翻译成日古廖夫斯克话。

在这半童话色彩的重新发现的羊皮纸上,权力巨大的沙皇亲笔写下手谕,饶恕过去罪孽,重奖卓著战功,慷慨赠予田园和林地,世代拥有。手谕上还加盖了沉甸甸的沙皇的大印。

人们做过多少金色的美梦啊,又有多少天堂般的幻影飘过人们的梦乡,不过,农民的梦始终一个样:农民总是梦见土地。从那时起,整整二十年时间,塞利蒂巴村的代理人奔波在大城市的法院和官署之间。他们寻找一切"地下机构",作为代价的是,他们要么被关进牢狱,要么被送进疯人院。他们仿佛是从十六世纪冒出来的。现代社会不理解他们,他们也不理解现代社会。

可他们需要裁决。

他们到处递交呈文，讲述童话般的来龙去脉，可是，呈文从各处打了回来，官署不愿对这事进行裁决。

很多人对这些穿着艳丽民族服装、带着珍藏的皮包、装着童话般神奇手谕的人们发生了浓厚的兴趣。在这些人看来，似乎圣谕也是出自童话中的皇帝之手。这些人好奇地观看着，仿佛是看神奇童话中的人物或歌剧中的人物，看着他们随身所带的圣谕，把他们从一个官署打发到另一个官署，从一个律师身边推到另一个律师身边。

于是他们去找沙皇，但是未能如愿，这样，村里的代表一无所获地回到了故乡塞利蒂巴。

有一段时间，他们关于土地的梦想几乎破灭，然后又以新的力量复兴起来。只要有人鼓励说，他们的事业是正义的，他们的土地官司是能够打赢的，他们马上就召开群众集会，吵吵嚷嚷地讨论，制定"决议"，选派代表。

代表们重新前往遥远的、不理解他们的城市，奔波了许久，同样一无所获地回到故乡。他们给伯爵写信，可是伯爵住在国外，什么话也不回答；德国管家也只是赶他们走，什么话也不想听。最后，他们制定了《关于从伯爵手中收回土地的决议》，把它交给了地方行政长官，并委托他转交给上一级行政长官，但地方行政长官又是威胁又是谩骂，扣下了决议，没有上交。

这样，拖了二十年，毫无结果，——一个无知、无权、受压迫的庄稼汉的故事，无止无境、古老、平常、令人生厌的故事。

谁也不能使他们信服,说现在"善良的莫斯科沙皇阿列克赛·米哈伊洛维奇"已经无能为力了,他那"强大的圣旨"也毫无作用了;谁也不能向他们证实,说他们坚信的真理现在已经软弱无力了。可他们始终寻找这一真理,他们不可能不去寻找,因为他们那疲惫不堪的沉默的心灵深处留存着对这一真理的强烈渴望。

三

在一个明朗的五月的早晨,泛滥的伏尔加河和漫溢、汹涌的乌萨河在自己的水面上映出座座青山,显得格外美丽;欢快的春天的太阳以自己金色的光芒穿透升腾在旷野上的洁净的乳白色浓雾;旷野也清新怡人,充满大河的无限的安逸、力度和恬静。在这个奇特的早晨,在这个几乎被穿着柔和绿装的群山所环绕的奇特的绿色平原,农民和伯爵的土地交界处发生了一件非同寻常的事情。

数以千计的包括妇女和孩童的人群,连同大车、木犁、马匹等,驻扎在原野。

整个塞利蒂巴村的人都来到了这里,此外,还有从附近几个村庄和一个小镇来的人群。从这里,透过稀薄下来的金色的雾,那个小镇在地平线上勉强可辨。

所有的人们吵吵叫叫、熙熙攘攘,如同在集市上一般。拉大车的马卸套了,在附近吃草。车辕往上翘着。几乎在每辆大车旁边都燃着火堆,妇女在火堆上烧菜做饭。无数的火堆给这个极大的宿营地增添了某种古老奇异的气氛。男人和妇女的说话声、孩子的哇哇啼哭声、马儿的嘶叫声——这一切构成了非同寻常的情形。沿着足有一俄里长的地界一字形摆开了三四百张套好了马儿的木犁。这一景象与崇山峻岭、泛着光点的大河以及漫无边际的森林惊人地和谐。那森林以自己的身体覆盖了整个山脉，映在河水中，向前延伸，直至温柔的蔚蓝色的天边。

在地界附近，宿营地中央，放了两张大桌子，上面铺着台布。

一张桌子上放着供祈祷用的物品和教堂里的一些用具。另一张桌子上则放着一些文具：笔墨、纸张，还放着闻名遐迩的装有"圣谕"的皮包。

个头矮小、年龄老迈的塞利蒂巴的神甫已经穿上了法衣，并且理好了稀疏的银发。

人们一声不响地、艰难地聚到桌子跟前，脱下帽子。站在前面的是村长、领头人，以及几个年纪最长、留着银色长胡子的农民。

祈祷仪式开始了。

寂静中，从远方传来低沉的、勉强可辨的松涛和波浪的声音……

头一天晚上，塞利蒂巴村的农民举行了群众大会，制定了关于"野外判决"的决议。

他们决定来到野外，召集周围地区的农民，邀请伯爵的管家，并通知县警察局长和地方行政长官，打算在有邻村农民作证的情况下,当着官长的面,向伯爵管家出示"圣谕",然后要求管家出示伯爵拥有这些土地的证件,放到桌子上,放在"圣谕"的旁边。这时,附近村民怎么判定,他们就怎么执行:若是把土地判给伯爵,他们没话好说,绝对服从,马上散开;若是把土地判给他们这些庄稼汉,那么全村当场就开始隆重地耕种土地,哪怕伯爵以后去告他们或者本人使用权威,他们也不在乎。

若是在开耕问题上伯爵方面的人员和城里的警察局设置障碍,那么,在任何情况下也不反抗,更不动武,免得有人诽谤,说农民妄图谋反。因此,谁也不许带木棍、树条,甚至不许带马鞭,免得别人把他们的行为与勒索、强占、抢劫他人财物混为一谈,——他们只想坚持真理,获取正当权益。因此,经过长达二十年的毫无结果的磨难,他们被迫离开法庭转向"野外判决"。

人群中发出低沉的呼吸声,远处传来松涛的均匀的乐曲。

从远处的山区,从伯爵宅第的方向,道路上驶来了一辆轻便马车,还有几个骑马的人。

祈祷仪式结束了。

人们重新开始用低沉的声音说话。依稀可辨个别人的惊叫:

"县警察局长来了!"

"都骑着马儿哩!是县警察局的警察!"

"瞧那伯爵管家,待在县警察局长身边哩。"

"地方行政长官也与他们在一起!"

"全都骑着伯爵家的马哩!哈哈!"

人们发出鄙视的笑声。

套了两匹黑马的豪华四轮马车很快驶到了宿营地。一组骑马的警察守护在马车两旁。

庄稼汉们静了下来,并且摘下帽子。

局长慢悠悠地走出马车。

上了年纪的县警察局长很像红桃老K:他的波浪形的长胡须向下微微分成两半,几乎全白了,垂在挺起来的胸口。

地方行政长官是一位肥胖、笨拙的先生,体态犹如笨熊,长着红褐色头发,背有点驼,目光阴险、阴森、粗鲁的面部流露出呆滞、残忍、恶毒、无知的表情。甚至带有红帽圈的制帽也似乎格外显眼、格外果断地坐在他那圆形的、修剪过的头上,而又宽又扁的后脑勺则引起人们无意识的恐惧。

跟在他们后面从马车里钻出来的是伯爵的管家——一个满脸黑胡子的德国人,头戴草帽,身穿帆布制服。他厌恶地朝人群看了一眼,毫不掩饰自己的蔑视。

村长和一位老年人将"面包和盐"端给县警察局长。从人群中可以模模糊糊地听到村长所说的简短的断断续续的话语:

"……我们靠面包而生存——因此我们端来了面包……请多包涵……我们聚集在这里,不是想干什么坏事……请听我们说……"

县警察局长挥了挥手,吩咐把面包放回到桌子上,接着,他与地方行政长官、伯爵管家以及警察一起朝桌边走去。人群闪开,为他们让路,然后又密密匝匝地把他们围了起来。

县警察局长看了看人山人海的场面,又朝宿营地、火堆、木犁迅速扫视了一番,用细弱的、有点嘶哑的嗓音问道:

"怎么回事?为何聚在一起?"

所有的人都开口说了起来。就连娘们儿也举起手,激动地叫喊着。

县警察局长挥了挥手。

"安静!别叫啦!一个一个地说吧……派代表吧!"

站出来发言的又是村长、几个老年人和年轻人。

"我们是代表!"

"派一个人说!"

人群中传出声音:

"耶巴涅什尼科夫,你说吧!要么你说吧,巴萨耶夫!"

巴萨耶夫开始发言。他是个年轻的庄稼汉,约摸三十岁,个头不大,留着卷曲的浅色胡须,显得生气勃勃、精力充沛。

"大人!"他用宏亮的嗓音激动地、大胆地说了起来,"我们不是来偷东西的!我们是来耕种自己田地的!我们自己的土地!请你们做证!这里有管家先生在场,那边是邻村的与此事无关的人们——是我们亲自邀请来的!让大家在这里为我们评说是非,我们就像我们的祖先一样,在野外做个判决吧!大人,请看:在这个桌子上放着圣谕,皇上写的!关于赠地的手谕!是沙皇阿列克塞·米哈伊洛维奇亲笔写的。是我们的土地!为什么被伯爵占有?让管家先生把伯爵拥有土地的证件放到另一张桌子上!也许,他的证据更有说服力——那么,我们马上走开,那边,邻村的人将会做出裁决。我们恳请,能够向我们出示……并且放到……我们已经折腾二十年了……请把证据放到桌上吧！"

他宏亮的声音在原野响彻。

"请把证据放到桌上吧！"大伙儿用低沉有力的声音嚷道。

县警察局长抖了抖胡须，喧嚷的人群静了下来。伯爵的管家走向前，想说点什么。

他说得很轻，很平静，后面的人们很难听清他的话语。

"我真不明白……"传来他的断断续续的话语，"这种野外判决是什么意图？……为何需要判决？有什么权利？我没有必要……什么也不出示……"

大伙儿用充满仇恨的吼叫压住了他的声音。

"啊哈！不愿出示！这个德国佬！丑八怪！"

"显然，他拿不出证据！"

"听到了吗？他不愿出示证据！"

"不愿出示！"

大伙儿不停地说着。

县警察局长掏出手帕挥动着。

当喧嚷声平息之后，他挺直身子，抖了抖波浪形胡须，鼓起气大声叫道：

"我警告你们！……你们这是蓄意谋反！没有任何野外判决，也不可能有什么野外判决！我奉劝你们立刻解散，各自回家！"

"决不解散！"周围发出响亮的回答。

普遍谈论的声音开始了。大伙儿变得情绪激昂，打着手势……时而有人挥手，时而闪现长着胡须、富有表情、怒气冲冲的脸庞。成百上千种嗓音用各种各样的调子嚷叫着：

"我们恳请！让他们念吧！二十年啦！……证件！管家！真理……法律！……"

地方行政长官早已恼怒得全身发抖。他脸色苍白，带着急躁的、难以理解的眼神，挤到了前面，大声吼叫着，并用拳头威胁别人。

人群中的叫嚷声开始平息。

"不准胡闹！……"人们听到了他的厉声尖叫，"滚开！……叛乱分子！"

一听到这个词，所有的声音立刻平静下来。所有的人似乎一下子明白过来：他的话语中并没有提供指责他们实行强制措施的理由。大伙儿仿佛将某种东西压制在自己的心头。只不过在一排排向下低垂的人头的后方，突然冒出一张皮肤黝黑、头发蓬乱的脸庞，那双眼睛显得格外果敢、敏锐。于是，在骤然降临的寂静中，出现了含有讥笑意味的、心平气和的声音：

"嗨，大人！您要做的事——只是对我们说'不准胡闹'！你们全都被伯爵所收买！我们即使粉身碎骨，也不离开！等着瞧吧！"

"决不离开！"人群又喧嚷起来，"我们不会叛乱：我们是根据法律行事！假如我们想搞叛乱，早就搞成了……简直不费吹灰之力！"

大伙儿感到受了侮辱而大声叫喊着。

"来自邻村的父老乡亲们！"响起了巴萨耶夫的清脆的

声音。

他指了指大家都能看得见的桌子,把摊开的羊皮纸递给大家看,他说话的声音既不太像喊叫,也不太像唱歌:

"邻村的——人们!你们看到了我们拥有的'圣谕'了吗?就在——这里!请看!在这里!看到了吗?"

"看到了!"成百上千人异口同声地说。

"那么,伯爵拥有的证件……管家是否出示给大家看了?"

"没有出示!"声音在原野回荡。

"这么一来,土地属于谁?"

"属于你们!"邻村的人们齐声大喊起来。

"既然是属于我们的土地,"巴萨耶夫逐渐提高自己宏亮的声音,并以自己的激昂的情绪感染人群,他庄严地继续说,"既然土地——我们的母亲——属于我们,那么你们,邻村的父老乡亲们,你们允许我们怎么处置?可以——耕种吗?"

"耕种吧!"轰鸣的声音回荡在原野。

县警察局长、地方行政长官以及伯爵管家迅速奔向马车。村长在一旁协助他们。

"我去找省长,"县警察局长激动地对村长说,"你要多加留心,尽量防止冲突的发生。我已经向警察们下了命令:克制!……"

"是,大人!请您见谅!"

四轮马车驶走了。

四百名庄稼汉开始耕作。第一个扛起木犁的是九十岁的耶巴涅什尼科夫,这位相貌端庄、方才与村长一起向县警察局长献面包和盐的老人,是塞利蒂巴村不可替代的能工巧匠。他个头高大,显得威严,长长的胡须一片银白。他脚穿草鞋,身穿男式长衫,站到地界上,挺直身子,仿佛突然间返老还童了,充满活力了,精神振奋、容光焕发了。他向其余的人挥动着帽子,用喑哑的声音叫道:

"上帝保佑,开犁啦……"

然后他划了十字,用衣袖擦去了眼泪,扛起了木犁。

"上帝啊,保佑我们吧!"他的嘴唇含糊不清地说着。

一个警察站到犁沟前,挡住他的去路。

这时,耶巴涅什尼科夫绕过他,就像绕开一个树墩,继续朝前犁去,那儿,又有一名警官默默地站着。

其他的耕者由其他的警察阻挠。那些警察也是默然不动地站在犁沟前,那些耕者也像耶巴涅什尼科夫一样绕过他们。大家手中都没拿鞭子。

于是,广阔的田野上满是弯弯曲曲、别具一格的犁沟,像是一封封谁也无法看懂的书信。在这些书信中,似乎蕴藏着深刻的内涵和解开人民心灵的钥匙。

他们以巨大的字体在自己的土地上写下了真理和正义的呐喊。他们觉得,这一呐喊如同强大的警钟,将会唤醒俄国。

三个昼夜,他们住在野外,住在宿营地,也留住了邻村的人们,等待着省长的到来。

第四天,省长终于出现了,同道而来的还是那个警察局长,那个地方行政长官。身边还有骑马的警卫队和一辆满载树条的大车。那树条是刚从伯爵的树林中砍来的。

省长以威严、暴怒、疯狂的样子出现在人们的面前。他个头很高,身体结实,但女人气十足,刮过的脸显得红润,满头的白发也剪得很短。

见到他后,村长和耶巴涅什尼科夫献上面包和盐。

可是省长打翻了面包,撒掉了盐。

省长不是说话,而是尖声叫喊……发黏的唾沫从他的嘴中迸出,溅到他制服的金色刺绣花边上。

他说的话以"无赖"、"强盗"等词开头,以一声"必受惩处"的尖叫而结束。

他下令捉拿"罪魁祸首"。

一共抓了四十三人,全是塞利蒂巴村最受敬重、最受爱戴、最年长、最优秀的人物。

他们被看押在被抓的地方。

他们躺在故乡的土地上,省长的卫兵把他们围得水泄不通。只听见一根根长长的树条划破空气,发出呼啸,还传出一声声低沉、抑制、仿佛来自地下的呻吟。

人群一声不吭地、一动不动地站在原处,泪如泉涌。

地方行政长官心满意足、欣喜若狂。在树条的呼啸声中夹杂着他的顽固不变、总不满足的愚蠢的咆哮声:

"狠狠地打!狠狠地打!"

他们各自挨了一百下树条的抽打。

他们被堆放在四轮运货大车上,一个个血肉模糊,死人一般。他们被运走了,如同从屠宰场上运走了一堆堆牛肉。

在他们受刑的地方,几乎血流成河。

当慢吞吞的、凶险的车队把他们运向村里的时候，血水透过血染的大车流了下来，一滩一滩地落到地上。这样，从阴森的"野外判决"之地直到村庄，留下了一条血路。

他们各自挨了一百下树条的抽打。

四

整整一年，他们被关在监狱里，等待判决，等待他们盼了许久的真正的判决。结实的身体经受住了残忍的拷打。

过了一年，在一个小城对他们进行判决。这就是那座透过伏尔加河的雾气能够从塞利蒂巴村看得见的小镇，他们也曾从这座城里邀请人们为"野外判决"做证。

他们坐在县城法庭的简陋的小厅里，一共四十三人。他们占据了平时为观众准备的凳子，仿佛他们不是来接受审判，而是来审判别人的。

他们的脸显得忧伤，但满怀喜悦，坚信自己的正义。

审判他们的是笨头笨脑的"一丝不苟"的官吏、冷漠的"品行端正"的人员，力图在审判中和对待他们时"秉持公正"。

打这以后，当他们被带到伏尔加河畔，带到码头上时，也是一个晴朗的春天的日子。他们将被送到省城去，然后重新坐牢。

巨大的人流跟在他们的后面：塞利蒂巴村的所有村民以及周围村庄的人们全都来了，喜欢看热闹的小城居民也都来了。

他们低头走着，不朝任何人看一眼，他们佝偻的背部和沉重的步态中，表露出某种困惑不解的成分。他们似乎仍不相信对他们判决的真实性，在他们失望的心灵中仍然留存着关于某一神圣真理的不可磨灭的古老的幻想。

轮船慢慢开动了。他们在轮船上站成一排，脸色苍白，咬紧牙关，全身抽搐，绷紧的手臂紧紧地抓着栏杆。

他们一动也不动地站着，仿佛一尊尊石像，凝结下来的目光紧盯着故乡的人群，故乡的群山。在他们这石像般的静止中，人们能够感受到巨大的能量和沉重的张力，于是，他们硕大的脸庞显得如同顽石，他们紧钩栏杆的手指如同铁爪。

轮船开动了很长时间，渐渐加快速度，离得越来越远，也变得越来越小。

人群久久地站在河岸，久久地凝望着河流闪烁光点的远方。在春天的明媚的阳光下，成了小黑点的轮船终于从视野中消逝。

郁郁葱葱、蜿蜒起伏的群山整个儿映在明镜般的深邃的河中，勉强可辨远处那平坦的、绿草如茵的河岸。而莫洛杰兹山岗，犹如巨人的脑袋，布满皱纹的千年的脸庞上有着顽石般的坚忍的神情和神秘的忧伤。它阴郁地看着周围的旷野，皱起眉头，永久地沉入古老的有关强盗的思绪之中。

1905 年

（吴笛 译）

吉皮乌斯

永恒的柔弱

科科夫泽夫是名大学生,他离开彼得堡,来到了母亲位于捷列克郊外的农庄,这完全出乎意料,——他的突然出现,如同雪片落到了头上。他是傍晚时分乘坐楚赫纳式[1]雪橇来的,他有点闷闷不乐,刚与妈妈和十五岁的妹妹列诺齐卡吃过晚饭,就将妈妈叫到了拐角上的房间。

在这里,他大跨步地跺来跺去,急匆匆地开口讲起了他妻子怎样离他而去的事情。

"门……把门关严,"母亲是一个不算太老的女人,面色柔顺、清秀、干瘦,她低声呻吟般地说,"我当心列诺齐卡会听到的。哎呀,我的天哪,我的天哪!"

伊凡·科科夫泽夫关上了门,拉上了门帘,不知为何走到窗户边,但窗帘拉不下来。窗外是深蓝色的茫茫原野,积雪和天空相互映衬。虽然是冰天雪地,但是青幽幽的暮色仿佛正在延长,不愿终结。

---

[1] 楚赫纳式源自楚赫纳人。楚赫纳人是对居住在彼得堡郊区的爱沙尼亚人和芬兰人的旧称。

"简直无法冷静下来,"母亲说道,"难以置信。我们也不是不了解她呀。要知道,她自十六岁起,从她成为孤儿起,就生活在我的身边。她那时就爱你呀,爱你呀!"

伊凡发出一声冷笑。"她也许爱的。"

"也许?难道你忘了那段经历?要知道,她还为了你而服毒自杀呢。从那时起,就好上了。那时我们就相互了解。随后你们就结婚了。"

"我记得,妈妈。难道我不相信?你应该知道,我是多么爱她,多么舍不得她。"

"唉,这个华丽雅!伊凡,你好好地跟我说说吧,到底是怎么回事?要知道,前不久过节的时候,你们还到我这里做客呢。我在她身上并没有发现什么不对头的地方。你们时不时吵架了?在一起生活了三年,——就吵架了。"

"妈妈,"伊凡说,"我们压根儿就没有吵架。请听我说,我必须告诉你。这完全是另外一码事。"

他沉默下来,继续从一个角落走向另一个角落。母亲的双眼紧盯着他,她习惯于用爱抚的目光欣赏他那英俊、年轻但并不幼稚的脸庞,以及他那富有光泽的蓬松的头发。伊凡是他唯一的儿子。

"她,华丽雅,到一个男高音身边去了,"伊凡说。

"怎么到男高音身边去了?什么男高音?事情怎么会是这样?"

"那里有一个歌手。他到我们家做过客的。你,妈妈,很少进城到我们那儿去,所以对于我们最近的生活状况是什么也不知道的。"

"哎呀呀，可怜的儿子呀！哎呀，真是不幸啊！她去找男高音了！假如你们有孩子，什么也不会发生的。这下子你可完了，你还得参加考试，——可这里发生了这么大的动荡。去找男高音了！真是糟糕透了……我没料到华丽雅会是这样，可以说，我压根儿没有料到！"

伊凡没有听清母亲的话，他也没有细听。

他开口讲了起来："事情是这么发生的。我的华丽雅，也许，开始觉得和我一起生活非常无聊。要知道，她与我已经生活三个年头了。最近一段时间我功课很忙。对于到我家里找我的同学们，她也觉得枯燥乏味。我嘛，总是什么都对华丽雅讲。我讲——她听。现在我记起来了，她只是听我说，答话的时候也非常简短，说她懂。而当我向她询问她在想什么的时候，她却什么也不说。嗐，当然喽，她是爱过我的。而我对她也总是有着特别的温情。她本是一个快乐的女人，活泼、健谈，爱唱歌，喜欢卖弄风情，而且很顽皮，——是一个挺好的女人。她总是说她爱我，正是出于爱，才服毒自杀，还说当一个人真正爱的时候，就会服毒自杀的，因为这才算完整。

"我从来没有对她产生猜忌。她自己的社交圈子慢慢建立起来了。苍天在上，我什么也没干涉，对谁都没有限制。当然，看起来总是有点不对劲，总有一些不三不四的人，浅薄空虚，搬弄是非，然而，只要华丽雅觉得和他们在一起显得愉快，我也不多说……渐渐地，普通的共同的熟人与我们疏远，我与自己的熟人也失去联系。华丽雅有了自己的圈子，找她的人有当官的，有唱戏的，还有什么无名的音乐家，艺术家。华丽雅跟我说，她被发现有一副好嗓子，要去学唱歌了。她总是害怕我限制她的自由，常常带着疑虑的眼神看着我，说：'你，或许不会禁止我去吧？'

"我自己都开始有点怕她了，怎么会违背她的心愿禁止她做什么事呢？

"她开始上音乐课了。看来，也就是这个时候，男高音出现了。她开始经常不归家。我与她之间的关系，自然开始疏远。而每当我们相遇的时候，——我像以前一样带着温情，带着担忧，走到她的身边，可她心情愉快。她谈论永恒的爱情。她说她有着女演员的气质，艺术家的灵魂，女性的纯净的情感。

"我好不容易劝说她在复活节的时候一起到这里来，到乡下来。她来了，小住了几天，你记得吗？她又早我一个礼拜离开了。

"当我回到家中，回到城里的公寓，女清扫工对我说：'夫人今天早上刚回家，说你明天回来呢。'

"我不明白，问道：'今天早上？她可是一个礼拜之前就回来啦。'

"我突然发现说漏嘴了，满脸通红，像傻瓜一样补充说：'哦，也许，也许。'

"我走到华丽雅身边。她坐在小客厅的书桌前，正在写着什么。她一看见我，就把信藏了起来。仿佛我看到了她信上的什么内容。

"'你上哪里去了？'我问道，'这几天不在家？'

"'谁跟你说的？'

"还没有得到回答，她就立刻解释起来，说事情说来话长，她不得不去了一趟皇村，去看朋友，是一位歌唱家，生病了，可是那里发生了一件很悲惨的事件，关于这一事件，她没有权利跟我讲，因为与我无关。

"'你对我产生猜忌了？哦，瓦尼亚，你应该相信我呀。可你就是不理解我。我们应该靠情感而生，靠艺术的魅力而生。可你重理轻情，你身上缺乏仁爱。我爱你，只爱你一个人，除了你，谁也不会爱的。不要限制我的自由，这方面很多事情与你无法沟通，你难以理解。'

"确实，不是很多事情，而是所有的事情，我真的都无法理解，觉得奇怪。但是，我怎么又限制人类自由了呢？这也算是人类的自由？假如我对华丽雅的情感是一种'个性'情感（别的男人对待女人在特定的时间或短或长具有这样的情感），那么，我对华丽雅的这种'个性'情感从来就不曾产生。

"我走开了。从此，她整天整天地销声匿迹，在家的时候，也什么话都不跟我说，或者说一些鸡毛蒜皮的废话，说一些违心的话，看着我时，也是斜着眼睛，好像怕我似的。怕我不信任她。她总是显得兴奋，眼睛放射着光芒。有一天，她凌晨五点才回到家中。后来，我不知怎的无意中听到有两个人议论她，露出一副讪笑，说了很多脏话。他们说她的那些话，只有我最能理解。可我毫无办法。

"然而，我看出来了，不能延续下去了。延续下去对两个人都没有可能,也不好。我一个人理解这一点,这就意味着,我必须采取行动。总的来说,我此刻开始理解了很多事情。首先,理解了自己的极端的愚蠢。要知道,我对女人的认识非常有限,有什么办法呢?只知道华丽雅。在她以前或以后,都没有碰到别的女人,毫无疑问,我已经习惯于将华丽雅视为我'生命的女友',我已经习惯于首先将我们两个称为'我俩'。可现在我突然发现,她的所作所为,完全出乎我的意料,或者出乎别人的意料。我甚至不能明白,她为什么要做这一切,究竟为了什么。为了贴近什么演艺界的个性?——我反正什么也无法理解。

"无法理解。但是又该怎么办呢?我与她之间怎样更明确一些呢?让她不再怕我?让她的行为举止更加自然一些?

"于是我决定,应当采取行动,不能简单地采取行动,而应当讲究策略,但又不是太狡猾的策略。我抱着一种惋惜的心情做出了决定。

"我走进她的房间。一走进去,我就说:'我全都知道了。'

"我自己觉得,这种做法很愚蠢。你是怎么想的呢?她突然脸色惨白,然后还是站了起来,耸了耸肩,说:'我知道是谁跟你说的。哼,那又怎么?你又能怎样?你对我的威胁徒劳无益。什么也办不到。就算我爱那个人。'

"我站起身子,又坐了下来。直到这一最后时刻,我的心都不愿相信我的理智已经明白的东西。

"'什么,你爱那个人?怎么个爱法?'

"'我非常需要他(你叫男高音的人)。看来,这就是我的

命。我生来就是女演员。这一个星期,我就住在他那里……'

"不瞒你说,我知道这个男高音。我知道他对她会有什么样的爱情,——对于我来说,突然间真相大白。我站起身子,走到一旁。华丽雅跟在我的身后。我走进自己的房间,想锁起门来。可是华丽雅紧跟在我后面进来了。她脸色惨白,好像万分惊恐。她总是怕这怕那,这是最为严重的事。

"我朝她又看了一眼——但是没法认识她。我为刚才与她的交谈而震惊。我也震惊于我自己已经形成习惯的全部思绪。

"她想跟我说些什么,可我打断了她的话:'走开!'

"'你什么也不理解……'

"'走开。走得远远的……'

"'什么?走得远远的?'

"'是的,走得远远的,别再回来!'

"她耸了耸肩膀,说:'我也想跟你说我得走了。没有什么办法了。我不能跟他一起生活,我也不想。我必须自由,——不过,他给我找了个房间……'

"'走开,走开!'

"她这时转过身子,走了。

"我听到她匆忙地收拾准备,接着便动身走开了。然后,第二天,她又来了一次,是为了拿自己的行李和身份证件。她在一张空白的纸上写道:'希望你不要如此下流,采取某些丧失理智的举动,拒绝我的身份证件的要求。'她过于担心了。我当然不会拒绝的。"

伊凡终于停住了口。

而母亲呻吟着说:"我的天哪,我的天哪!谁会想到她是这样的坏女人呢。我的可怜的瓦尼亚!"

伊凡惊奇地看着母亲:"你呀,妈妈呀,你为什么说她是坏女人呢?我可看不出华丽雅是个什么坏女人呀?"

"你还向着她。她为了一个男高音就背叛了你……太可怕了!"

母亲显然感到痛苦。伊凡是她唯一的儿子。

"哎呀,她根本就没有背叛我。"伊凡说道,懊恼地皱了皱眉头,陷入沉思。

"可她爱上了那个男高音!"

"为什么爱上了?我不这么认为。我后来意识到,她,确实住在那个带家具的房子里,那里也住着那个男高音。但是,男高音很忙的。她,也许,不会被他长久吸引的。华丽雅现在具有广泛的社交圈。她是自由的。我想,别人待她,比我待她更好,更明智。只是她的身体非常虚弱。她或许生病了。我想给她写封信,跟她说,她如果生病了,就回到我身边来。我一定好好照顾她。"

"瓦尼亚,你怎么啦?这可是不讲原则呀。你想原谅她的一切?对不起,这可是没有主见啊,这将有损于男子的尊严啊。"

伊凡再一次惊奇地看了母亲一眼。

"妈妈,我还从来没有思考过自己呢,特别是把自己当作男人来思考。我不知道。至于原谅华丽雅嘛,我想都没想,因为我没有亲眼见过,又原谅什么?还有,'不讲原则'又从何谈起？这里根本涉及不到做人的原则不原则。对我来说，现在一切都异常清楚了。按照习惯，我首先要被人们指指点点，在这种事情上，我也曾对别人说三道四的。当然，遗憾的是，在华丽雅身边，事情不那么体面，乱糟糟的，不够出色，还有那个不太好的男高音。可怜啊，她在那里一定很累了，一定生病了，但是，就其实质来说，是没有区别的。假如换一种形式，——情况还是这样。事情总是相似的。我知道，我为什么不理解华丽雅，而且不能理解。但是，她压根儿不是什么'坏女人'。我不知道，她是个什么样的女人（不太幸福，不太走运，——这也是事实）。我知道，她是个女人。女人不需要完全被人理解。如果连暂时的个性的情感都没有，那真是令人遗憾的。如果有亲近的，应当给予温暖，给予照顾。走了——留下。来了——给予温暖。"

"天哪，你已经疯了。瓦尼亚，瓦尼亚，我亲爱的儿子！这件事情对你的影响实在太大了！算了吧，忘掉那个卑鄙的女人。跟她离婚。你还这么年轻，你还可以去爱一个值得你爱的诚实的姑娘。你还会幸福的……你放心吧……"

"妈妈，瞧你说的？你所说的结婚难道可能吗？恋爱一场，亲热一番，然后放手。那么结婚呢？你在嘲笑我吗？"

母亲焦虑不安起来，从外面传来了轻轻的噪音。

"瓦尼亚，看在上帝的分上……"她低声说，"你看看门口……我担心列诺齐卡会听见的……她要是听到了，那真是太可怕了。她——还是个孩子呢。"

伊凡打开了门。这时，一双乌黑美丽的眼睛直勾勾地盯着他,这双眼睛,显现出独特的聪颖,独特的真诚、妩媚、神秘——而且,在这一永恒的、独有的神秘中,有着完美的气韵,这双眼睛,有着人们都一致认为可以称之为"人"的本质特性,——这样称呼,这样认可,尽管无论对于谁,从中所能看出的,除了折磨和痛苦,什么也没有。

这双眼睛闪烁着,又遮掩在睫毛之下。列诺齐卡站起身子,不慌不忙地、无声无息地走开了。她偶然听到了什么呢?或者说窃听到了什么呢?查明真相是徒劳无益的。难道她自己就知道真相?

伊凡回到了拐角处的房间,一声不吭,突然,他脸色大变,用一张疲倦的面容看着母亲。

"怎么样?她不在吧?"母亲轻声问道,接着急促地大声补充说:"不在的,瓦尼亚,我的宝贝孩子不会在的。相信吧,我是理解你的,你依然爱着那个女人,你完全陷入迷惑……当然,应当拯救她,不能让她彻底陷入泥淖……我动身过去,跟她好好谈谈。可以帮助她,但不能原谅她。相信我,她不会蔑视你的。在这样的情况下,也就是有了这种状况……得到宽恕,我想都不敢想。竟然为了一个什么男高音,背叛你——我的英俊的孩子,聪明的孩子!可怕!太可怕了!这件事简直会葬送我的老命!瓦尼亚,你听见没有?"

伊凡抬起眼睛,微微一笑,笑声中带着愧悔,但他再也没说一句话。他这么长久地跟母亲倾诉了自己的痛苦,以及自己的豁然省悟。可是他忘了:他的母亲——也是女人。可爱的老女人,自从儿子出生之后,就全身心地牵挂着他;但她这类人有着安分守己的本质特性,可是对这类人却缺乏理解,也没有赋予她们理解力;她——也是一个女人。

1903年

(吴笛 译)

库普林

感伤的爱情

亲爱的朋友：

就像去年春天那样，我又一次来到了这里，来到了海边，来到了我们的疗养院，甚至我还住在同一间房间。只不过今年冬天房间里换了墙纸，因此至今屋里还留有一股淡淡的胶水味。我不知道别人会有怎样的感受，但我一闻到这股味道总是会产生一种隐隐的、却令人愉快的忧郁，这种忧郁是与童年的回忆密切相连的。或许，这种忧郁产生于贵族女子中学。我记得，在过了一个长长的暑假后，我被送到那里时的情景。当我沿着早已熟悉的寝室、教室和走廊走去时，到处都能闻到一股胶水味、新鲜的染料味、石灰味以及油漆味。于是，我就不安而忧郁地感到，我又要适应某个新的界限，同时又模糊地有一点惋惜那些被遗留的往事——那些往事单调、平淡、令人不快，但又因已一去不复返而变得极其珍贵……唉，这就是往事！它神秘莫测而又无法抗拒的力量锁在我们的心底。要知道，我之所以给您写信，是因为从今天一大早起，我就为感到的往事所困扰。

我正坐在书桌旁，但我一抬头，就能看见大海。您可记得,在那儿我俩曾是那么浪漫地相恋着。其实,我甚至不用看,都能感受到大海的存在。它好像是一块平坦的深蓝色的地毯,上升到我那敞开了的窗子的一半。在大海的上方是一片没有云彩的庄严寂静的蔚蓝色的天空。窗下的苹果树开着花儿。其中有一根树枝开满了娇嫩的鲜花,显得那么灿烂辉煌。这些花朵在阳光下晶莹洁白,而在阴影里则有点儿绯红,这根树枝不时地伸进我的屋子。当海面上吹来一阵微风时,它就轻轻地摇晃着,仿佛在向我鞠躬问好,同时又簌簌地敲击着绿色的栅形护窗板。我望着,不厌其烦地望着。这根开满花朵的白色树枝不慌不忙地摇曳着,它以极其柔和、轻盈而优雅的姿势在那深邃强大而令人心旷神怡的蓝色大海面前炫耀着自己的美丽……面对着这种纯朴的美,我感动得简直想大哭一场。

我们的疗养院湮没在(请原谅我使用这一陈旧的说法)梨花、苹果花、桃花和杏花那一片洁白的花海里。据说,从前当地的居民——契尔克斯人把这个迷人的海边村庄称为"洁白的新娘"。这是个多么可爱、多么准确的称呼呀!从这一称呼中可以感受到东方诗歌那充满生气的语言。

我们花园里的小道厚厚地覆盖着一层从树上飘落下来的白色花瓣。一旦起风时,那花瓣就像一大片一大片雪花慢悠悠地从树上飘落到地面上。这些薄薄的雪片飘进我的房间,洒在我的书桌上、我的裙子上和我的头发上……于是,我无法,也不愿摆脱那种令我激动不已的、像芳香的陈酒似的萦绕在我脑际的回忆……

这是在去年的春天,在您到达疗养院后的第三天或者第四天。那是个万籁俱静、清新明亮的早晨。我们坐在南面的凉台上,我坐在罩着淡蓝帆布套的摇椅里(您可记得这一把椅子?),而您则坐在凉台的栏杆上,斜靠着角柱,并一只手抱住那根柱子。我的天呀!即使此刻,我写完这几行,停下笔来,用手蒙住了眼睛,我眼前便会再次极其清晰地出现您当时的那张脸———张削瘦、苍白而清秀的脸庞,一绺漫不经心地耷拉在苍白的额头上的黑发,一双深邃而忧郁的蓝眼睛。我甚至还能想象出您那副微微抽搐一下嘴唇、若有所思而又心不在焉地微笑的模样。当时,您用充满幻想的眼神望着飘落下来的白色花瓣,说道:

"苹果树上的花朵就要凋谢了……而春天才刚刚开始。为什么南方春天那种短暂而绚丽的花期总会使我产生一种病态的苦闷和不满?仿佛只不过是昨天我才兴奋激动地注视着第一批花蕾是如何灌浆的,而今天却已是花儿满天飞了,而且你还知道,明天将是个天高气爽的秋天。我们的生活也是像这样的,不是吗?从年轻时起,你就满怀希望地生活着,一直企盼着某一天会发生一件伟大的、令人神往的大事,然而,有一天你突然清醒过来一看,除了对往事的缅怀和伤感,你一无所有,而且你又不能确认,你是否有过真正的生活——极其充实而美好的生活。"

您瞧,我把您所说的话记得多么牢呀。与您有关的一切都鲜明而清晰地铭刻在我的脑海里,因为我像一个吝啬鬼对待自己的金银财宝那样,珍惜着这一切,欣赏着这一切,并且享受着这一切。我甚至可以向您坦白,我到这儿来只是为了想再一次从窗口眺望我们的那片大海和天空,闻闻开满花朵的苹果树那细腻的芳香,聆听傍晚时分山雀那单调的鸣叫声,以及……不断地用想象来体验那朴实平淡的、可能会被健康的人嘲笑其微不足道的往事。唉,这些健康的人呀!……他们有着对生活的强烈的欲望,有着因强壮的体魄和充沛的精力而源源不断地产生的深刻感受,所以他们甚至无法想象我们,这些从一出生就注定要在医院、疗养区和疗养院里过着单调的苟且偷生的日子的人们一直所有着的那些无法捉摸的细腻心情和无法表达的复杂情感!……

这里一切如故,只是没有您,我亲爱的朋友和老师。您当然能揣测到,我已从报纸上知道您恢复了健康,知道您重新回到了讲台上。我们那位可爱的、总是那么开朗乐观的医生也证实了这件事,他因此而显得容光焕发、洋洋得意。毫无疑问,他把您的健康归功于他的温水浴疗和他独创的饮食疗法。正如您所知道的那样,我既不相信这种疗法,也不相信那种疗法,但是,我至少还是因为他告诉了您的康复消息而准备好好地吻吻这个善良的利己主义者和天真的自私自利者。

然而,我的状况却使他感到非常不满意——他在听诊和叩诊我的胸部时,摇着脑袋,噘着嘴巴,大声地用鼻子吸气,一脸严肃的忧郁神情,我根据他的这副模样得出了这一结论。最后,他建议我去某个真正的南方——去芒通[1]或者甚至去开罗[2]。他提议时那副小心翼翼的模样显得那么笨拙而滑稽,

---

[1] 芒通:法国的南部城市和疗养地,临地中海。
[2] 开罗:埃及首都,位于尼罗河畔。

然而这副模样却没能很好地掩盖住在他眼中闪过的不安与惊慌。显而易见，他害怕我的死亡会在他的病人中产生不良的反应，因而想让他们预先避开。我将非常遗憾，因为我不由自主地损坏了他诊所的好名声，但我仍然认为，我有权不必奢侈地死在那个因早春美景而闻名遐迩的地方。

况且，这种事情的发生要比他预料的还要快得多，甚至在我窗下那棵苹果树上的最后一批花瓣凋落之前。我可以悄悄地告诉您，我已经去不了比凉台更远的地方，而且去凉台对我来说也是十分困难的，尽管我仍然有足够的力量装出无忧无虑的微笑来回复医生那不安的询问目光。但是，您别以为我向您诉说是出于想博得您怜悯的自私目的。不是的！我只不过想行使一下垂死的人的权力，说出健康的人羞于开口的事情。除此之外，我还想对您说，我一点都不怕死亡，多亏了您，我的朋友，仅仅是多亏了您，我才会有这种哲学家似的平静。我现在完全理解了您所说的话："死亡是所有生活现象中最简单的和最正常的现象。人在世上诞生，并因一系列意外事件而生存下去，然而只有死亡才是不可避免的法则。"现在，我对这句绝妙的言语已经有了特殊的理解。

是的，您教会了我许多事情。没有您，我无法理解那种细腻的、缓缓而来的愉悦之情。这种愉悦可以来自于读过的书籍，来自于有创造才能的人所具有的优雅而深刻的思维，来自于充满灵感的音乐，来自于晚霞的绚丽，来自于花朵的芳香，而主要是——最主要是——来自于两个感情细腻、因身患痼疾而神经特别脆弱、并且彼此默契的人之间的心灵交流。

街上的面具

您是否记得,我们曾经在阳光的直射下,在炎热的、懒洋洋的下午时分,沿着海岸进行长时间的、不慌不忙的散步?那时,仿佛一切都因无力的倦怠而凝固着,只有波涛伴随着轻轻的拍浪声奔上了炽热的黄色的沙滩,接着又退回到闪烁发光的大海中,身后留下了一道湿漉漉的齿状形的边缘,这边缘就像在玻璃上哈气时留下的痕迹那样,很快就消失了。您是否记得,我们悄悄地避开那位不准任何人在太阳下山以后留在户外的医生,在暖暖的明月当空的夜晚,溜到了露台上?月光穿过密密的野葡萄藤,在地上、在白墙上留下了一个个淡淡的圆圈。在黑暗中,我们彼此看不见,但却能感觉到,出于谨慎,我们只得低声交谈,然而这种低声细语甚至能用最简单的词句表达出最深奥的、隐秘的和令人激动的涵义。您是否记得,在那些阴雨绵绵的日子里,当大海整天云雾弥漫,而空气中充满了潮湿的沙土味、鱼腥味和清新的树叶味时,我俩溜进了我那一间舒适的房间,阅读莎士比亚的作品?我们读得不快,就像一个真正的鉴赏家那样,充分欣赏着这个伟人的每一页书,每一句名言。由于您那细腻的讲解,我对这个伟人的理解变得更加清晰,更加深刻。这些用柔软的绿色的上等山羊皮做封面的书现在还在我的身边。在书中,在一些页张上还留着您的"指甲划痕"。当我再一次看到这些划痕时,我便能生动而完整地回想起您面对着莎士比亚作品的丰富内容和华丽词藻时的兴奋神情,这时我隐隐有一种凄凉感。

您是否记得……唉,我打算无休止地重复这一问题,但是我觉得我已经开始对此厌倦了,其实,我还有许多事想告诉您。

要知道，您当然可以想象出，在这里，在疗养院里，我被看作是个沉默寡言的人。从我嘴里只能听到那么几句普通的、一成不变的话语，这是我们病人在吃早餐、吃午餐和喝茶时不由自主地相遇时的客套话。在这里，人们一直谈论着同样的话题：某人今天早晨热水浴的水温比昨天下降了两度，某人一顿吃了一磅多葡萄，某人一口气爬上陡峭的通向大海的堤坡，而且——您要知道——甚至没有因此而气喘吁吁。人们为了自我满足，有时以令人厌恶的细致久久地叙说着自己的病情……每一个人都一定要其他人相信，谁也不会有像他那样的并发症和感受到像他那样的极度痛苦。哪怕是谈论普通的头疼，两个人也会因攀比而发生争执。先是鄙视地耸耸肩，讽刺地嘿嘿一笑，带着傲慢的神情和最"冷酷"的目光说道："您在对我谈您的疾病！哈哈！其实，这甚至有点滑稽可笑！倘若您有着我每天都感到的那种剧烈的头痛，那么我能想象出您还会说些什么！"在这里，疾病成了骄傲和攀比的资本，成了像荣誉勋章似的用来证实荒谬可笑的虚荣心的奇特的证明书。假如说我曾在健康的人那儿见过这种现象，那么在这里，在病人中间存在着的这种现象就显得那么可怕，那么丑恶，那么令人难以置信！……

因此，当我最终独自一人留在我那个舒适的、谁也不会来光临的角落里时，我总是感到十分高兴。其实，我并不是孤单一人，因为您和我的爱情总是与我在一起。我就这样脱口说出"爱情"这两个字，它完全不像小说中所描写的那样使我感到难以启齿。

其实，我自己也不知道，是否能把这种隐约的、模糊的、有点儿神秘的感觉称之为爱情？

我不想对您隐瞒，我周围的姑娘们对爱情的认识要比他们的父母亲所猜测的准确而实际得多，因为他们对时髦的阿谀奉承采取放任不究的宽容态度。在贵族女子中学里，大家对这个话题谈得很多，出于好奇，这个话题被染上了神秘的、夸张的甚至是怪诞的色彩。从小说中，从已婚女友的讲述中，我们知道了令人销魂的接吻，知道了喘不上气来的拥抱，知道了情意缠绵的夜晚，知道了百般的爱抚，以及只有上帝才知道我们还知道些什么。我们本能地、一知半解地——或者根据个人的气质和悟性——在某种程度上接受了这所有的一切……

在这个意义上，我的爱情——不是一种爱情，而是一种感伤的和可笑的想象力游戏。我由于体质虚弱、多病、生性软弱，从孩提时期起就对一切能显示出强壮的体力、健康的体魄和对生活贪得无厌的现象产生一种恐惧感。骑在马上的飞驶、背着重物的工人的模样、大声的吼叫、过分好的食欲、强烈的气味——所有这一切都会使我战栗，或者使我感到厌恶。甚至当我偶然想到健康人那真实的性爱和那令人不快、荒诞和无耻的细节时，我都会有这一感受。

然而，如果把那种两个人之间极其细腻的精神上的交融称之为爱情的话——在精神交融时，一个人的感情和思想像某种神秘莫测的电流传给了另一个人；这时语言让位于无声的目光，这时眼睑的微微颤动或者眼神中的一丝笑意所表达出来的感情都要比那些"刻板的人"（我用了您的话）对爱情的长篇大论的表白深刻得多；这时，如果这两个人正坐在食堂的餐桌旁或在客厅里，当一个陌生人走了进来或有人说了句蠢话后，他俩就会迅速地交换一下眼神，无声地交流着共同的看法——总之，如果这种精神上的交融被称之为爱情的话，那么我敢说，不是我一个人在单相思，而是我俩彼此相爱了……

而且甚至——甚至不是那种被讥笑为兄弟情意的爱情。我之所以知道这一点，是因为我还清晰地记得这样一件事……唯一一件使我提起时却怕会脸红的事。这件事发生在海边的悬崖上，在那座现在还像去年那样被那些多愁善感的人称之为"爱情凉亭"的葡萄架凉亭里。这是一个万籁俱静的清晨，碧绿色的大海就像某些孔雀石岩石那样熠熠发亮，时而在平静的海面上缓缓地移动着一块形状不固定的紫斑——这是云朵的阴影。前一夜我没有睡好，因此起床时，我浑身无力，头痛得厉害，神经极度紧张。在喝早茶时，我同医生发生了争执，其原因不是因为他禁止在海里游泳，而是因为他那副自以为是的、健康而漂亮的模样。在凉亭里，我哭着向您抱怨他。您是否还记得这件事？当时您有些不知所措，说了一些毫不相关的，但悦耳而温柔的话，并像抚摸孩子似的小心翼翼地抚摸着我的头发。您的这一举动使我非常感动，我把头靠在您的肩上，而您……您不止一次地吻了吻我的太阳穴和我的面颊。我应该承认（正如我所知道的那样，写到这里，我脸都红了），这些亲吻不仅没有使我感到厌恶，反而使我感到一阵愉快的、纯肉体上的满足，好似一股温暖而柔和的波浪流遍了我的全身——从头至脚。

然而，这样的事情是唯一的一次。要知道，您自己，我的朋友，不止一次地说过，对于那些像我与您那样疾病缠身的人来说，贞洁不是一种美德，而是一种义务。

不管怎样，在我的生命即将悲惨地结束时，这种爱情显得那么辉煌，那么温柔，那么病态的美！我记得，当我还完全是一个中学生时，我躺在校医院里，躺在一间很大的、空荡荡的、非常高的房间里。不知为何我躺的地方离其他的病人很远，我感到难以忍受的寂寞。有一回，我的注意力被一件不显眼的、然而又非常奇特的东西吸引住了。在窗外，在墙洞里，在长满青苔的古老的墙壁上开着一朵花儿。这是一朵真正的医院之花，它有着黄色……小星儿似的花冠，有着长长的、细细的、软软的、淡绿色的茎。我几乎无法把目光从它身上移开，与此同时我对它产生了某种富有怜悯心的、若有所思的爱情。亲爱的，我的爱人！这朵柔弱的黄花——正是我对您的爱情。

这就是我想对您说的一切。再见吧。我知道，我的信会使您有所感动，这让我事先为此而感到高兴。要知道，谁也不会以这种方式来爱过您，并将来爱上您……

其实，我怀有这样一个愿望：这就是在那个神秘的时刻，即在帷幕开始在我的眼前拉起来时，我能看到您。不是为了因极度的害怕而想抓住您，而是为了在我倒下去时，在我意志衰弱时，在我或许会有一阵瞬息间的下意识的恐惧时，您能紧紧地抓住我的手，用自己那双漂亮的眼睛对我说：

"勇敢些，我的朋友……再过几秒钟，一切都会好的！……"

但是，我不为这份诱惑所动。现在我将封上这封信，写上地址。在我跨过那条神秘的生死界线的几天以后，您将收到这封信。

我最后要表达的是对您的衷心感谢，感谢您用爱情照亮了我生命中的最后时光。再见吧。别为我担心，我很好……一旦我闭上眼睛，一股温暖而柔和的波浪就会像那时……在葡萄架的凉亭里那样，再次流遍我的全身……头是那么轻轻地、令人愉快地旋转起来。再见吧！

（袁亚楠 译）

孤独

下午，天气是这样地炎热，以至于头等舱和二等舱的乘客都鱼贯地涌上了上层甲板。虽然没有一丝风，但河面上仍然布满着颤动的涟漪。耀眼的阳光在涟漪中散开，好似无数个银色的水珠在水面上跳跃。只是在那浅滩上，在那堤岸深深地楔入河里的地方，河水就像闪闪鳞波之中的一条纹丝不动的绸带，环绕着堤岸。在那因炽热的阳光晒得发白的穹空中没有一丝云彩，然而在那灰蒙蒙的地平线上，就在远处那齿状形的、瓦灰色的森林带上方，伸展着几片薄薄的白云，这些云朵的四周像熔化了的金属似的闪闪发亮。在熏得漆黑的、矮矮的烟囱上并没有冉冉升起一串串黑烟，而它们像一条长长的脏尾巴，拖曳在轮船的后面。

波克罗姆采夫夫妇也走上了甲板。他们一点儿也没有因为周围都是陌生人，以及陌生的北方环境，而感到拘束不安，恰恰相反，他们反而感到彼此更加情意绵绵，更加亲密无间。他俩结婚已有三个月了——他们正处于这样的时期：年轻的夫妇特别乐意去剧院看戏，去散步，去参加舞会，在这些场合，在他们置身于陌生人之中时，他们就会更加深刻而敏锐地感受到在蜜月中所产生的两情眷眷、如胶似漆的情感。他们时常交换一下无关紧要的话语，相视一笑，时常久久地凝视着对方。不管是他，还是她，都沉浸在那完美的、懒散的而甜蜜的幸福之中，这种幸福只有那些充满着青春的活力和无忧无虑并遂心如意的爱情的旅游者们才能享受到。

往下望去，从机舱里伴随着柴油味，传来了活塞的不停的吱吱声和轻轻的撞击声，以及某种有节奏的轰鸣声，这种轰鸣声的节奏正好均匀地合上"雅斯特连勃号"的木头甲板的颤抖声。河水在蹼轮下翻腾，白色的浪花被高高地抛起。在船尾，那一排排又长又宽的波涛紧紧地尾随着轮船；白色的波涛翻卷着，突然在它那暗绿色的浪峰顶端翻了个跟头，然后平稳地落下，便立即消失得无影无踪，好像在水底下玩捉迷藏似的。波涛一边在河里舒展开来，向远处涌去，一边冲击着堤岸，摇曳着那些湿漉漉的柳枝，并把它们推上了河岸。与此同时，波浪带着冲击堤岸的喧闹声和四处飞溅的浪花，向后退去，留下了湿漉漉的、被激浪冲遍了的浅沙滩。

在柳丛上悬挂着那长长的鱼网。海鸥尖叫着，向轮船扑来。在阳光下，它们那宽宽的弧形翅膀在每一次展翅飞翔时熠熠发光。有时，在布满沼泽的河岸上可以看见一只苍鹭，它有着一双长长的、微微发红的腿，严肃而若有所思地兀立在那儿。

然而，这千篇一律的单调景色并没有使薇拉·丽沃芙娜感到厌倦，感到腻烦，因为她在欣赏这一片大自然的景色时，内心充满着欢乐和好奇。在她眼里，一切都显得那么可爱，那么亲切："我们的"轮船是一艘极其干净、速度极快的轮船；"我们的"船长是个身材高大的汉子，身穿帆布衣，头戴漆布帽，有着一张赤红的脸膛和一只红中透青的鼻子，还有那因恶劣的气候、大声的叫喊和纵饮无度而早已嘶哑的粗暴的嗓子；"我们的"领港员是位长着黑胡子、穿着红衬衫的英俊男子，他在玻璃驾驶舱里操纵着舵轮，而那双锐利的、微微眯缝着的眼睛则坚定地凝视着前方。薇拉·丽沃芙娜把胳膊肘轻轻地支撑在铁丝网上，心情舒畅地观赏着白色的浪花在波涛中飞舞。而在她的脑海里，随着机器有节奏的轰鸣声，响起了某个自编的波利卡舞曲的旋律，这一旋律奇特而又和谐地汇合着蹼轮下的波涛喧闹声和餐厅里的杯子撞击声……

时而，"雅斯特连勃号"会迎面遇上一艘用粗粗的绳索拖着一长串矮矮的和笨拙的平底货船的拖轮。这时，两艘轮船会开始鸣笛示警，结果，惊慌失措的薇拉不得不眯起眼睛，掩上耳朵……

远处出现了码头——在平底货船上搭建起来的红色小房子。船长嘴贴着一头通往机舱的铜质话筒，大声地发出指令。他的声音好似从一个深桶里传出来的："慢速！前进！后退！前……进！……"从底层的甲板上抛出了缆绳，那缆绳在空中散开，轰的一声落到了码头上。水手们沿着颤抖着的跳板，弯着腰把那一袋袋沉甸甸的物品扛到了岸上。在驿站旁边有一群身穿红色无袖长衣的婆娘们和姑娘们。她们死乞白赖地要旅客购买那些枯萎了的悬钩子、瓶装的煮过了的牛奶、咸鱼和羊肉。身上盘旋着一群牛虻的驿马极不耐烦地晃动着铃铛……

炎热微微有所收敛。水面上吹来了一丝轻风。太阳在紫色的火焰和流金般的火焰的熊熊燃烧中落了下去。当鲜艳的晚霞暗淡下来时,整个地平线都闪烁着绯红色的光晕。最后,这种光晕也消失了,只是在那离地面不远的地方,在那太阳落山的地方,还留有一条模糊的、长长的、绯红色的光带。这条光带慢慢地向上爬去,汇入傍晚时分天空中那柔和的淡蓝色之中,同时它又缓缓地向下滑动,融入从地面升起的浓浓的、浅灰色的黑暗之中。空气凝聚了起来,也冷却了下来。从某处传来了一阵淡淡的蜜糖味和湿漉漉的青草味,并在甲板上弥漫开来。在东方,在岗峦起伏的山丘后面,徐徐地露出了那轻盈上升的月亮所发出的淡淡的金光。起初,月亮只露出一点儿边沿,然后它浮了出来——一只又大又红的、仿佛被压扁似的火球。

轮船上的灯亮了,两侧船舷上的信号灯也亮了。从烟囱里纷纷飞出了一长串一长串的火星,它们在轮船后面散开,并消失在空气中。河水显得比天空更亮,浪涛也不再翻腾。河水平静了下来,变得悄然无声,而从蹼轮下冲出来的浪花也显得那么井然有序,平静地在河面上散开,仿佛它们是在水玻璃中诞生,并凝固在那里似的。月亮爬得更高了,它的颜色也渐渐变白了;它的圆面显得那么光滑,那么耀眼,好像一个磨得锃亮的银盾牌。在河面上,那根长长的、颤动着的圆柱从堤岸伸到轮船上,并像一点点金星和一道道金光那样闪闪发光。

空气变得凉爽了。波克罗姆采夫发现,他的妻子虽然用毛织围巾裹着肩膀和脊背,仍然打了两个冷战。于是,他弯下腰来，问道：

"亲爱的,你觉得冷吗?或许,我们该回船舱里去了。"

薇拉·丽沃芙娜抬起头,望了望自己的丈夫。在月光下,他的脸色显得比平时更加苍白,他上嘴唇上那毛茸茸的小胡子和下巴上那尖尖的胡须显得更加明显,而他的眼睛则变得更长,更充满柔情爱意。

"不,不……别担心,亲爱的……我一点也不觉得冷。"她回答道。

她并不觉得冷,但是她内心却有一种令人胆战心惊、不寒而栗的恐惧感,就像那神经质的人在皓月当空的夜晚,在天穹像个寒冷而巨大的沙漠时所感受到的那种恐惧感。沿途的那片低低的河岸寂静无声,景色萧条,被湿润润的黑暗所笼罩着的那片沿岸树林显得阴森森的,令人毛骨悚然。

薇拉·丽沃芙娜突然产生了一个无法抑制的愿望——紧紧地偎依在自己的丈夫身上,把脑袋贴在他那强有力的胸膛止,用他的体温来取暖……

他准确无误地猜到了她那一闪而过的愿望,用自己的外套紧紧地裹住了她,于是他俩一声不响地紧紧偎依着,脸贴着脸,形成了一个优美的身影,而在他俩的肩上,他俩身影的轮廓上洒满了明亮的银白色的月光。

轮船开始更加小心翼翼地向前行驶,以免在浅滩上搁浅……水手们在船头测量河面的宽度。在黑夜中清晰地响起了他们那拖长了的喊叫声:"六……米!……六米半!……八米!……倒雪!……七米!"在这大声的叫喊声中,人们可以感受到弥漫在黑黑的、凄凉的河岸上和凉爽的空气中的沮丧气氛。但是，薇拉·丽沃芙娜因为裹着外套而感到浑身暖暖的，而且又因为紧偎在自己心爱的人儿身边，心里更加充满着幸福。

在右岸出现了一座高山的模糊轮廓，山顶上还有一座简易的木刻雕花的凉亭。凉亭里灯火通明，还有人影在晃动。显然，凉亭里的人听到轮船驶近的喧闹声时，便走到栏杆旁，用胳膊支撑着杠杆，向下望去。

"哎，瓦洛佳，你瞧，多么美啊！"薇拉·丽沃芙娜兴奋地嚷道，"一座雕花的凉亭……要是我与你能在这里住上一阵子……"

"我在这儿住过整整一个夏天。"波克罗姆采夫说道。

"是吗？真的？这一定是谁家的庄园吧？"

"什尔科夫公爵家的庄园。他们非常富裕……"

她看不见他的脸，但却能感觉到他在说这些话时，轻轻地用指尖捋捋自己的胡须，他的声音里有着回忆往事时的快乐。

"你什么时候在这儿住过？你怎么没对我提起过他们……他们是些怎样的人？"

"怎样的人？……怎么对你说呢？……不坏，也不好……是一群愉快的人……"

他沉默了下来，同时因愉快的回忆而继续微笑着。这时，薇拉·丽沃芙娜开口说道：

"你在笑……你一定想起了什么有趣的事？"

"噢，没什么……一点都没什么……根本没什么有趣的事，"波克罗姆采夫辩驳道，同时更加紧紧地搂住妻子的腰，"是……一点儿傻事……不值得回忆。"

薇拉·丽沃芙娜不想再问下去了，可是波克罗姆采夫却自己开始叙说起来。他很乐意自己的妻子了解他曾在怎样极其富裕阔绰的环境中生活过。这虽说微不足道，但却令人感到愉快，使他的虚荣心得到满足。什尔科夫家族完全像英国贵族那样，夏天住在自己的庄园里。实际上，当时波克罗姆采夫本人只不过是那儿的一名家庭教师，但他善于为人处世，使人们对待他如同对待自己人似的，甚至如同对待自己的亲人似的。要知道，你只要根据他们那种迷人的单纯，就能很快辨别出哪些是真正的上流社会的人物。夏天飞逝而过，那儿的生活令人十分愉快：打网球，去野餐，猜字谜，看演出，溜马……锣声一响，大家就得穿上燕尾服，戴上白领结，准备去吃饭——总之，繁缛的礼节与单纯朴实巧妙地结合在一起，规范的行为举止与百无禁忌的游戏巧妙地结合在一起。当然，这种生活也有自己的缺陷，但是只过一个夏天——还是使人心旷神怡的。

薇拉·丽沃芙娜一句话也没打断他，静静地听着，与此同时她感到有一种令人不快的、近似嫉妒的感觉。她痛心地想到，在他的心灵深处保存着一个从他过去的生活中遗留下来的幸福时刻，这一幸福时刻并不是那么微不足道，而且他俩现在共同拥有的幸福也无法将它抹去。想到这一点，她感到一阵难过。

轮船拐了个弯，凉亭也就立刻消失了。薇拉·丽沃芙娜默不作声，但波克罗姆采夫还沉浸于自己的回忆之中，继续说道：

"毫无疑问，人们也玩恋爱游戏，不玩恋爱游戏，就无法在庄园里待下去。从上了年纪的公爵到还未长胡子的中学生——我的学生，大家都在玩这一游戏。他俩互相庇护，置若罔闻。"

"那么你呢？你同样也……在追逐某个女人？"薇拉·丽沃芙娜勉强用平静的声音问道。

他用手捋了捋胡子，这个薇拉·丽沃芙娜非常熟悉的、洋洋得意的动作，突然使她感到庸俗不堪。

"唔，是的……我也同样如此。我与公爵小姐凯特有过一段短暂的浪漫史。一段非常滑稽可笑的浪漫史，当然，如果愿意也可以说是一段有点儿不道德的浪漫史。要知道，那姑娘还不满十六岁。然而她随心所欲、目中无人、玩世不恭。她直截了当地对我说：'我觉得这儿太寂寞了，如果没有爱慕者在身边，我是一天都无法待下去的。您是这儿我唯一喜欢的人，您聪明、有头脑，能与您闲谈、聊天，或干其他的事。当然，您也知道，我不会成为您的妻子，但是我们为什么不能快快乐乐地度过这个夏天呢？'"

"结果怎样呢？快乐吗？"薇拉勉强用漫不经心的语调问道，然而突然变得嘶哑的嗓音使她本人也大吃一惊。

这嗓音也使波克罗姆采夫警觉了起来。他仿佛因引起她的痛苦而感到内疚似的，把妻子的头搂到自己的胸前，并把嘴唇轻轻地按在她的太阳穴上。但是，在他内心涌现出来的、某种卑鄙的、无法抑制住的欲望，以及某种令人不安、使人厌恶、类似炫耀自己勇敢的感觉，促使他继续往下说。

"于是，我们在初夏开始玩恋爱游戏，而在夏末则结束这一游戏。她满不在乎地感谢我帮助她排解了寂寞，并希望到出嫁再也别遇到我。其实，按照她自己的说法，她也不想再见到我。"

接着，他不自然地笑着补充道：

"总之，这段浪漫史对我来说只不过是那些最令人不快的往事之一。要知道，薇拉，这一切都令人厌恶，是吗？"

薇拉·丽沃芙娜没有回答他的问话。波克罗姆采夫对她产生一阵怜惜，开始后悔自己的坦白。他想抹去那些不愉快的印象，再一次吻了吻妻子的脸颊……

薇拉·丽沃芙娜没有拒绝他的亲吻，但也没有迎合……她内心充满了一种奇特的、令人难受的、连她自己也弄不清楚的感觉。在这种感觉中在某种程度上有着对往事的嫉妒———一种最可怕的嫉妒，然而这只是在某种程度上。薇拉·丽沃芙娜早就听说过，并且明白，每一个男子在婚前都有过男女间的私情，而那些被女子看作极其重要的恋爱，在男子眼里只不过是一次普通的艳遇而已，而且女子还得被迫容忍这类可怕的事。在这种感觉中还有着对这一浪漫史中她丈夫所充当的那个卑鄙而淫荡角色的愤怒，这使薇拉·丽沃芙娜回想到，当他俩还是新婚夫妇时，他俩的亲吻也不一定是那么无瑕和纯洁的。在这种新感觉中最令人感到可怕的是，她觉得波克罗姆采夫对他自己的妻子来说突然成为了一个遥不可及的陌路人，他俩之间以往那种水乳交融的情意已经不会再恢复了。

"为什么他要对我说完这个卑鄙的故事呢?"她痛苦地想道,同时紧紧地捏着并扭动着自己那双冰冷的手,"他破坏了我的情绪,搞坏了我的心情,但是对此我又能对他说些什么呢?我怎么能知道他当时的感受呢?对往事他是否感到遗憾?是否有过不该有的激动?是否会感到厌恶?(不会,无论如何也不会感到厌恶,因为尽管他极力避而不谈,但他的语调却显得那么洋洋得意……)他是否指望有朝一日再次遇见那个凯特?为什么不是这样的呢?要是我问他这件事的话,他当然会急忙安慰我,但是如何才能进入他的灵魂深处,到达他的内心最隐蔽的地方呢?我怎样才能知道,他在与我推心置腹地交谈时没有欺骗——或许是完全不由自主地欺骗自己的良心?噢!我怎样才能感受一下,哪怕是短短地感受一下他那对我来说完全陌生的内心世界,偷听一下他的想法,并窥视一下他的内心活动……"

那种渴望了解他人的思想,了解他人的内心活动的念头是如此强烈,以至于薇拉·丽沃芙娜突然——连她本人也感到意外地——把自己的脑袋紧紧地贴在丈夫的脑袋上,仿佛想钻进他的脑袋里去似的。但是他不理解这一下意识的举动,还以为自己的妻子只不过像一只冻坏了的小猫,扑到他的怀里,想让他抚摸。他用胡须蹭着妻子的脸颊,用对娇惯了的孩子说话的口吻对她说:

"宝贝,想睡觉了吧?小宝贝冻坏了吧?小宝贝该回船舱里去了吧?"

她裹了裹自己的围巾,一声不吭地站起身来。

"小宝贝没对我生气吧？"波克罗姆采夫用同样的亲切口吻问道。

薇拉·丽沃芙娜否定地摇了摇头。她在通往船舱的舷梯前停住了脚步，说道：

"听着，瓦洛佳，你从来没想到过，两个人无论什么时候，明白吗，无论什么时候都不可能彼此完全理解……他们是用胶粘在一起的呢……"

他有些内疚，因此笑着含糊其词地说：

"瞧，宝贝，你又扯上了什么哲学……难道我俩彼此不理解吗？"

在船舱里，他很快就进入了吃饱喝足了的身强力壮的年轻人所特有的平静梦乡之中。他的呼吸声很轻，脸上露出了孩子般的表情。

可是，薇拉·丽沃芙娜却无法入睡。在这间狭窄的船舱里，她觉得憋得慌，丝绒的沙发床罩又使她的手和脖子的皮肤一阵阵发痒。她起身，打算再到甲板上去。

"你上哪儿去，亲爱的？"被她裙子发出的簌簌响声而惊醒的波克罗姆采夫问道。

"睡吧，睡吧，我立刻就来。我再到甲板上坐一会儿。"她一边回答，一边向他做着手势，叫他不要起来。

她独自一人待着，好好想一想。丈夫在身旁，哪怕是睡着了的丈夫，也会使她感到局促不安。来到甲板上后，她下意识地坐到原先坐过的那个座位。天气更加凉爽，河水也变得更加暗淡，失去了原有的透明度。时而，淡淡的云朵像一团毛茸茸的棉花跑进了月光之中，立刻被涂上了一层奇特的金光。令人感到凄凉的又低又黑的堤岸也默默地在轮船旁边驶过。

薇拉·丽沃芙娜感到一阵阵恐惧和忧郁。今天，她平生第一次产生这么可怕的想法（每一个敏感而有头脑的人迟早都会产生这一想法）——在两个相亲相爱的人中间永远横着一个无法移走的、无法跨越的障碍。"我对他了解了什么呢？"薇拉·丽沃芙娜双手捂着火烫的额头，喃喃地自言自语道，"我对我自己的丈夫，对这个我与他共同生活的人，对这个应该与他共度终生的人了解了什么呢？假定我知道他英俊潇洒，知道他喜欢炫耀自己强壮的体力和发达的肌肉，知道他有音乐天赋，知道他能绘声绘色地朗诵诗歌，我甚至知道许多其他的事——例如知道他的那些甜言蜜语，知道他接吻的方式，知道他的五六种习惯性的动作……那么，还有呢？我对他还了解了什么？我是否能知道，他过去的恋人在他心目中留下了什么印象？我是否能揣摩到，他表面微笑着，而内心却痛苦不堪，或者用表面的痛苦来掩饰内心的幸灾乐祸？我是否能弄清他所有的埋在心底的秘密，弄清那些在他内心深处常常一闪而过，却似龙卷风那样激烈的情感和欲望？"

突然，她感到一阵深深的忧郁，并因自己永远的孤独而痛苦不堪，她真想大哭一场。她回忆起自己的母亲，自己的兄弟们和妹妹。要知道，对她来说，他们可不像这个面带温柔微笑、眼含柔情蜜意被她称之为自己丈夫的黑发美男子那么陌生。难道她还会像他们那样观察这个世界，看到他们所看到的东西，感受到他们所感受到的东西吗？……

街上的面具

四点钟左右，波克罗姆采夫醒了过来，非常吃惊地发现，他的妻子没有躺在对面的沙发床上。于是，他赶快穿好衣服，一边打着哈欠，一边因清晨的寒冷而抖索着，走上了甲板。

太阳还未升起，但半边天空已抹上了淡淡的玫瑰色。平静而清澈的河流躺在那儿，就像一面镶在绿茸茸而湿淋淋的草坪里的大镜子。光滑的河面上微微泛起了一些玫瑰色的涟漪，而在轮船蹼轮下飞出的浪花则呈现出乳红色。在右边的堤岸上，在那片年轻的白桦林中密密麻麻地排列着纤细、挺拔的白色树干，这些树干被蒙上了一层淡淡的雾霭，好像披上了一条薄薄的纱巾。瓦灰色的浓云低低地悬挂在东方，独自遮挡着夏日那美丽的晨光。然而，这浓云已经像红色的喷泉似的，喷射出一道道暗红色的光芒。

薇拉·丽沃芙娜还坐在原来的地方，胳膊肘支撑在栏杆上，托着昏昏沉沉的脑袋。波克罗姆采夫走到她的跟前，抱住了她，用因睡足了而变得响亮的嗓音，夸张似的拿腔拿调地说道：

"仙女披着彩云从黑暗中走了出来……"

然而，当他看到她那张神情严肃、泪痕满面的脸庞时，他立刻把后面的话咽了回去。

"小宝贝，你怎么啦？怎么回事，我亲爱的？"

但是，对于这个问题她已做好了回答的准备。在这一夜里，她想了许多，并做出了一个明智而冷静的决定：应该像其他所有人那样生活，应该顺其自然，随大流，如果无法实话实说时，甚至可以说谎。

于是,她带着内疚和茫然若失的微笑,回答道:"没什么,亲爱的。只不过——我睡不着……"

(袁亚楠 译)

布　宁

安东诺夫卡苹果

一

……我又不由自主地想起了那个阳光明媚的初秋。八月里,下了好几场霏霏细雨,暖暖的,仿佛是特意为播种而落的甘露。这几场秋雨下得正是时候,正是在月中,在圣拉弗连季依节前后下的。民间流传:"若在圣拉弗连季依节细雨蒙蒙,不兴风,不起浪,人们将过一个美好的秋天和冬天了。"然后是夏末,田野里结满了蜘蛛网。这也是个好兆头。俗话说:"夏末蜘蛛成群,秋日五谷丰登。"……我还记得那个清新又静谧的早晨……记得那个一片金黄、树叶开始凋零、显得稀落萧条的大花园;记得那槭树的林荫道,落叶萧萧,安东诺夫卡苹果[1]的甜香,蜂蜜和秋凉的芬芳。空气是这样的清洁,就像根本没有一样。整个果园里到处是人声和车轮叽叽嘎嘎的响声。这是那位既是苹果商,又是果园主的家伙雇用农夫来摘装

---

[1]　俄罗斯的一种晚熟苹果。

苹果装车，以便在夜间运往城里，——运苹果必须要在夜间。那时候舒服地躺在大车上，仰望着满天的星斗，闻着飘散在清新空气中的焦油味，再听着长长的车队在漆黑的夜色中沿着大道小心翼翼、叽叽嘎嘎地向前行驶，真是再惬意也不过了。一个雇来摘苹果的农夫，一只接一只地喀嚓喀嚓大口嚼着苹果。这是老规矩了——果园主不但从来不阻挠他，反而还劝他多吃一些：

"吃吧，吃得越多越好，吃个饱，——没关系的！所有割蜜者都吃几口蜂蜜的。"

清晨是寒意料峭的、宁静的，只有躲在果园深处珊瑚色花楸树枝上肥硕的鸫鸟的啼鸣、人语声、把苹果倒进斗木内及在木桶里滚动的咕噜噜的声音，才打破了清晨的寂静。果园里由于树叶脱落，能够看出去很远。不仅能够望见那条通向用麦秸扎顶的大窝棚的林荫道，就连那个大窝棚本身也一览无遗。这一夏天，果园主把全部家当都搬到了窝棚旁边。到处都飘着香甜的苹果香味，可是这里却香得尤其馥郁。窝棚里摆着几张铺位，竖立着一支单管猎枪、一只布满了铜绿的茶炊，角落里堆着碗盏器皿。窝棚外边堆放着蒲席、木箱和各种用坏了的杂物，场地上还挖了个土灶。中午在土灶上煮美味的腌肥肉粥，晚上土灶上烧着茶炊，每当这时，那瓦蓝色的炊烟宛如一条条长长的带子，在果园的树木之间弥漫开来，飘来飘去。在节日的日子里，窝棚附近整个热闹得像集市一般，树木后面不时闪过鲜红的衣裙。那些小家碧玉、独门独院的小地主家的姑娘们，穿着喷发着染料味的无袖长衣，叽叽喳喳地汇集到这里。

"公子哥儿"们也都穿着他们的漂亮衣服——做工粗糙的、土里土气的西装，络绎不绝地来到这里。村长年轻的妻子屈尊光顾。她怀着身孕，一张大脸上睡眼蒙眬，一派自命不凡的架式，活像一头霍尔莫高尔种的大母牛。她的头上确实长着一对"犄角"——盘在头顶两旁的发辫，上面包着一块方头巾。这使她的头显得格外地硕大；她脚登一双钉着铁掌的短统靴子，站在那里显得笨重而牢靠；身上穿着棉绒坎肩、长围裙、用自家织的条纹呢缝制的裙子，底色是黑紫的，条纹是砖红色的，裙摆上镶着金色的、宽宽的滚边……

"这个小娘们可会操家呢！"果园主摇摇头，议论着她，"像这样能干会持家的女人现在难得遇到了……"

小男孩们身着白色麻布衬衣和短裤，光着脑袋，一头淡淡的头发，他们也都蜂拥而至。他们三三两两地走着，光着脚，小脚丫踩进薄薄的浮土里，一边走一边斜视着拴在苹果树下的那条毛茸茸的大狼狗。买苹果，当然，只用一个人就够了。因为只需一个戈比或一只鸡蛋就能换到许多苹果。然而买主却是很多，生意十分火爆，那个身穿长外衣、脚登火红色靴子、患肺痨病的果园主高兴得合不拢嘴。他和他的兄弟一起做生意，他的兄弟口齿不清、近乎白痴，但动作倒还利索。他能够生活在哥哥这里完全是由于哥哥的"行善"。做生意时，果园主时常开开玩笑，说说俏皮话，甚至有时还"逢场作戏"拉几下图拉市出产的手风琴。一直到黄昏，果园里依然挤满了人，窝棚的周围响彻着欢声笑语，乃至跳舞声……

入夜以后，天气就变得很寒冷了，地上布满了露水。我穿过打麦场,尽情地吸着新麦的麦秸和麦糠的芳香,沿着果园的外墙,高兴地走回家去吃晚饭。在寒冷的晚霞里,村里人说话声和开关大门的吱嘎声听得格外清楚。天黑下来了,这时又闻到一种气味:果园里点燃了篝火,樱桃枝冒出的烟喷发出浓郁的香味。在黑暗中,在果园深处,——冒出了一幅童话般的画面:地狱的一角,窝棚边腾起了血红的火舌,四周是无边无际的黑暗。烤火人漆黑的轮廓,就像用乌木刻成的人形在篝火四周游动。随之,他们投在苹果树上的巨大的阴影也在来回摇晃。一会儿,一只足足有几俄尺长的大黑手伸了出来,把整整一棵树捂住了;一会儿,又清清楚楚地伸出了两条巨腿——两条黑森森的大柱子。蓦地,这一切又都从苹果树上滑了下来,——落到林荫道上,盖住了整条道路,从窝棚一直到篱笆门……

深夜,村里的灯火全都熄灭了。当七颗如金刚钻般的北斗星又高高地在夜空中闪烁的时候,我又跑进了园子里。我沙沙地踏着枯叶,像盲人一样摸到了窝棚边。窝棚边的旷地上明亮多了,旷地的上空闪着一条白亮亮的银河。

"这是您吗,少爷?"有人在黑暗中轻轻唤我。

"是我。你还没有睡吗?尼古拉。"

"我们不、不能睡呀。大概,已经很晚了吧?那边,好像那趟客车已经开过来了……"

我俩久久地侧耳细听着,甚至感觉到了大地在颤抖。颤抖变成了轰隆隆的响声,越来越近、越来越近……转眼之间,车轮好像就在果园的墙外敲打起喧闹的节拍:列车铿锵轰鸣,风驰电掣般驶来……越来越近,越来越响,越来越怒气冲冲……突然间,声音轻下去了,安静了,就好像在地底下消失了……

"你的猎枪在哪儿呀?尼古拉。"

"那不是,在箱子旁边。"

我托起了铁棍般沉重的单管猎枪,冒冒失失地朝天放了一枪。伴着砰的一声震耳欲聋的巨响,一道红光直冲云霄。一瞬间,眼前发黑,繁星失色,周围响起了嘹亮的回音,这声音沿着地平线滚滚而去,划到很远很远才消失在洁净的、敏感的空气中。

"啊,太好了!"果园主说,"再吓唬他们一下吧,少爷,再吓唬他们一下,不然真是倒霉呀!他们会再度爬上墙把梨子全部摇掉的……"

几颗流星在夜空中划出了道道火红的线条。我良久地凝望着那黑中透蓝、繁星闪闪、深不可测的苍穹,一直望到觉得脚下的大地开始游动。突然,我打了个寒噤,把手缩进了袖笼,飞快顺着林荫道奔回家去了……天气多冷啊,露水多浓呀,活在世上又是多么美好啊!

二

"安东诺夫卡苹果又大又甜,人们快快活活地迎接新年。"如果安东诺夫卡苹果大丰收,乡村里的其他事情也就好办了:这意味着,这年的庄稼也会大丰收……我时常想起那丰年的美景。

在清晨的朝霞中，雄鸡还在报晓。没有烟囱的农舍刚刚冒出炊烟的时候，我总是情不自禁地打开冲着果园的那扇窗。顿时，园内凉气袭人。满园里萦绕着淡紫色的薄雾，透过层层雾纱，可以望见旭日正在远方闪闪辉耀。这时，我再也忍不住了——一边吩咐迅速备马，一边飞跑到池塘边去洗脸。池塘边柳树上纤细的树叶几乎全部落光了，只剩下光秃秃的树干立在蓝湛湛的天空下。树枝下的池水变得清澈透明，冰凉砭骨，仿佛又稠又浓。晶凉的池水一瞬间驱走了我全部的夜倦。我洗好脸，直奔下房去与雇工们共进早餐：就着一大块泛潮的盐巴，吃着滚烫的土豆和黑面包。饭后，当我骑马穿过维谢尔基村去打猎时，身子下光滑的皮马鞍给我以莫大的快感。秋天——本来就是有许多本堂节日的季节[1]，人们在这一季节都收拾得干干净净，人人都快乐祥和，精神面貌与其他季节迥然不同。如果这一年又是个丰收年，麦场上的麦粒就会堆得犹如一座黄金城。每天早晨一群肥鹅在河里游来游去，毫无顾忌地嘎嘎乱叫，这样，村里的日子就相当好过了。更何况我们的维谢尔基村自古以来，还是从我的老祖宗时代起，就是以"富饶"为荣的。住在维谢尔基村的老汉和老太婆们寿命都很长……这是这个富饶村子的第一标志。他们头发雪白，身材高大。常常听人们这样说："瞧，阿加菲娅已经活过八十三啦！"或者是这样的对话：

"呀，你什么时候才死呀，潘克拉特？你都快一百岁

---

[1] 指所在教区的教堂特有的节日。

了吧?"

"老爷,您说什么?"

"我问你有多大年纪了?"

"我自己也记不清,说不清了,老爷。"

"那么你还记得普拉顿·阿波尔洛内奇吗?"

"记得呀,老爷,记得可清楚呢,活灵活现的。"

"得,那你少说也有一百岁啦。"

这个老人,腰板挺得直直的,站在地主面前,温和地、有些愧色地微笑着。仿佛在说,有什么办法呢,真是抱歉呀,我就是活了这么大岁数,太久啦。他说不定还会活得更久,若不是在彼得节前的斋戒期内吃了过多的大葱的话。

我还记得他的老伴儿。她整日坐在门廊台阶上的一条长板凳子,伛偻着腰,摇晃着头,两只手抓住板凳,不停地哮喘着。她老是在想着心事。"可能是想着那些私房吧。"农妇们异口同声地说,因为在她那几只箱子里确实有不少的"私房"。可是她却像什么也没听见,心事重重地扬起眉毛,摇晃着头,像瞎子般视而不见地、盲然无望地始终望着远处的什么地方,似乎在搜肠刮肚地回忆着什么。老太婆身材高大,穿一身黑色衣服,整个样子使人感到阴郁。身上那条家织毛呢裙子,简直就是上个世纪的,脚上那双麻鞋——是专给死人穿的那种,她的脖子枯瘦、蜡黄,斜条纹布的衬衫却总是雪白雪白的,——"哪怕就这样入殓,进坟墓也行了。"门廊的台阶旁横放着一块大石板,那是她自己买来为自己筑坟墓用的,她连寿衣也为自己买好了:寿衣非常考究、上品。衣服上绣有天使、十字架,衣边上还印满了经文。

与这些老寿星们相称的是维谢尔基的农舍和院落:全是砖瓦房,还是他们的祖先盖的。而那些有钱的农夫们,像萨维利耶家、伊格纳特家、德隆家——则有两三幢瓦房都连接在一起,因为那时在维谢尔基村还不时兴分家。像这样的庄户人家每家都养蜂,都喂养着铁灰色的比曲格牝马[1],并以此感到自豪。他们的田庄全都整治得井井有条。麦场旁边开辟出大片大片麻田,大麻长得又密又壮,黑压压连成一片。麦场上立着谷物烘干房和柴禾干燥棚,房顶铺展得整整齐齐,就像梳理过的头发。谷仓和仓库全都安装着大铁门,仓里堆放着粗麻布、纺车、新的半长长袄、嵌着金属装饰的马具、箍着铜圈的粮斗。大门上和雪橇上全用火印烙上了十字架。记得,那时我曾经认为当个农夫是件非常诱人的事,我很羡慕。每当阳光灿烂的早晨,沿着村道下田劳作的时候,总是不止一次地想:割麦、脱粒、在麦场上睡觉是人生多么美好的乐事啊!尤其是逢到节日,和旭日一起起身,伴随着村里教堂的深沉悠扬的音乐钟声,在水桶旁洗净身子,穿上干净的麻布衬衫、干净的麻布裤子,套上钉着铁掌的结实的皮靴。我还想到,如果再有一个健康、美丽的妻子,穿着过节的漂亮衣服,两人双双一起乘车去望弥撒,然后又一起到蓄着大胡子的老丈人家去吃午饭,午饭是盛在木盘里的热腾腾的羊肉、精白麦粉制作的面包、蜂蜜、家酿啤酒,——人生何求!

---

[1] 比曲格牝马:一种拉重车的大马。

街上的面具

中等贵族的生活方式——那都是不久前的事，还清晰地印在我的记忆里，它同富裕的农夫人家的生活方式有许多共同之处，同样勤俭持家，同样过着那种老派安宁的乡村生活。例如，安娜·格拉西莫娜姑母的庄园就是这样的。她住在离维谢尔基村十二俄里的地方。经常是，当我骑着马到达庄园的时候，天已经大亮了。牵着一大群猎犬，只能慢慢地走。又何必着急呢，——行走在霞光绚丽、凉风习习的旷野里是多么地快活，多么地心旷神怡呀！地势非常平坦，万物尽收眼底。天空祥云轻盈、苍穹寥廓湛蓝深邃。朝阳从一边射过来，把雨后被大车轮子辗得结结实实的大道晒得就像涂了一层油，亮晶晶、油闪闪，像钢轨一样。四周伸展着一望无垠的、宽阔倾斜的冬麦田。冬麦田的禾苗娇嫩、苗壮、青新。不知从哪儿飞来了一只雏鹞，在湛蓝透明的空气中盘旋着，又一动不动地高悬在半空中，拍打着尖尖的双翼。一根根轮廓分明的电线杆朝着阳光明媚的远方铺排出去，横架在电线杆之间的电话线，就像一条条银光闪闪的琴弦，朝着晴空万里的苍穹斜悬着滑动。电线上停落着许多青鹰，活像乐谱上黑色的音符，简直是像极了！

我没有经历过，也没有见到过农奴制。但是我记得安娜·格拉西莫芙娜姑母家，记得对农奴制的那种感受和体味：我刚一策马奔进院子，就立即感觉到在这座庄园内农奴制不但依然存在，而且还很兴盛。这座庄园不大，但是整座园子古朴坚固，由百年的白桦树和古藤四面环绕，包围起来。庄园内有许多建筑，全都不是高堂广厦，但却都非常实用。房子很多，实惠古朴，全都用柞树的原木拼成墙壁，拼得结实严谨，密不透风,就像浇注墙一样。屋顶铺着厚草。其中有一幢房子特别大,更确切地说,是特别地长,那是幢下人们住的房子,房屋已经发黑。家奴[1]阶层中最后的莫希干人[2]住在里面,——那是几个老态龙钟的老头和老太婆,一个长的样子活像堂吉诃德,老得都站立不稳,什么也不能干了的厨子。这几个人终日从这幢黑房子里朝外张望。当你驶进院子时,他们会颤巍巍地站起身来,向你深深地弯下腰鞠躬。白发苍苍的马车夫从马车棚子走出来为你牵马。还在车棚门口时他就摘下帽子,然后光着头穿过整座院落。他在姑母的庄园里当差多年,是当年姑母出行时专门骑在最前面的辕马上做御者的,现在为姑母驾车,送她去教堂,——冬天让姑母乘运货的小型马车,夏天让她乘包着铁皮的结实的大车,就像神父外出时乘坐的那种。姑母家的果园由于常年不加照管,由于栖有许多夜莺、斑鸠,由于出产了许多苹果而远近闻名,而姑母的宅所则因为其屋顶而远近闻名。她的宅所是整座庄园的主房,坐落在果园的旁边,四周被菩提树的枝枝桠桠环绕着。这座宅第并不大,也矮墩墩的,已经下沉,快要贴近地面了。可是给人的感觉却是永远也不会倾塌,——它支撑着高得出奇、厚得敦实坚固,且因年深日久而发黑变硬了草屋顶,显得十分地牢固、可靠和踏实。这座宅第的正面总是给我一种有生命的、血肉之躯的感觉:就像一张压在大帽子下面的老者的脸,正在用他那眼窝深陷的双眼——

---

[1] 家奴:在地主家里当仆人的农奴。
[2] 美国小说《最后的莫希干人》写美国印第安人的莫希干族衰亡的故事,后来这个书名成为一句成语,用来比喻某类人物的残余。

一对因日晒风吹雨淋而呈珠母色的玻璃窗——眺望着前方。在这双眼睛的两边是两行古老的、带圆柱的、宽敞的门廊。门廊的墙上永远安详地落着许多喂得肥肥的鸽子，而与此同时，数以千计的麻雀却像阵阵急雨似的从一个屋顶倾泻到另一个屋顶……目观此景使人产生一种感觉：若能在绿松玉似的秋日的天空下到这个安乐窝内来做客，该是何等地舒适惬意呀！

一走进姑母的这座大宅落，首先扑鼻而来的就是苹果的香味，然后才是其他的：老式红木家具和干枯了的菩提树花味，这些花在六月份就摆在窗台上了……所有的房间里，仆人房里、大厅里、客房里——都阴凉而昏暗，这是因为整个宅第周围都被果园包围，加上窗户上层的那排玻璃又全是彩色的：或是蓝色的，或是紫色的。宅第里到处是静悄悄的，擦得一尘不染。那些镶花的圈椅和桌子，嵌在窄窄的、螺纹状的描金镜框内的镜子，给人的感觉就像从来也没有人用手碰过它们，从来也没有人挪过地方。就在这时，传来一声咳嗽：我姑母出来了。她长得并不高大，但就像周围所有的东西一样，硬朗而结实。她的肩上披着一条又长又宽的波斯披巾。走出来时她的气度显得高傲而又和蔼。她马上就同你无休止地回忆起过去的往事，谈论起继承产业的事情，一边开始摆出食品款待客人：先端出了"香梨"、安东诺夫卡苹果、"白夫人"、"波罗文卡"、"丰收"等各种品名的水果，然后是非常丰盛的、令人吃惊的午餐：粉红色的火腿拌青豆、八宝鸡、火鸡、各色醋渍菜和红色克瓦斯，——克瓦斯味道醇厚，香甜如蜜……朝向果园的窗子全部打开，从外面吹进了阵阵凉爽的、令人精神抖擞的秋风……

三

最近这些年来只有一件事还支撑着日渐衰亡的地主阶层的精神——狩猎。

像安娜·格拉西莫夫娜姑母那样的老式的庄园并不罕见。那时有不少庄园虽然日益败落,但依然可以过着养尊处优的生活,这些庄园都还拥有大片的领地和二十俄亩左右的果园。确实,直到今天还幸存下许多这样的庄园,但是里面已经没有生活了……已经没有三套车,没有专供骑乘用的"吉尔吉斯"马,没有猎狗、灵猩[1],没有家奴,也没有了这一切的享用者——像我已故的表哥阿尔谢尼伊·谢苗内奇那样的地主兼猎人了。

自九月底起,我们的果园和麦场更空旷了。天气时常骤变。风儿整日摇晃着树木,秋雨从早到晚淋润着它们。有时在傍晚黄昏时,在西半边天上,落日的金辉会刺破阴沉沉的乌云,这时空气会变得格外洁净、清纯。夕阳的光辉令人目眩地照射着叶丛和枝桠之间,叶丛和树枝被风儿吹得像一张活动的网似的摇曳摆动,在北边天际,在浓郁的、灰沉沉的乌云上方,湿漉漉的、湛蓝色的天空冷冰冰地、明亮地闪着光。由于气流,乌云慢慢地凝集成为连绵不绝的含雪的云峰。每当此

---

[1] 灵猩:俄国一种跑得特别快的猎犬,头部狭长,四肢细长,善于追捕野兽。

时，你站在窗口就会想："谢天谢地，天会放晴的。"可是风儿并没有停。它吹扰着果园，撕碎着不停从下房的烟囱里冒出的缕缕炊烟，并且又驱散开如发绺似的不祥乌云。乌云低低地飞驰着，飞得很快，转眼间就像烟雾一般遮蔽了落日。落日的最后一缕余辉熄灭了，像一扇小窗户大小的一块蓝天闭合了。果园变得荒凉、沉闷，秋雨又开始淅淅沥沥地飘落下来……起初是静悄悄地、战战兢兢地下着，后来就越下越密，越下越密，最后变成与风暴和黑暗为伴的倾盆大雨。使人忐忑不安的漫漫长夜降临了……

经过这样的风吹雨打，果园几乎全部光秃了，地上落满了湿淋淋的叶子，露出了一副逆来顺受的可怜样。然而一进十月又是阳光明媚，空气透明，此时的果园又是多么地美丽啊！十月初的日子天天都是寒意料峭、清澈明净的。这是秋天结束时佳节般的日子。现在，尚未落光的树叶依然安宁地悬在树上，一直到下几场初雪之后才会落光。黑沉沉的果园沐浴在绿松玉般的碧空中，晒着太阳，柔顺地等待着冬天的到来。田野已经翻耕过，乌黑油亮，那些越冬作物又给它增添了鲜艳的绿色……是打猎的时候了！

于是我又来到了阿尔谢尼伊·谢苗内奇表哥的庄园。在庄园那幢大房子的大厅里，整个大厅充满了阳光和烟斗、卷烟喷出来的烟雾。大客厅里坐满了人，所有的人都晒得黑黝黝的，脸上的皮肤给风吹得粗糙不堪，清一色穿着腰部打褶的猎装和长筒靴子。刚刚饱餐了一顿丰盛的午饭，大家喝得满面通红，正在兴奋地嚷嚷着去打猎的事。同时也没有忘掉饭后再加喝几杯伏特加酒。院子里，有人在呜呜地吹着角笛，猎狗们用各种声调猖猖地低吠着。有一条乌黑光亮的灵猩，它是阿尔谢尼伊·谢苗内奇的爱犬，已经爬上了桌子，趴在餐桌上，狼吞虎咽地吞着盘子中剩下的浓汁兔肉。突然，它狂叫一声，惊慌地从桌子上跳了下来，哗啷啷地碰翻了一大串碟子和酒杯；原来是阿尔谢尼伊·谢苗内奇从书房里走了出来。他手握短柄马鞭和左轮手枪，出人意料地开了一枪，震得整个大厅的客人耳朵都聋了。硝烟使大厅里更加烟雾腾腾，可阿尔谢尼伊·谢苗内奇却站在那里开怀大笑。

"真可惜啊，没打中它！"他挤眉弄眼地说。

他身材高大、瘦削，肩膀挺阔，体态匀称。面孔像个英俊的吉普赛人。他的眼睛里总是射出一股野性的光。他非常聪明机敏，穿着深红色的丝衬衫和天鹅绒的灯笼裤，脚登长统靴。他开枪把狗和客人们吓了一大跳之后，就开玩笑地装出一副郑重其事的样子，用深沉的男中音朗诵：

> 是时候了，该去给顿河马备鞍了，
> 快把嘹亮的角笛挎上肩吧！

然后大声说道：

"好了，不要再浪费金子般的时间了！"

我直到现在还感觉到，当时我骑着马同阿尔谢尼伊·谢苗内奇的那一大群吵吵闹闹的人出发去打猎时，我年轻的胸膛是如何贪婪地大口大口吞吸着晴天傍晚潮湿的寒气的，是如何为猎犬那音乐般的吠声激动不已的,那猎犬像脱弦的箭似的狂跑着奔向黑松林[1],奔向某处叫"红岗"或"响岛"的地方。光是这些地名就足够使猎人们兴奋的了。骑在暴烈、强壮、力大无穷的"吉尔吉斯"坐骑上,用缰绳紧紧地勒着它的嚼口,就觉得自己几乎与马融为一体。马正喷着响鼻,挣扎着要纵蹄驰骋,马蹄不停地踩着由发黑的落叶铺成的厚厚的、轻软的地毯,发出沙沙的喧声。在空旷、潮湿、寒冷的树林里,每一声嘶鸣都传得很响很远。远处什么地方有一条猎狗狂吠了一声,随即第二条,第三条……群起响应,尖声四起,吠声狂热而悲凉。突然间,整个树林就好像是玻璃做成似的,被狗的狂吠声和人的呼叫声震得哗哗作响。在这喧嚣声中,"砰"——一声枪响,"开火了",人们就向远处奔去。

"小心,别放生啊!"有人用绝望的声调在远处喊起来,喊声响彻了整个森林。

"对,可别放生啊!"我脑子里闪过了一个令人陶醉的念头。朝马大喝一声,"吉尔吉斯"坐骑就像从链条上挣脱出来,沿着整个森林狂奔起来,根本就不择路途。只有一丛丛的树木在眼前飞快闪过,马蹄子踢起的泥土噼里啪啦地甩溅到脸上。刚一冲出树林,就看见了一群毛色斑驳的猎犬拉开了距离在冬麦地里向前方飞奔着,于是我更加使劲地驱策起"吉尔吉斯",飞马去截那头野兽。坐骑穿过了一片又一片冬麦田,穿过了刚刚初耕过的休闲地和麦茬田,最后却闯入了另一片孤林。那些

---

[1] 黑松林:俄罗斯民间对阔叶林的叫法。

猎犬，伴随着它们那疯狂的呻吟声和狂吠声，——全在视野里消失了。而此时我由于剧烈的运动浑身透湿，全身发抖，勒住了大汗淋漓、嘶嘶气喘的坐骑，贪婪地大口大口地吞吸起树木丛生的幽谷里的冰凉潮湿的空气来。远处，猎人的呼喊声和猎狗的犬吠声已经平息下去，四周空无一人，万籁俱寂。半幽闭的参天的树木纹丝不动，挺立着，使我觉得就好像置身于一座美轮美奂的禁宫之内。从身边的沟壑里冒出了一股股使蘑菇得以生长的浓浓的潮气，冒出了股股腐烂树叶和湿漉漉树皮的强烈气息。沟壑里升起的潮气越来越浓，越来越重，森林里越来越冷，越来越黑……该夜宿了。然而狩猎以后召集猎狗是困难的。森林里久久回荡着角笛那无望而忧郁的呜呜声，久久地响彻着人们的喊叫声、詈骂声和犬吠声……最后，天完全黑了下来。一大群猎人便蜂拥到某个独身地主的庄园里投宿，他们与这个地主几乎是素昧平生。顿时，庄园的整个院子热闹起来了，庄园里的宅子全都亮起了灯火，家仆举着灯笼、蜡烛、小油灯……奔出来迎接这些不速之客……

通常是，遇到这样好客的主人，人们很愿意多住几天。一大早，天刚一露白，人们就骑着马，顶着凛冽的寒风，踏着湿漉漉的初雪离家去森林和田野里打猎，直到时近黄昏才返回家。一个个浑身是泥，满面通红，身上沾着马汗和捕获到的野兽的毛——散发着马汗味和野兽毛的腥膻味。随后——开始豪饮。在旷野里冻了整整一天以后，回到灯光明亮、充满人气的屋子里，就觉得格外温暖舒适。人们解开猎装的衣扣，全身放松，从一个房间走到另一个房间，乱哄哄地喝着，吃着，七嘴八舌地互相议论着对那条被击毙的大巨狼的印象。这头大巨狼龇牙咧嘴，圆瞪着眼睛，毛茸茸的大尾巴朝一旁甩开，横躺在客厅的中央。它那淡红色的、已经冷却凝固了的血染污了地板。酒足饭饱之后，你就会感到一种甜蜜蜜的困倦，会感到那种年轻人所特有的睡意，一种愉悦的、舒服的睡意。此时人们的谈话声就仿佛隔着水传到了你的耳朵里。你那让风吹糙了的脸发着热，只要一合上双眼——整个大地就会在你的脚下游动起来。当你走进某处角落里一间古老的、里面供着小小圣像和圣体灯的小房间，躺到床上的松软轻柔的鸭绒褥子上时，你的眼前就会浮现出斑斓似火的猎犬的幻影，整个肌体会感到一种跃马奔腾时的酸痛。不知不觉，你会连同这所有的幻影和感觉一齐沉醉在甜蜜而健康的睡梦中。忘记了这个房间曾经是一位老者的祈祷室，老人的名字是同许多阴森恐怖的农奴制传说连在一起的，忘记了这位老人就是死在这间祈祷室里的，而且，说不定就是死在这张床上的。

当睡过了头，错过了打猎时间，索性休息起来就更舒服了。睡醒以后，久久地躺在床上伸展四肢，整个宅落里一片寂静。听得到花匠是如何小心翼翼、蹑手蹑脚地换个房间生旺火炉，听得到劈柴如何像打枪一样噼啪作响。前面等待你的是——在这座一派过冬气象的庄园里享受整整一天的宁静和安逸。你不慌不忙地穿好衣服，在果园里怡静地散着步，时而会在湿漉漉的叶丛中捡到一只偶然落掉的冰凉的、湿漉漉的冷苹果。不知为什么，这种苹果特别地好吃，与其他苹果的味道完全不同。然后你就去浏览藏书，——这些全是祖传的书籍。全都是厚厚的皮子面,山羊皮子的书脊上烫着许许多多小金星星。这些书就似教堂里收藏的经典,书页都已发黄,纸张又粗又厚,可是喷发出来的气味儿却是非常地好闻!这是多么的一种沁人心脾的、令人舒适愉悦的、有点发酸的霉味啊,散发出古书的气息……书页上的记号和眉批也是非常有趣的:全是用软鹅翎笔书写的,字体硕大,圆转柔和。你打开书本,马上读到:"这一思想,能与古今一切哲人的思想媲美,这是智慧之花,这是肺腑之情……"看到这一眉批,你就不由自主地被这本书深深地吸引住了。这本书是"贵族哲学家"[1]的手笔,寓意隽永,是一百多年前由一位"荣膺许多勋章"者资助出版的,是由社会救济公署印刷厂印刷的。书中讲述的是"贵族哲学家"怎样有闲暇、有才能探讨人的智慧可以升华到什么高度,他能否实现自己的夙愿——在自己村庄的广阔土地上建立人间乐园……翻阅下去,你还会无意间翻到一本题为《伏尔泰先生讽喻性的哲学著作》的书,你会长时间地陶醉于这本书之中。这部译著的文体很亲切且又有些做作:"我的先生们!伊拉斯谟[2]在十六世纪就宣扬愚昧(停顿一下,分号),而你们却要我在你们面前赞美智慧……"然后,由叶卡捷琳娜[3]时代转到浪漫主义时代,转到了文选,转到那些感伤主义的、夸

---

[1] "贵族哲学家":俄国作家费奥多尔·伊凡诺维奇·德米特里耶夫-马蒙诺夫(1728—1790左右)的笔名。他行伍出身,官至准将。著有《彼得大帝丰功伟业》、《将军率其所部于战场》、《年表》等作品。
[2] 伊拉斯谟(1469—1536),文艺复兴时期尼德兰人文主义者。著有《愚人颂》,揭露封建统治的罪恶和教会对人民的愚弄。
[3] 叶卡捷琳娜《1729—1796》,俄国女皇,与伏尔泰有通信之谊。为获取国际上对她的好感,自称为伏尔泰的崇拜者。执政期间,俄国出版过一些伏尔泰的著作。

张的、卷帙浩繁的长篇小说上来……一只杜鹃突然从挂钟里跳了出来,在空无一人的大屋子里,落在你面前,朝着你嘲弄而又凄婉地咕咕叫着。这时心中就开始渐渐升出一种甜蜜而莫名的忧伤……

喏,这本是《阿历克斯的秘密》[1],这本是《维克多,或称森林的孩子》[2],"午夜降临了!神圣的寂静取代了白日的喧嚣和农夫们快乐的歌曲。梦展开她黑暗的双翼,遮盖住了我们半球的表层土地;梦从她的翅膀上抖落下来罂粟花和幻想……幻想……可是痛苦的厄运却往往是经常持久的!……"一串串亲切古老的词汇闪现在眼前:悬崖与柞木林,苍白的月芽与孤独,鬼魂与幽灵,"厄洛斯们"[3],玫瑰与百合花,"小顽童的淘气与恶作剧",百合花般的纤手,柳德米拉与阿林娜……,喏,这里还有几本刊有茹科夫斯基、巴丘希科夫[4]、皇村学校学生普希金名字的杂志。于是我惆怅地思念起我的祖母,思念起她在翼琴[5]的伴奏下跳的波洛涅兹舞[6],思念她用拉长的语调朗诵着《叶甫盖尼·奥涅金》。于是那远古的、充满了幻想的生活又浮现在我的眼前……想当年,在贵族庄园里,曾有过多么好、多么漂亮、多么美丽绝伦的贵族少女和夫人啊!她们的肖像从墙上俯视着我,她们娇妍的脸庞上挂着贵族阶层的高雅气度,她们的发式古典优雅,长长的睫毛妩媚地

---

[1][2] 均为法国作家迪克雷-迪米尼尔的小说。
[3] 古希腊神话中的爱神们。
[4] 巴丘希科夫(1787—1855),俄国诗人。
[5] 翼琴:一种古钢琴,现代钢琴的前身。
[6] 波洛涅兹舞:波兰的一种旧式交际舞。

垂在忧郁、深沉而又温柔的双眸上……

四

安东诺夫卡苹果的芳香正从地主庄园中消失。这些香气四溢的日子刚刚过去,可我却总觉得已经过去整整一百年了。维谢尔基村的老人们都已先后归天了,安娜·格拉西莫芙娜姑母也已经故世,阿尔谢尼伊·谢苗内奇表哥自尽了……开始了小地主的时代,可他们却贫困得到了讨饭的地步。但是,即使这样没落,这种小地主的生活也是很美好的!

于是,在一个深秋,我又来到了乡下。天气淡蓝、阴郁。一大早,我就骑着马,牵着猎狗,扛着猎枪和角笛来到了旷野上。风吹进了枪口,发出嘘嘘的声音。冷风凛凛冽冽地迎面刮来,时而卷着干燥的雪珠。整整一天我在渺无人烟的荒野上踯躅着……直到斜阳西坠,才又饿又冷地骑马回到庄园。当我从远处遥望见了维谢尔基村里的点点灯火,闻到从庄园里飘出的阵阵人烟的气息时,顿时一股暖流涌进心田,感到无比温暖和愉悦。我记得,我们全家喜欢在这个时刻摸黑聊天,不点灯,就在朦胧的暮霭中说东道西。走进屋里,我发现过冬用的双框双层玻璃已经安装好了,这更加激起了我渴望宁静祥和过冬的心情。在下房里,雇工生起了火炉,我就像童年时代一样蹲在一堆麦秸旁边。麦秸飘过来只有冬天才能散发出的清香,我时而望望烧得暖融融的炉子,时而望望窗外。暮色黄昏,窗外一片青蓝,黄昏正渐渐逝去。然后我走进农人们的房间:那里灯光通明，人声鼎沸，村姑们在切着白菜，菜刀闪着白光。我听着姑娘们切菜时发出的和谐的嚓嚓声，听着姑娘们唱的和谐、忧郁、快活的歌曲……有的时候，某个也是小地主的邻居会把我接到他家去住好久……小地主的生活是多么地美好惬意啊！

小地主通常很早就起床了。舒舒服服地伸个懒腰，下床后用廉价的黑烟丝或干脆就用马合烟[1]卷起一支又粗又大的卷烟抽起来。十一月的黎明以其青色的晨光照射着这间朴素的、四壁空空的书房，印出了挂在床头上的几张毛茸茸的黄色的狐狸皮和一个壮汉的身影。在镜子中照出了他那张睡眼蒙眬的、酷似鞑靼人面孔的脸。在这间半明半暗的暖和的房间里死一般地寂静。门外的走廊里，年老的厨娘还在打着鼾睡，还是从小姑娘时代起，她就在老爷家的宅子里干活了。但这并没有妨碍老爷用震耳欲聋的喊叫吩咐着：

"露列利娅，生茶炊！"

然后，老爷套上皮靴，把外套披在肩上，也不系好衬衣扣子，就朝门外台阶走去。上了锁的门厅里飘散着一股股狗的腥气味儿，几条猎狗懒洋洋地伸展着腰身，尖叫着，吐着舌头围住了主人。

"出发！"他用一种屈尊降贵的男低音慢吞吞地对狗儿们命令道，穿过果园，向麦场走去。他展胸伸臂，大口吸着黎明时分的凛冽寒气和果园的清香，果园在一夜之间全上了冻。他拐上了一条小径，小径两边的桦树已经被砍掉了一半，满地的

---

[1] 马合烟：一种非常劣质的烟草。

落叶由于严寒而冻得变黑,全都卷了起来。落叶在他的皮靴下发出了簌簌的声音。在低垂的、晨光熹微的苍穹下,几只竖起羽毛的寒鸦还在柴禾干燥棚的屋顶上酣睡着……今天可是打猎的好日子!老爷不由自主地在小径中央停了下来,久久地凝望着秋日的田野,凝望着宽阔的、绿油油的冬麦田。田里空空荡荡,只有几头牛在田里慢慢游荡着。两条雌猎狗站在他的脚边,尖声尖气地狂吠着,而那条称作"醉汉"的猎狗已经蹿到了园子外边,在刺脚的麦茬地里来回地跳跃着,奔前奔后,仿佛在召唤着主人快去旷野打猎。但是在眼前这样的季节,带着几条猎狗又能做些什么呢?野兽现在全都躲在旷野里,藏在初耕过的休闲地里,和荒僻无人烟的小路上。它们害怕待在树林里,因为在树林里风刮得残叶簌簌作响……唉,现在身边有两条灵猩就太棒了!

在柴禾干燥棚里人们开始动手脱粒。脱粒机的滚筒慢慢翻转、滚动着,发出轰隆隆的声响。几匹套在传动装置上的马匹,懒洋洋地拉紧缰绳,用马掌踩着落满马粪的那一圈脚下的地,摇摇晃晃地兜着圈子。在传动装置的中央有条小板凳,小板凳上坐着赶牲口的人。他一边转动身子,一边不停地用不变的声调吆喝着马匹,总是用鞭子单单抽打那匹棕色的骟马,这匹马比其他所有的马都要懒,走着走着,竟然索性睡着了,依仗着它的眼睛被布蒙住了。

"喏,喏,姑娘们,快干啊!"一个身穿宽大粗麻布衬衫的,负责往滚筒里投料的汉子厉声呼叫着,催促着。

村姑们匆匆忙忙地打扫着脱粒场,扛着抬床,拿着扫帚,来回奔跑着。

"上帝保佑!"投料者嘴里咕嘟一声,就投下一捆麦子去,试试机器。这投下去的第一捆麦子带着嗡嗡的呼啸声飞向滚筒,然后又像一把铺张开的扇子从滚筒底下飞将出来。滚筒轰隆隆地叫得越来越坚定,越来越自信。大家干得热火朝天。一瞬间,所有的声音全部汇合成了一片统一的、悦耳动听的脱粒的沸腾声。老爷就站立在柴禾干燥棚的大门口不动声色地看着,望着怎样在黑洞洞的棚子里闪着红色和黄色的头巾,闪着人手、耙子和麦秸……所有这一切伴随着滚筒隆隆的轰鸣声和赶牲口人单调的喝叫和忽哨声,有节奏地移动着,忙碌着。打下的麦糠、麦皮云雾般地向大门口飞去。老爷站在门口望着这一切,浑身上下披满了飞落下来的麦糠皮。他不时地回头眺望着远处的旷野……旷野很快地就要披上银妆,很快地就要被初雪遮盖了……

初雪飘落下来了,第一场雪!十一月的时候,没有灵猩,无法打猎。可是现在,冬天来了,能够和普通猎狗一起"干活儿"了。于是小地主们又像从前一样聚拢在一起,拿出身上最后的一些钱,相互间开怀畅饮。白天整日整日地在白茫茫的雪地里消磨时光。晚上,在某个遥远田庄里,在黑暗寒冷的冬夜,厢房的窗户会透出灯光。在那里,在那间小小的厢房里,团团烟雾在屋中飘浮,蜡烛燃着昏暗的火苗,有人调好了吉他的琴弦……

暮色黄昏中风儿在呼啸,

呼啸着吹敞开我家的大门,

有人开始用浑厚的男高音唱了起来。其他人立即像开玩笑似的,以一种忧郁悲壮的、无望且又破釜沉舟的勇气,不和谐地齐声应和起来:

呼啸着吹敞开我家的大门,
还用白雪抹去了道路上留下的印痕……

1900 年

(李静 译)

书

躺在谷场的谷秸堆上，看了许久的书——突然感到很生气。又是从一大早就开始读书，又在捧着书！从童年起，就日复一日地读！半生都在一种虚幻的、不真实的世界里，在一群虚构的、不存在的人群中度过，为他们的命运，为他们的悲欢而紧张，而担心，就像发生在自己身上一样。永远把自己同阿夫拉姆和伊萨克，同毕拉基人和伊拉特斯坎人，同索克拉特和尤里·采扎里，同哈姆雷特和唐璜，同格雷特干和恰茨基，同索巴凯维奇和奥费特亚，同毕巧林和娜达莎·罗斯特娃[1]连在了一起！而现在怎样来分清我这些实际的和假想的朋友？怎样分辨他们？怎样确定他们对我的影响？

我读着书，生活在臆造的事物中间，而田野，庄园，村庄，农人，马群，蝇虫，马蜂，鸟儿，云彩——所有一切都生活在他们自己真实的生活中。我突然感觉到了这一点。我把书

---

[1] 阿夫拉姆、伊萨克、毕拉基人、伊拉特斯坎人、索克拉特、尤里·采扎里、哈姆雷特、唐璜、格雷特干、恰茨基、索巴凯维奇、奥费特亚、毕巧林、娜达莎·罗斯特娃皆为世界文学名著中的人物。

本扔到了谷秸堆里,带着惊奇与欢乐,用一种新的眼光看着周围的一切,真真实实地去看,去听,去嗅——重要的是,我感觉到了一种特别地平常,又特别地复杂、深刻和独特的东西,它存在于生活之中,存在于我心灵之中,在书本上无论如何也无法感受得到。

当我读书时,一切都悄悄地发生了变化。本来是阳光灿烂,周围喧闹不休,现在却一切都平静下来了。天空中云彩渐渐聚集起来了,有几处——尤其是在南边,天还是亮的,而在西边,在林子那边,却阴云密布,下起了雨。远处田野上的雨带来湿热的气味,园中有一只黄莺在啼唱。

沿着谷秸垛和园子中间的小路,有一个农夫正从村社回来。肩上扛着一把白铁锹,上面还沾着土。一张脸焕发着青春。帽子掀到头顶,额头上满是汗水。

"在刚开出来的地里种了一棵茉莉花!"他精神抖擞地说,"您好,您又在读书,又在编故事了?"

他是幸福的,为什么?因为他生活在真实的世界里,不会做什么不可思议的事。

园子里黄莺在鸣唱。一切都归于平淡,一切都平静下来了,连鸡叫声都听不到。黄莺独自悠闲地呖呖啼啭。它为何唱歌?给谁唱歌?为自己?为庄园那一百年不变的生活?也许,这庄园就为它婉转的歌声活着?

"在土地里种了一棵茉莉花。"可土地知道吗?对于农夫来说,它是知道的。也许,他是对的。农夫不等太阳下山就会把这朵花忘了的——这花会为谁而开呢?它会开吗?它会告诉你它是为谁,为何而开吗?

"您又在读书,又在编故事了。"为什么要编造呢?为什么要编出这些女主角和男主角呢?为什么要编出这些中篇和长篇呢?又有开端又有结尾?

永久的痛苦——就是永久的沉默,就是恰恰不能说出的你心中的真挚的、自然的、真正的、正是需要更加充分合法地表白出来的东西,哪怕是在言语中能表露些痕迹和具体化些也好!

1924年

(何晓曦 译 李静 校)

午夜

啊，我有好久没有到那里去了，我对自己说，自从十九岁那年起。我曾经在俄国生活了一段时间，感到那就是自己的家，有充分的自由去我想去的地方，而且走三十俄里的路程一点儿也不困难。可是，我哪儿也没有去，一切都给耽误了。十多年的时间过去了，现在不能再拖下去了，要么现在就去，要么就永远不去了。应当利用这唯一的，也是最后的机会。而且夜已经很深了，没有人会碰到我的。

于是我沿着河上的桥走着。在七月的月夜里，周围的一切都是清晰可见的。

桥，对于我来说，是那样地熟悉，那样地亲切。确切地说，昨天我还见过它：古老而又粗糙的拱桥，好像不是用石头砌成的，而是由于时间的久远而形成的化石桥。我想，这座桥可能是建于蒙古金帐汗国的拔都统治期间。只有这座桥和教堂的残垣断壁表明了这个城市的古老。至于其他破旧的地方都带有些外省的味道。有一点是奇怪的，当我还是一个孩童，一个少年时，这座桥就有了一点变化。以前这条河是不通航的，而现在这条河肯定是拓宽和掘深了，而且还清理过了。一轮清月斜挂在我的左上空，在远处的河的上空，发出淡淡的光。月光下的河水泛起了银白色的波纹。河里的轮船也变成了银白色。轮船是空的，虽然轮船上所有的舷窗上都灯火通明，但轮船是沉默的。这些灯火就像一动不动的金色的眼睛，倒映在河水中，形成一道道金色的光柱。轮船停泊在光柱的包围之中。这样的情景只能在雅罗斯拉夫，苏伊士运河和尼罗河上才能看到。在巴黎，夜则是灰暗潮湿的。在漆黑的夜空里铺着一片雾蒙蒙的霞光。塞纳河桥下流淌着一股股黑水，桥上的路灯反射在水中的一道道光柱形成了三种颜色：白的、蓝的和红的，就像俄罗斯的国旗。而此刻，桥上的路灯全都熄灭了，因而这座桥愈显得冷漠、昏暗。站在小丘上放眼望去，城市像一座花园。花园里一片漆黑，里面矗立着一个消防瞭望所。天啊，那一刻我体验到的幸福是无法用语言表达的。在深夜大火时，我第一次亲吻了你的手。你紧握了一下我的手作为回报，我永远也忘记不了你的默许。这条街道由于人多而显得十分拥挤。那时我正在你家里做客，突然响起了警报。大家都扑向窗口查看，然后冲出了大门。远处河的对岸燃起了大火，火势异常凶猛，浓烟滚滚，红色的火焰直冲云霄。火焰就在我们的身旁跳动。米哈伊尔天使教堂的顶部一片黄铜色的光。在拥挤的、惊慌失措、四散奔逃的人群中，我闻到了你发际间、颈项上、麻布裙中发出的少女的芳香。于是我突然屏住了呼吸，紧紧地抓住了你的手……

我走上了桥那边的小丘，走到了那条通向城市的道路上。

在城里一处灯火也没有，到处是一片沉寂，没有一丝活气儿，一切都是无声的、宽阔的、平静的、忧郁的。这忧郁的俄罗斯草原之夜，这沉睡的草原之城。花园里传来了七月的夜风吹动草叶的微弱的声音。来自田野的风吹拂着我的面颊。我往前走着，满月也随我往前走着，她像一面圆圆的大镜子，穿梭在黑色的树枝之间。宽阔的马路被树影包住了。只是在右边一栋树影还没有遮住的房子上，白墙反射着月光，黑玻璃闪烁着黑色的光。我走在树影婆娑的大路上。布满斑斑亮点的大路像是铺着一条丝制的镂花地毯。她穿着晚礼服，显得那么漂亮、颀长而又苗条。这件晚礼服非常适合她，衬托出她那纤细的体态，充满青春活力的眼睛。穿着晚礼服的她是那样地高深莫测。她甚至都没有注意到我。这是在哪儿呢？在谁家里做客呢？

我的目的是到老街上走一走，看一看。我可以走一条较近的路到老街去。我之所以拐到这条花园城市中最宽阔的马路上来，无非是想看一看那所帝俄时代的中学。走近这所学校时，我又惊呆了，这里的一切依然像半个世纪以前一样：石砌的围墙，石铺的庭院，庭院里一座石建的大楼，一切都像石头那样地枯燥乏味。一如我当时在这里时一样。就在门口，我迟疑了一下，希望自己能够感到忧郁、遗憾，并能回首一下往事——我却做不到：是的，一个剃着短头发的一年级学生第一次走进这扇大门时，戴着一顶崭新的帽子，帽舌上嵌着一棵银白的小棕榈树，穿着一件镶有银色扣子的外套；后来，一个瘦弱的青年穿着灰色的夹克，一条漂亮的背带裤走出这扇大门。这难道就是我吗？

老街给我的印象远没有以前的印象深。其余的一切都没有什么变化。坎坷不平的马路上一棵树也没有。路的两旁是一些灰秃秃的商人住宅。人行道也是崎岖，披着满身的月光……夜，依然是那样迷人。时值农历八月末，整个城市散发着苹果的香味。集市上到处都是堆积成小山一样的苹果。八月的夜仍是暖和的，穿一件高加索式的衬衫就可以了……还记得某个城市，像天堂一样的这样一个夜晚吗？

我还是决定到你的房子那儿看一看。也许，你的房子还没有变样，但一看到它，会感到更加痛苦。现在一些毫不相干的人们住到这所房子里来了。你的父亲，你的母亲，你的兄弟都比年轻的你活的时间长久，但也都相继去世了。是的，我所有的亲朋好友也都逝世了。不仅仅是我的亲人们，还有我许许多多的朋友们都认为生活是没有止境的。可是我眼看着一些事情在发生、进行并且结束。一切都变化得那么地快。我在一户门户锁得紧紧的商人住宅旁的石磴上坐下来，开始回想她在那遥远时光中的模样，回想我们的那些日子：一头梳理整齐的黑发，明亮的大眼睛，微微晒黑的充满朝气的面颊，浅色的连衣裙，一个纯洁、健康而又活泼的少女……这一切都是在我们恋爱之初！我们之间只有幸福、亲密、信任、动人心弦的温柔和快乐，其余的一切仿佛都不存在了……

在温暖明亮的仲夏之夜，俄罗斯的县城没有一丝特别。多么地平和，多么地宁静啊！巡夜老人手里拿着梆子，走在月色皎洁的城市里，他对这一切都感到满意：不用提心吊胆，只管安心地睡吧，善良的人们。万能的上帝在注视着你们。老人走在晒了一整天的灼热的马路上，时而抬头看一下那明亮的夜空。偶尔，也连续地敲几下梆子，随即就发出一串颤音。于是在这样的午夜，在这么晚的时刻，在整个城市里只剩下巡夜老人一个人没有睡去的时候，在你那花草凋零的花园里，你在等待着我。我悄悄地溜进花园，轻轻地推开那早已被你预先打开的花园小门，无声而又迅捷地跑到庭院里，然后走到庭院尽头，走进草棚后面的花园里。花园里月色朦胧。在远处苹果树下的长凳上，依稀可见你那白色的连衣裙。我飞快地奔过去，惊喜地迎视着你那充满期待、脉脉含情的眼睛。

我们久久地坐着，坐着，沉浸在一种不可名状的幸福之中。我的一只手搂着你，听着你心脏的跳动；另一只手紧握着你的手，感受着你的一切。已经很晚了，连巡夜老人的梆子声都听不到了。可能，嘴里叼着烟斗的老人，此时正躺在某处的一条长凳上，在皎洁的月光下睡着了。我向右边看了看，庭院上空高悬的皎洁的月亮照耀着大地，屋顶发出鳞片状耀眼的光芒。左边，一条长满枯草的小路延伸到了苹果林。苹果林的后面，从另一座花园的背面，一颗孤独的蓝星星发出冷漠而又期待的光，仿佛在无声地倾诉着什么。

我只是匆匆地瞥了一眼庭院和那颗孤星。世界对于我只有一样东西：朦胧的月色中你那闪烁着快乐光芒的眼睛。

后来，你一直送我到花园门口，我对你说：

——如果有来生，而我们又能重逢，我将跪在地上吻你的双脚，以感谢今生你赐予我的一切。

街上的面具

我走到了宽阔的马路中央，走向自己的住宅。当我转过身回头看时，花园门口仍然闪动着白色。

现在，我从石礅上站起来，沿着刚才来的路往回走。不，除了要看一看那条老街以外，我还有另外一个目的，虽然在内心深处我不敢承认它，但我必须要完成它。于是我就走来了，来看一眼后就永远地离开。

道路仍然是那么地熟悉，来的时候是一直往前走，然后向左拐沿着市场走；这回是从市场出来沿着修道院大街一直向城门那里走去。

市场就像一座城中城，两旁散发着浓郁的芳香。在卖熟食的铺子里，遮阳棚下和长桌子上空的部分光线较暗。在小五金店铺里，过道中间的索链上挂着一幅救世主的圣像，救世主身上的衣饰已经开始生锈了。在面食店里，每天早晨总有一群鸽子飞来啄食。你到学校来看看，那里有好多的鸽子。这些吃得胖胖的鸽子在啄着食，来回地走着，像一个女人一样摇摇摆摆，偶尔还抽动一下鸽子头，似乎你不存在一样。只有当你踩到其中一只鸽子时，它们才会扇动着翅膀飞起来。到了夜里，这里又被一群硕大的灰黑色的老鼠占领，这些老鼠让人又厌恶又畏惧。

修道院大街是一条通向田野的通道。从一端可以走回家去，走回乡下去；从另一端可以通向城市的墓地。在巴黎的某一条街上，有一户人家的门前搭了两天两夜的灵棚，显得格外突出。黑色的门上镶着银条，门前摆了两天两夜的桌子上铺着一块黑布，桌上放着一张带有黑边的纸——上面寄托了客人们的哀思。在下葬之前，门口的台阶前停放着一辆灵车，灵车上罩着黑布。棺木乌黑发亮。棺罩上纵横交错地分割成一块块的形状，这象征着天上耀眼的群星；棺材的四角各镶着一簇蜷曲的黑穗子，象征着阴间鸵鸟的羽毛。灵车前套着几匹高头大马，马背上披着马披，只露出马耳朵和马眼睛。骑在高高的羊背上的老酒鬼也象征性地穿上了丧服，戴上了三角帽，等待着出殡，接下来说出一些令人大笑又显得十分庄重的话：让他们永远地安息吧，上帝，赐予他们永在的光明吧！现在却是另一番景象了。从田野里沿着修道院大街吹过一阵微风，迎着风，在一扇板上抬着一口敞着口的棺材，呈现在人们面前的是一张毫无生气的脸，额头上和紧闭着的眼皮上缠盖着五彩的绦带，她就是这样被抬走埋葬的。

在出城的地方，公路的左侧是沙皇阿列克谢·米哈伊洛维奇时代的修道院。堡垒似的城墙和城门，城门永远地封闭着。在城门和墙的后面，教堂的镀金的尖顶闪闪发光。再往前走，就是一片田野了。一些低矮的墙围成一块正方形的宽阔的园子，里面种植着一些小树。几条长长的街道，在街道两侧的老榆树、椴树和白桦树下，树立着各种各样的十字架和纪念碑。这时，门已经大开了，我看见了那条主街，平坦、宽阔、没有尽头。我小心翼翼地摘下帽子，走了进去。夜是那样地深，周围又是那样地寂静，月亮已经低低地挂在树梢上了，但目光所及之处还是清晰可见的。小树林中的空地上到处是十字架和纪念碑在月光下的投影。风在黎明时分渐渐地平息了，大树下面那些黑黑白白的斑点也不再晃动了。在小树林的远处，在墓地的教堂后面,突然有个东西闪动了一下,一个黑影飞快地向我扑来。我情不自禁地蹿到一边。我的大脑一下子就僵住了,心突突地跳了起来,仿佛要冲出我的胸膛,我惊呆了。这是怎么啦?是什么东西飞进来又躲了起来?我的心绷得紧紧的……就这样,我捧着一颗破碎的心就像捧着一只沉重的大碗一样,木然地向前挪动着。我知道应该往哪走,我一直沿着这条主街向前走,一直走到街的尽头。在离后墙还有几步远的地方,我停了下来:在我面前的一块平地上,一块狭长的孤石像一只贴靠在墙边的枕头,立在枯草丛中;墙后面不远的天空中那颗蓝色的小星星一闪一闪地发出像以前一样的光芒,但已经不是很亮洁了,也没有了生气。

(李静 译)

冷秋

那年的六月他到我们的庄园里做客——而我们早已将他看成了自家人：他已故的父亲曾是我父亲的朋友和邻居。六月十五日有人在萨拉热窝刺杀了斐迪南大公。十六日早晨邮局就送来了报纸。父亲手里拿着一份《莫斯科晚报》从办公室走进餐厅，父亲、母亲和我三个人正在厅里喝茶，父亲告诉我们：

"噢！我的朋友们，战争就要爆发了！在萨拉热窝奥匈帝国的皇储被刺杀了。这就是战争！"

在圣彼得节这一天，许多人来到了我们的庄园，这一天是父亲的命名日。在宴会上宣布了他成为我的未婚夫。但是，七月十九日德国向俄罗斯宣战了⋯⋯

九月，他到我们这里来了仅仅一天——是赴前线之前的告别。（当时我们一直认为战争很快就会结束，就将我们的婚礼推迟到了春天。）于是，我们分别的夜晚来临了。晚饭后，照例端上了茶炊。茶炊的热气不断地使窗户蒙上了一层层水蒸气，看着蒙上水蒸气的窗户，父亲感叹道：

"今年的冷秋来得真早啊！"

街上的面具

那天晚上,我们静静地坐着,只是偶尔交谈几句无关紧要的话语,都掩饰住了自己内心深处的思想和感情。显得毫无意义而又过于平静。父亲假装只是平平常常地谈论着秋天,而我走向阳台的门,用头巾擦着玻璃。花园里,明亮冰冷的星星在黑沉沉的夜空中刺眼地闪烁着。父亲靠在椅子上,吸着烟,漫不经心地看着桌子上方悬挂着的炽热的电灯。母亲戴着眼镜,在灯光下用心地缝制着小丝袋子——我们都明白这是一种什么样的小袋子。所有的这一切都是那样地动人和感伤。这时父亲开口了:

"你还是打算明天一早就走,而不是后天走?"

"是的,如果允许的话,明天一早就走。"他回答道,"我也很难过,但是我还没有完全安排好家里的事。"

父亲轻轻叹了口气,接着说:

"好吧,亲爱的,就照你想的去做吧!我和你们的母亲该去睡了,明天我们一定要送你……"

母亲也站起身,在胸前划十字为未来的儿子祝福。他俯身亲吻了母亲的手,然后又亲吻了父亲的手。只有我们两人留了下来。在餐厅里坐了一会儿,我突然想起了摆纸牌,而他却默默地从一个角落到另一个角落走来走去,然后对我说:

"你不想出去走走吗?"

我心里变得愈加沉重,漠然地答道:

"好吧……"

在前厅里穿衣服时,他继续在想着什么,脸上带着迷人的微笑,朗诵起了费特的诗:

多么寒冷的秋天啊!
穿上你的连衣裙,披上你的披肩……

"那种宽大的连衣裙已经没有了。"我说,"然后呢?"
"记不清了,好像是这样的——"

看——在发黑的松树丛间
仿佛燃起了大火……

"怎样的大火?"
"当然是月亮升起来了。在这首诗里描写了农村秋色的迷人景色:'穿上你的连衣裙,披上你的披肩……'那是我们祖父祖母的年代。噢,天哪!我的上帝啊!"
"你怎么了?"
"没什么,亲爱的朋友,只是有点伤感,但感觉非常好,我非常地爱你……"

穿好衣服,我们穿过餐厅来到阳台,一起走进了花园。最初,外面一片漆黑,我紧紧拉着他的袖子。渐渐地,在亮起来的夜空中显露出乌黑的、缀满繁星的枯枝。他站了一会儿,然后转向我们的房子:

"看,多么特别,连房子的玻璃窗都按照秋天的方式射着光。如果我能活下来,一定会永远记住这个夜晚……"

我看了他一眼,而他拥抱了披着瑞士披肩的我。接着我拉开毛茸茸的围巾，露出脸蛋，略微偏了偏头，希望他能吻我一下。他吻了我，然后凝视着我。

"你的眼睛是多么地明亮，"他说，"你不冷吗？这里已经完全是冬天的气候了。如果我阵亡了，你不会很快将我忘记吧？"

那时，我突然想到："如果他真的突然阵亡了，难道我会在某一短暂的时期内记住他吗？要知道最终一切都会被忘记的。"我自己被这种想法吓了一跳，匆忙回答：

"别这样说，我经受不住你的死亡！"

他沉默了片刻，慢慢地说：

"如果我阵亡了，我将在那里等你。你要快乐地活在这个世界上，然后再来找我。"

我伤心地哭了起来……

第二天早晨，他走了。母亲将昨晚缝制的护身符挂在他的脖子上（护身符里装着金色的神像，母亲的父亲和祖父都曾在战场上戴过这枚神像）。我们带着阵阵绝望的感觉划着十字为他祝福。看着他的背影，我们站在台阶上，呆若木鸡。当你送某一个亲人踏上遥远的征途并将长久分手时，往往会有这种感觉的。我们感觉到自己和周围欢快的、阳光明媚的、草地上闪耀着露珠的清晨是多么令人惊异地难以相容。站了不久，我们回到了空荡荡的房间。我背着手，在各个房间里走来走去，真不知道自己现在该做些什么！是号啕大哭还是放声歌唱……

他阵亡了——多么可怕的字眼，一个月后他在戈里茨阵亡了。至今已经整整三十年了。这三十年来许许多多的事情都经受过了。但是当你认认真真地回想起这些年，当你在记忆中搜寻一些神奇莫测的、心灵与智慧都难以领会的、被称之为往事的东西，你会觉得这些年是多么地漫长。一九一八年的春天，当时父母亲已经不在人世了。我住在莫斯科，住在斯摩棱斯克市场的一个女商贩的地下室里。这个女商贩不时地嘲弄我："噢，尊贵的公爵夫人，您过得怎么样！"我也做起了生意，像许多人一样，向戴着毛皮帽、穿着敞开的军大衣的士兵们出售一些我身边所剩下的东西——有时是一枚小戒指，有时是一枚小十字架，有时是被蛾子咬出洞的毛皮领子。有一天，我在阿尔巴特街集市的角落里卖东西时，遇到了一位难得的好心人，这是一位上了年纪的退伍军人。此后不久我就嫁给了他，四月份和他一起到了叶卡捷琳娜城。同去的还有他的侄子，他是一个十七岁的小伙子，曾经参加过不到两个星期的志愿军。我成了穿着草鞋的村妇，丈夫穿着磨损的哈萨克无领上衣，蓄着斑白的大胡子。我们在顿河和库班河岸住了两年多。在政治上风云突变的那年冬天，我们和不计其数的难民从诺沃罗斯克逃到了土耳其。我们从陆路、海上不停地奔波。途中，我的丈夫死于伤寒。从此以后，在这个世界上我身边仅仅剩下了三个亲人：丈夫的侄子和他年轻的妻子，以及他们年仅七个月的小女儿。但是没过多久，侄子和他的妻子乘船去了克里木，而后又到了兰格尔附近，把孩子留给我抚养。他们一去就杳无音信。我仍然在伊斯坦布尔住了很长一段时间，靠着做笨重的粗活来维持我和小女孩的生活。此后，和许多人一样，我和她东奔西跑、到处奔波，哪儿没去过呢！保加利亚、塞尔维亚、捷克、比利时、巴黎、尼斯……小女孩早已经长大成人，她留在了巴黎，成了一个地地道道的讨人喜欢的法国女人了，而对我全然漠不关心。她在马德雷附近的巧克力商店工作，拥有一双保养得很好的巧手，指甲闪着银色的光彩。她用这双巧手把盒子包进缎子一样光滑的纸中，然后再用金色的细绳将盒子扎起来。而我却依然住在尼斯，有什么就用什么地勉强度日子。我第一次来到尼斯是在一九一二年——在那幸福的日子里，我怎么能够想到，这座城市对我意味着什么呢！

就这样，我经受了丈夫的死亡。我曾经冒失地说过，我经受不住。但是，每当回想起他死后我所经历的一切，总是不断地问自己：我的生活中还有什么呢？于是回答自己：只有那个寒冷的秋夜。难道曾经有过这么美好的夜晚吗？是的，有过。这就是我生命中的一切。其余的只是毫无意义的梦幻。我相信，真诚地相信，他正在某个地方等着我——依然带着那样的爱，依然带着那青春的活力，就像那个晚上一样。"你要快乐地活在这个世界上，然后再来找我……"我快乐地活了，高高兴兴地活了，现在，快要去找他了。

（李静 译）

安德列耶夫

取自一个永远没有结尾的故事

被惴惴不安的情绪困扰了一天的我已疲惫不堪,和衣躺在床上昏昏睡去。突然,妻子把我叫醒。她手里的蜡烛在颤抖。黑暗中,我觉得她像太阳一般明亮。隔着一层烛光,只见她那苍白的下巴也在颤抖,两只陌生的又大又黑的眼睛一眨也不眨。

"你知道吗,"她说,"你知道吗,我们这条街上正在筑街垒。"

周围静悄悄的,我们彼此直视着对方陌生的眼睛。我觉得自己的脸在渐渐发白。生命离开了一会儿,现在又回来了,连同那颗怦怦跳动的心。烛光在摇曳,火焰不大,也不太亮,可是尖尖的,像一柄弯弯的剑。

"你害怕吗?"我问。

苍白的下巴猝然一抖,可是两只眼睛依然一眨不眨地盯着我。直到现在我才发现,这双眼睛是多么陌生,多么可怕。这双眼睛我已经看了十年,熟悉它们胜过自己的眼睛。现在这双眼睛流露出一种新的难以名状的表情。我本来想把这表情称为自豪，可是不确切，这是另一种新的、从未见过的表情。我握住她的手：那手冰凉冰凉。她紧紧地握住我的手作为回答，那动作也有一种新的、我所不熟悉的内涵。她还从来没有这样握过我的手。

"早就开始了？"我问。

"已经快一个小时了。弟弟也走了。他大约怕你阻拦他，是偷偷走的。不过被我看到了。"

看来这是真的：它果然来临了。我起来漱洗，不知为什么我像早晨上班前那样洗了好久，妻子为我掌灯。然后我们吹灭蜡烛，走近临街的窗口。时值春天，五月，敞开的窗户里涌进一股清新的空气。这样清新的空气在这座古老的城市里还从未有过。工厂和铁路已经停工多日，没有煤烟的空气里洋溢着田野和花园的芳香，也许还有晨露的气息。我不知道远郊的春夜里空气会如此沁人肺腑。没有一盏路灯，没有一辆马车，一望无际的城市上空没有一丝喧嚣，——如果闭上眼睛，你真的会以为置身在乡间。你听，一条狗在吠叫！我从来没有听到过城里的狗吠，禁不住幸福得笑了起来。

"你听——狗在叫！……"

妻子拥抱我，说：

"他们在拐角那儿。"

我们从窗台上探身向那儿望去，只见朦胧的远处有人影晃动。分不清具体的人，只有隐隐约约的动作。不知在砸什么，修什么。有人像捉摸不定的影子在移动。突然，响起了斧子或榔头的声音。这声音是那么清脆、欢快，——仿佛在森林里伐木，在河边修船或筑坝。我预感到将参与欢快、和谐的劳作，便紧紧搂住了妻子，而她却望着屋顶上空那弯低垂的月牙。那月牙犹如一位充满了幻想然而又羞于向别人吐露真情的姑娘，十分娇嫩，十分可笑，它发出亮光也仅仅为了照耀自己。

"待到月圆的时候……"

"别说了！别说了！"妻子怀着一种我无法理解的惊恐打断我说，"不要提将来的事。何必呢？这种事就怕说出来。咱们上这儿来吧！"

房间里很黑，我们看不见对方的脸，可是都想着同样的心事，因此好久没有说话。我开口说话的时候，只觉得这话出自别人之口：我并不害怕，可是这声音嘶哑，仿佛嗓子干得难以发出声音。

"这是为什么？"

"那么他们怎么办？"

"你可以跟他们在一起，他们需要母亲，可我不行。"

"我能行吗？"

我知道她在原地没有动弹，可我感到她已经离我而去，走得很远很远。我感到浑身冰凉，便伸出双手去拥抱她，可她把我的手推开了。

"这是百年不遇的盛大节日，而你却打算让我失去这个机会。为什么？"她说。

"你会被打死的。那样的话孩子们也就完了。"

"命运会对他们仁慈的。退一步说，即使他们死了……"

这话居然出自她，我妻子，跟我共同生活了十年的女人之口！昨天，她把孩子看作自己的命根子，为他们担惊受怕；昨天，她还怀着恐惧的心情在琢磨未来的可怕征兆——她究竟怎么啦？昨天——昨天发生的事我全忘了。

"你想跟我一起去吗？"

"别生气！"她以为我在生气，"别生气！今天他们在街头干起来的时候，当时你睡着了。我明白了，突然明白了：丈夫孩子无非就这么回事，这些都是暂时的。我爱你，很爱你。"她抓住我的手，又用那种新的陌生的方式紧紧握住，"你听到他们在敲打吗？随着他们的敲打声，仿佛一道道墙壁的倒塌——天地变得那么广阔，那么宽畅，那么自由！现在是黑夜，而我觉得阳光灿烂。我已经三十岁，老了，可我觉得自己才十七岁，像初恋那样爱着什么人，这爱是那么深厚，那么博大！"

"夜色多美啊！"我说，"仿佛这城市根本不存在。真的，我也忘记了自己的年龄。"

"他们敲打的声音就像一首乐曲，像一支我向往了一辈子的歌。我不知道自己热恋的是谁，可我爱得简直要放声大笑，纵情大笑，引吭高歌。我内心舒畅极了，自在极了——你千万别剥夺我的这份幸福。你就让我跟那些现在在那儿干活、勇敢地召唤着未来、即使进了棺材还要唤醒往事的人一起去死吧！"

"时间消失了。"

"是你在说话吗？"

"时间消失了。你是谁？从前我不了解你。你是人吗？"

她格格地笑了起来,像一位十七岁的妙龄少女。

"是啊,我原来也不了解这一点。你也是人吗?人是多么奇怪和美好!"

我描写的这件事情早已成为过去,即使那些在灰色的生活中昏睡不醒的人,连他们也绝不会相信我的话:在那些日子里时间消失了。太阳升起又落下,时钟不停地转动,可时间却消失了。那些日子里还发生了许多奇妙而伟大的事件,那些在灰色的生活中昏睡并且至死不醒的人绝不会相信我的话。

"该走了。"我说。

"等一等,我给你搞点吃的,今天你什么也没有吃过。你看我都安排好了,我明天走。我送走了孩子就来找你。"

"同志。"我说。

"是的,同志。"

田野的气息,寂静,偶尔还有清脆、欢快的斧子声,一齐涌进洞开的窗户,而我坐在桌子旁观察、谛听,一切是那么新鲜和神秘,我真想放声大笑。我望着墙壁,墙壁变成透明的了。我似乎一眼就识破了永恒,看到墙壁在我面前轰然倒塌,于是只剩下我孤零零的一个人。一切将会消失,而我却永世长存。在我眼里,一切都显得奇怪、可笑、不真实:桌子,食物,我身外的一切。所有的东西都是透明的,轻飘飘的,不真实的,故意存在的,暂时的。

"你为什么不吃呀!"

"面包——这东西真奇怪。"

她看了看面包,那片又干又硬的面包,不知为什么脸色变得忧伤起来。她依然目不转睛地望着面包,两手轻轻地整理围裙,然后微微地把脑袋转向孩子们睡觉的那一边。

"你舍不得他们吧?"我问。

她摇摇头,还是没有把目光从面包上移开。

"不,我在想生活中的往事,以前发生的事情。这一切真是无法理解!"她惊讶地、大梦初醒似的打量着房间,"一切是那么不可理解。我们居然在这儿住过。"

"你曾经是我的妻子。"

"而那儿是我们的孩子。"

"你父亲就是在隔壁死去的。"

"是的。他死了,再也没有醒过来。"

最小的女儿梦见了什么可怕的东西,吓得哭了起来。在四面幽灵般的墙壁中间,在下面筑街垒的当口,这声极为平常、纠缠不休的孩子的喊叫显得十分奇怪。

她哭着要求满足自己的愿望——要求得到抚爱和能够安慰她的可笑的话语和允诺。

"你走吧!"妻子低声说道。

"我真想亲吻他们。"

"我怕你会吵醒他们。"

"不,没关系。"

原来大儿子没有睡着,他什么都听到了,什么都明白。他才九岁,可是什么都懂——他用非常深沉、严肃的目光迎接我。

"你把猎枪带走吗?"他用老练、严肃的语气问。

"带走。"

"枪藏在炉子下面吗?"

"你怎么知道的?过来,你吻我一下。你会记得我吗?"

他从床上一跃而起,身上只穿一件又短又小的衬衫,因为刚从被窝里出来,浑身热乎乎的。他紧紧搂住我的脖子。他的两只胳臂也热乎乎的,非常温柔和娇嫩。我撩起他后脑勺上的头发,吻了吻他那热乎乎的细小的脖子。

"你会被打死吗?"他凑到我耳边轻轻地问。

"不会。我一定会回来的。"

为什么他没有哭?平时我离开家他有时候也会哭的,——难道这件事对他也有触动吗?谁知道呢——在那些伟大的日子里发生过许多奇迹般的事情!

我看了看墙壁、面包、摇曳的烛光,然后握住妻子的手。

"好吧,再见。"

"是的,再见。"

仅此而已。我走了,楼梯上黑咕隆咚的,散发着垃圾的陈腐味;在四周的石墙和黑暗包围中,我摸索着寻找一级级台阶,这时候我凭着一种巨大的、欢快的、包罗万象的感觉体会到一种新的、陌生的、欢快的东西——我正迎着它走去。

1907 年

(徐振亚 译)

在地下室里

一

他因为酗酒过度，失去了工作，失去了亲戚和朋友，一个人搬到了地下室里，与小偷和娼妓们住在一起，靠变卖身边的最后一点东西糊口度日。

劳累的工作，强烈的内心痛苦，伏特加酒，使他的身体非常虚弱，全身没有一丝血色。死神就像一只在大白天、太阳升起时就闭目养神，一到夜里就凶相毕露、目光炯炯的灰色猛禽，死死地等候着他。白天，死神藏在黑暗的角落里。深夜，它就悄无声息地钻出来，坐在他的床头，久久地坐着，静静地坐着，耐心地、顽强地坐着，一直等到天亮。当东方刚刚出现鱼肚白时，他就从被子下边探出了头，脸色苍白、双眼无神，就像受了伤的野兽。房间里空无一人，——但是他却不像其他人那样相信这骗人的空荡。他怀疑地四处张望着各个角落，机警地朝背后瞥了一眼，然后才用手臂支撑起身子，仔细地、久久地凝视着渐渐消失的黑夜。就在这时，他看见了别人从来没有见过的东西：一个灰色的庞然大物在那里摇晃着，令人毛骨悚然。这个大家伙是个透明的物体，笼罩了整个房间。它体内的一切东西仿佛只隔着一层玻璃墙，一览无余。可是现在他并不害怕这个家伙，因为它正在离去，留下了冰冷的痕迹。它就要走了，要到下一个夜晚才回来呢。

他又迷迷糊糊地睡了一小会儿，做的梦荒诞又可怕：他梦见了一间白屋子，雪白的地板，雪白的墙壁，一道刺眼的白光把屋子照得青白雪亮。一条黑色的蛇从门缝里游了进来，一边游动，一边沙沙作响，好像在窃笑。蛇把又尖又扁的头贴靠在地板上，弯曲扭动着身子，像条黑影般地闪过，不知钻到哪儿去了。一会儿，又从门缝中露出了扁平的黑鼻子，身体像条黑带子铺展在地上。就这样时隐时现，时隐时现，一次又一次。有一回，他在梦中梦见了一件非常开心的事，就笑了起来，那笑声很古怪、荒诞，就像被压抑的号啕，听起来令人心惊肉跳、毛骨悚然。听着就好像在人的体内深处的某个地方有什么东西在笑，又像是人已经死了，躯壳不能动弹，可是灵魂还在活着，还在哭泣，叫人听了好不恐怖。

他渐渐地醒了，听见了白天的声音：过路人嘶哑的说话声，远处的开门声，看院人用扫帚从窗台上往下扫雪的沙沙声，——总之，他听到了大城市早晨醒来的一切嘈杂声。这时，他最害怕的事也随之降临了：他无情地、清楚地意识到，新的一天来到了，自己马上就得起床去为生活而奋斗，为一种毫无胜利希望的生活去奋斗。

应该活下去。

街上的面具

他翻转过身，后背朝着亮光，抓过被子蒙住了头，不让一丝哪怕是非常微弱的光线射进眼睛里。他把整个身体缩成一小团，双腿顶住了下巴。就这样一动不动地躺着，不敢把腿伸直。为了抵挡地下室里的潮寒，他把衣服像整座小山似的堆在自己的身上，但他并没有感到沉重，整个身体依然冰凉。每听到一声谈论生活的声音，他就觉得自己太大了，太暴露了，于是就把身体缩得更小，默默地呻吟着，不是用嗓音呻吟，也不是用思维呻吟，——因为此时此刻，他害怕自己的声音，害怕自己的思想。他向某人祈求着，希望白天不要降临，他可以永远躺在一堆破布下，既不动弹，也不思想，用自己的全部意志阻挡住白天的到来，使自己相信，黑暗还将继续。这时他最希望的事情是，有人从背后用手枪抵住他的后脑勺，对准凹进去的地方，朝他开一枪。

可白天还是来临了，——它是那样铺天盖地、不可遏止。它不容分说地召唤人们去生活。整个世界开始动起来了，人们开始说话，开始工作，开始思考。在地下室里，第一个醒来的是女房东玛特莲娜老太太。她是个老太婆了，却有个二十五岁的情夫。她开始在厨房里走来走去，又在希日尼亚科夫的房门口忙活着什么，把木桶敲得叮当响。希日尼亚科夫感觉到她就近在咫尺，于是就屏住呼吸，决定如果她喊他的话，就不理睬她。然而她并没有喊他，一声不响地走开了。又过了两个小时，另外两个房客也醒来了：一个是妓女冬妮娅莎，另一个是老太婆的情夫阿勃拉姆·彼得罗维奇。虽然阿勃拉姆·彼得罗维奇还很年轻，但大家都这样尊称他，因为他是个勇敢、机智的小偷。此外还干些什么，人们只是猜测，谁也没有说出来。希日尼亚科夫最怕这两个人醒来，因为这两个人在他身上可以行使一切权力。他们能够随意走进他的屋子，坐在他的床上，用手捅他，唤起他的思维并同他随意谈话。有一回他喝醉了酒，不知怎么同冬妮娅莎好上了，还答应要娶她为妻。虽然她当时只是笑了笑，还拍了拍他的肩膀，但是她确实是信以为真，认为他爱上了她，并处处庇护着他。这个冬妮娅莎本人是个愚蠢、邋遢的脏姑娘，一身的臭味儿，常常被抓到警察局去过夜。而阿勃拉姆·彼得罗维奇呢？他三天前还同他在一起喝酒，互相拥抱，亲吻，并发誓一生结为挚友。

当门口响起了阿勃拉姆·彼得罗维奇的爽朗的、大声的讲话声和他那飞快的脚步声时，希日尼亚科夫骇怕得呆住了。他等待着，低声呻吟着，忍不住声了……更加害怕起来。他眼前浮现出一幅清晰的画面，画面上是他们一起喝酒的情景：两人坐在一家黑暗狭小的小酒馆里，堂中只有一盏半明半暗的灯，四周昏昏暗暗。黑压压的顾客们不知为什么都在低声交谈着。阿勃拉姆·彼得罗维奇的脸色苍白而激动，抱怨着做小偷的艰难，并且不知出于什么目的，伸出了一只手，让他摸摸那支没有接合好的断臂骨。希日尼亚科夫吻了吻他，说道：

"我喜欢小偷。他们都是勇敢的人。"说着，他举杯邀对方挽臂干杯，从此视如手足，虽然他们之间早已用"你"来称呼了。

"我也喜欢你，你是受过教育的文化人，又体谅理解干我们这一行的哥儿们。"阿勃拉姆·彼得罗维奇回答道，"噢，你看看吧，这是我的手，看看这是什么样的手啊？！"

这只白白的手又伸在他的眼前，这手由于苍白显得格外令人怜悯。希日尼亚科夫当时好像顿有所悟，悟出了什么，他现在是想不起来了。他吻了这只手……而当时阿勃拉姆·彼得罗维奇自豪地喊道：

"这就对了，我的兄弟！我们宁愿去死，也决不屈服！"

然后他就觉得混混沌沌地盘旋起来：眼前是人声、哨声和来回晃动的灯苗。当时，这是愉快的事情。可现在，死神躲进了角落里，白天，阳光从四面八方涌来，你不得不生活，不得不行动，不得不为某一目标而奋斗，不得不做某些事情，——这多么令人痛苦和无可名状地害怕。

"你还在睡吗？老爷。"阿勃拉姆·彼得罗维奇在门口开玩笑地问道。不等回答，就又加了一句："好吧，你睡吧，睡个够。"

经常有很多的熟人到阿勃拉姆·彼得罗维奇这里来。大门整天嘎吱嘎吱地响个不停，还杂夹着低沉的说话声。每一次敲门声对于希日尼亚科夫来说都是可怕的，他总是觉得人们是来找他，并且要把他带走。他就越发把自己深深地藏进被窝里，久久地凝视谛听着，是谁在说话，直到听清楚为止。他等着，全身上下战栗地等着，痛苦万分地等着，尽管在这个世界上没有任何人找他，也没有把他带走。

很久以前的什么时候，他有过一个妻子，但是她死了。更久以前，他还有过兄弟姐妹。比这全都更早更早之前，他还有过一个记忆里模糊不清的、非常美丽的、他称之为母亲的人。现在,他们都去世了。或许,他们之间有人还活着,但也消失在这茫茫世界中,如同死去了一样。他自己也很快就要死了,——他本人清楚地知道这一点。今天,他要是从卧床上站起来的话,他的两脚会哆哆嗦嗦地站立不住,双手也会不听使唤,尽做一些奇怪的动作,——这就是死亡。但是,在死亡到来之前,还得生活,这对于一个身无分文,且丧失了健康和意志的人来说是一项多么难以胜任的任务啊。所以,希日尼亚科夫完全陷入了一种绝望之中。他掀起了盖在身上的被子,双手向后直伸,对着空荡荡的房间发出了久久的呻吟,这呻吟就好像是透过数千个受折磨的胸膛同时迸发出来的,听起来充满了难以容忍的、已经达到了极限的万般痛苦。

"开开门,魔鬼!"冬妮娅莎在外面一边叫,一边用拳头擂着门,"不然的话,我会把门砸烂的!"

希日尼亚科夫哆嗦摇晃着身子踱到门口,打开了门,然后迅速退回去,几乎是摔倒似的倒在了床上。冬妮娅莎已经梳好了头,搽了粉,她和他并排坐了下去,紧紧挨着他,把他挤到了墙上。她跷起了二郎腿,郑重且又煞有介事地说:

"我给你带来了一条新闻,卡佳昨天把灵魂交给了上帝。"

"哪一个卡佳?"希日尼亚科夫问道。他的舌头转得很笨重,已经不听使唤,就好像是别人的舌头。

"看你,真是的,忘了?"冬妮娅莎笑了,"就是在我们这里住过的那个卡佳呀。她离开我们这儿刚刚一个星期,你怎么就忘了呢?"

"她死啦?"

"对呀,她死啦。就像人人都要死一样。"

冬妮娅莎伸出一个短短的手指头,蘸了蘸唾沫,擦掉了睫毛上的香粉。

"她为什么死了呢?"

"为什么?大家为什么都要死呢?谁知道她为什么要死。我是昨天在咖啡馆里才听说的。人家告诉我说,卡佳死了。"

"她生前你喜欢她吗?"

"当然啦,这还用问吗!"

冬妮娅莎瞪着那双愚蠢的眼睛呆呆地、淡漠地望着希日尼亚科夫,一条肥胖的腿不停地摇晃着。她不知道该说些什么是好,竭力地用含情的目光看着这个躺着的人,以表示自己对他的爱情。为此,她微微地眯起一只眼,翘起了厚厚的双唇。

白天到来了。

二

这一天是个星期六。天气异常寒冷。中学都停课了,原定的赛马也延期了,否则会把马匹冻坏的。娜塔丽雅·弗拉季米洛芙娜从产院里走了出来。首先,她感到非常高兴,因为天已经黑了,滨河街上已经没有行人,谁也不会碰到她,谁也不会看见她这个还没有出嫁的姑娘手里竟抱着个出生才六天的婴儿。她想着,只要她刚一跨进门槛,一大帮人,其中还包括自己的父亲,一个流着口水、患有麻痹症、几乎完全失明的人,还有她认识的那些大学生们,军官和小姐们……一大群人会蜂拥而至，他们会对着她大叫大嚷地起哄。他们会用手指指着她大喊：看哪，就是这个姑娘，就是这个才刚刚念完了中学六年级，认识很多聪明、高尚的大学生，平常听到粗话就脸红的姑娘，——就是她，六天前竟像别的那些堕落的女人一样，在产院里生了个孩子。

但是这滨河街上空无一人。只有那彻骨的寒风沿街呼呼地吹着，把灰色的，因为冰冻而变得像针一样刺人的积雪飞尘般地卷到半空，淹没了大道上的一切有灵和无灵之物。冷风轻微地忽哨着，围着栅栏上的一根根铁杆盘旋。这些金属铁杆就像磨擦过一样发着寒光，看上去又冷又孤独，叫人心里发疼。姑娘感到自己也像这些金属铁杆一样地寒冷，一样地脱离了人群和生活。她身上穿着一件短棉袄，这件棉袄是她平时滑雪时穿的。这次当她感觉到临产的阵痛后离家时自己匆忙披到了身上。冷风迎面吹来，把她那薄薄的连衣裙吹得紧紧裹着腿，吹得她头疼。她害怕自己被冻坏。于是对那一大群人的恐惧消失了。展现在眼前的是一片无边无际的、冰天雪地的荒原，没有人烟，没有光亮，没有温暖。两行热泪夺眶而出，顿时变成了冰柱。她低下了头，把脸庞凑到了怀里抱着的那个不圆不方的小布包上，擦拭了眼泪，飞快地向前走去。现在，她既不爱自己，也不爱这个婴儿了，她觉得自己和这孩子的生命都是无关紧要的。但是，有一句话却顽强地推动着她向前奔去，那句话仿佛不是印在她的脑海中，而是跑在她的前面，大声召唤着她：

"涅姆契诺夫斯卡娅大街，拐角上的第二幢房子。涅姆契诺夫斯卡娅大街，拐角上的第二幢房子。"

六天来，她躺在床上给婴儿喂奶的时候，一直牢牢地记住这句话。这句话意味着，她应该到涅姆契诺夫斯卡娅大街去，那里住着她的一奶同胞的姐姐——一个妓女。因为现在除了这个姐姐以外，在其他任何人那里她都无法为自己和她的孩子找到栖身之处。一年前，那时一切还很好，她经常是又笑又唱的，她曾去看望过患了病的卡佳，并且用钱帮助过她。现在，这个卡佳成了她唯一的一个可以去投靠，且又无须害羞的人了。

"涅姆契诺夫斯卡娅大街，拐角上的第二幢房子。涅姆契诺夫斯卡娅大街，拐角上的第二幢房子。"

她走着，风在她周围狠狠地翻卷着。当她上了桥，那风居然凶狠地直扑她的胸膛，用铁爪抓她那冰冷的脸庞。风胜利了，呼啸着顺桥而下，在积满了冰雪的河面上盘旋，盘旋……然后又腾空而起，展开颤抖的、冰冷的双翼，把道路遮掩住了。娜塔丽雅·弗拉季米洛芙娜停住了脚步，无力地靠在了桥栏杆上。桥下面有一只黑魆魆的死灰色眼睛一动不动地从下面朝上深邃地直盯着她，——这是一个冰窟窿——这目光神秘而又可怕。耳边又响起了那句话，顽强地呼唤着她继续前行：

"涅姆契诺夫斯卡娅大街，拐角上的第二幢房子。涅姆契诺夫斯卡娅大街，拐角上的第二幢房子。"

希日尼亚科夫虽然已经穿好了衣服，却又重新躺到了床上。用暖和的大衣一直裹到眼睛。这件大衣是他身边所留下来的唯一的东西了。房间里非常冷,墙角上都结了冰。他是蜷缩在羊羔皮的大衣领里呼吸的,所以感觉到特别的暖和和舒适。他整天都在欺骗着自己,说明天一定去找工作,还要去求什么人。而眼下他却幸福消停地什么也不想,只是一听到墙外有人说话或者什么地方砰的一声关上门才浑身颤抖一下。他就这样幸福地躺了很久。后来,有人敲响了大门,敲门声时轻时重,很不规则,胆怯、慌乱、急促和迫不及待,好像是用手背在敲打。他住的那个房间紧靠着大门,因此他侧过头,竖起耳朵听时,就能清清楚楚地分辨出大门口发生的事情。玛特莲娜走过去打开了大门,进来一个人,随即大门就闭上了。接着就是一片令人难以忍受的沉默。

"您找谁?"玛特莲娜嘶哑着嗓子,不友好地问道。接下来是一个陌生的、轻微的、变了调的声音胆怯地回答:

"我找卡佳·涅恰耶娃。卡佳·涅恰耶娃是在这儿住吗?"

"她在这儿住过。你找她干什么?"

"我找她有要紧的事。怎么,她不在家吗?"声音里充满了恐慌。

"卡佳死啦。我跟您说呀,卡佳死啦,是死在医院里的。"

又是一阵长久的沉默,长久的沉默……沉默得这么久,以致希日尼亚科夫的脖子都伸得发疼了,因为只要外面沉默,他就不敢把脖子缩回来。又是沉默良久。后来,那个陌生的声音轻微地、毫无表情地说:

"那我就告辞了。"

但是,显然,她并没有走开。因为过了大约一分钟,玛特莲娜又问道：

"你手里拿的是什么？是不是给卡佳带来的什么东西？"

像是有人扑通跪在地上，因为响起了膝盖着地的声音。就听那陌生的声音一边急切地说着，一边忍不住地号啕大哭起来：

"您收下吧，收下吧，看在上帝的分儿上，您就收下吧！我……我这就走。"

"这是什么呀？"

接着，又是一阵长久的沉默和轻微的哭泣声，一种断断续续的、绝望的哭泣声。在这哭声中饱含着死一般的疲惫和无法挽回的绝望。就仿佛有一个倦怠无力的人虚弱地拨弄了一件名贵乐器上的最后一根琴弦，这根弦线如果断了，——那么这温柔和哀伤的乐音也就永远地消失了。

"哎呀，您差一点儿没有把他闷死呀！"玛特莲娜粗暴且又生气地大叫道，"瞧，你也配生孩子！难道能这样包吗？有谁是这样包孩子的！快跟我来吧，好了，好了。我说，我们走吧。难道能这样包孩子，真是的！"

大门外一片寂静。希日尼亚科夫又细听了一会儿，就高兴地躺下了。他高兴了，因为人不是到他这儿来的，不是来找他的，他也不想猜测刚才发生了什么事。他弄不清，也不想弄清楚刚才发生的事。他已经开始感觉到夜幕降临了，他希望，指望着有人把灯开亮些。宁静已经逝去，他咬紧牙关，竭力克制着不去思考：过去的一切都是肮脏的、堕落的和可怕的。——这种可怕与恐惧还要延续到将来。他开始逐渐地缩紧了身子，想把自己的双手和双脚藏起来。此时冬妮娅莎走了进来,她已经穿戴整齐,她穿着只有出门时才穿的大红短上衣,带着几分醉意。她神气活现地坐在床沿上,拍了拍两只又短又小的小手:

"哎呀,你这个人呀,我的上帝!"她摇晃着脑袋笑了起来,"带来了一个孩子,才这么一点点,而哭起来,却像个警官。上帝啊,真是像个警官。"

她一边傻里傻气地骂着,一边风骚地用手指弹着希日尼亚科夫的鼻子。

"我们去看看吧。我的上帝,我们为什么不去呢?我们去看一看吧,大家都在那里呢。玛特莲娜已经烧好了水,想给孩子洗个澡。阿勃拉姆·彼得罗维奇也在那里跑来跑去忙着,踩得靴子直响——真好玩!而这个孩子还是一个劲儿地哭:哇,哇……"

冬妮娅莎学着做了一个她想象的小孩子哭的模样,又一次尖着嗓子学着婴儿的哭声:

"哇!哇!完全像个警官。上帝,我们走吧。你不想去吗?——随你的便吧!你真像冻僵的苹果,在这儿烂掉好了。"

说完,她像走舞步似的走了出去。半小时以后,双腿软弱的希日尼亚科夫摇摇晃晃地踱到厨房门口,用手抓住门框,犹豫不决地打开了厨房的门。

"快关门,别冻坏孩子!"阿勃拉姆·彼得罗维奇叫了一声。

希日尼亚科夫进门后迅速把门关上了。他愧疚地看了看四周，发现谁也没有注意到他，这才放下心来。厨房里生着火炉，燃着茶炊，人声喧闹，很是暖和。一团团升起的热气沿着冰冷的墙壁向上爬着。玛特莲娜一脸的严肃和严厉，正在木盆子里给婴儿洗着澡，她用布满了青筋的手往孩子身上泼着水，口里念念有词地说：

"小宝贝儿！小宝贝儿！洗了澡又白又干净。"

不知是因为厨房里又快乐又明亮，还是因为温暖惬意的水使孩子舒服了，小孩停止了哭声，红扑扑的小脸蛋皱了起来，好像是要打喷嚏。冬妮娅莎越过玛特莲娜的肩膀望着澡盆，抽冷子迅速地用三个指头把水泼到小孩身上。

"你走开！"老太婆生气地喊道，"谁让你来伸手？没有你大家也都知道该干什么，我也有过自己的孩子。"

"是啊，不要捣乱了。"阿勃拉姆·彼得罗维奇也应和着说，"搞小婴儿是件细心的事，要内行才行。"

他坐在桌子上，自豪且又满意地欣赏着婴儿那玫瑰花似的小身体。婴儿一弯一曲动着小手指。冬妮娅莎高兴得都快疯了，摇着头哈哈大笑起来。

"完全像个警官啊，我的上帝！"

"你见过在木盆里洗澡的警官？"阿勃拉姆·彼得罗维奇问着她。

大家全都大笑起来，希日尼亚科夫也笑了。但他立刻就惊慌而痛苦地收敛了脸上的笑容。他看了一眼孩子的母亲。母亲疲惫不堪地坐在长条凳上，朝后仰着头，一双因受尽了折磨和痛苦而变得又黑又大的眼睛里闪出了安详的光泽。惨白的嘴唇

上挂着一丝做了母亲的自豪的微笑。看到这一切,希日尼亚科夫也出声地笑了。此时,别人已停止了笑声,只有他一个人在哈哈大笑:

"嘿……嘿……嘿……"

他也同样自豪地环视着四周。玛特莲娜从澡盆里抱起婴儿用床单把他裹了起来。小孩声音洪亮地大哭了几声,马上就安静了。玛特莲娜打开床单,腼腆地笑着说:

"瞧这小身子,柔滑得像天鹅绒啊。"

"让我摸摸行吗?"冬妮娅莎央求道。

"你要干什么?想得美。"

冬妮娅莎突然抖动着全身,跺着脚,急得上气不接下气。想摸孩子的欲望使她不顾一切,她失声大叫起来:

"让我摸摸!……让我摸摸!……让我摸一下嘛!……"

她这样的叫声以前谁也不曾听到过。

"就让她摸摸吧!"娜塔丽雅·弗拉季米洛芙娜惊慌失措地请求道。冬妮娅莎立刻安静下来了,她满面笑容地、小心翼翼地用两个手指轻轻抚摸着婴儿的后背。接着,阿勃拉姆·彼得罗维奇也温和地细眯着眼睛,伸手抚摸着婴儿通红的小肩膀。

"千真万确。这小婴儿太娇嫩了,碰不得的。"他口里嘀咕着,证实着自己刚才说的话。

大家都摸完以后,希日尼亚科夫也上去抚摸了一下。当他的手指一触到那娇嫩柔软光滑的小肉体时,他感到一震:那纤弱、温柔、光滑、天鹅绒般的肌肤使他感到自己的手指也变了，变得也柔嫩、温暖了。就这样，——小偷、妓女、孤独者、垂死者——全都伸长了脖子站在那里，脸上焕发出了惊讶、幸福、灿烂的笑容。这个幼小、脆弱的小生命，就像草原上的一星火光，朦胧地呼唤了他们，照亮了他们，给他们带来了一种美好的、光明的和永恒的希望。幸福的母亲自豪地看着这群人。而在低矮的天花板上高耸着石头砌的摩天大楼，楼里的富人们正百无聊赖地踱来踱去。

这一天的夜又降临了。这一夜像所有的夜一样来得漆黑、凶狠、可恶。漆黑的夜色铺天盖地地罩住了白雪茫茫的旷野，那些首先迎接太阳出升的树枝充满恐怖地、孤零零地耸立在那里。人们用微弱荧荧的灯光同黑暗做着斗争，但是凶恶强大的黑夜却把孤零零的灯光团团围困起来，用黑暗和苦闷注入了人们的心田，把人们心中那一点点微弱的火星也给熄灭了。

希日尼亚科夫没有睡觉。他蜷缩在一团堆得像小山般高的破烂衣衫下边，躲避着寒冷和黑夜。他在哭，既不用力，也没有痛苦和战栗。就像那些心地纯洁、毫无罪责的孩子一样地哭着。他在可怜自己，他可怜自己缩成了这么一小团。他还感觉到他在可怜所有的人和整个人类的生活，在这种感情中还包含了他的一种神秘的、深沉的欢乐。他看到了诞生的婴儿，他觉得这个婴儿就是他，是他自己的诞生，是他为了新生活而诞生。他要活得很久，他的生活将非常美好。他热爱和珍惜这新生活，这是多么地快乐啊！他笑了。抖落掉压在胸口上的破烂衣服，他问道：

"我为什么哭？"

他没有找到原因,自己回答说:

"原来是这样的。"

在这个简短的回答中包含着深刻的思想内容:一个生活得这么悲哀、这么孤独的人的破碎的胸膛翻滚起热泪的新浪花来了。

可是在他的床头边已经悄悄地坐着狡诈的死神了。它在等待着——它安静地、耐心地、顽强地等待着。

(李静 译)

彼吉卡游别墅

奥西布·阿勃拉莫维奇是个理发师。他拉了拉挂在顾客胸前的脏围布，用手指把围布的两角塞进顾客的衣领，一字一顿地厉声叫道：

"小孩，把水端过来！"

顾客正在镜子里仔细地端详着自己的面容，端详得全面细致，端详得津津有味。像这样深入细致、全面认真且津津乐道的观察，只有在理发馆里才有。他发现，自己的下巴上又添了一粒粉刺，于是不满地移开了视线。他的视线一下子又落到了一只骨瘦如柴的小手上。这只小手从一旁伸向了镜台，将一铁罐热水放在了镜台上。顾客一抬眼，从镜子里看见了理发师。理发师怪怪的，仿佛是个歪斜的身躯。他看见了理发师飞快而严厉的目光，这目光一下子朝下射向某个人的头上。这个人的嘴唇无言地蠕动了一下，不出声，但却富有表情地说了句什么。如果不是老板奥西布·阿勃拉莫维奇亲自为他刮脸，而是他的雇员——理发师普罗科比伊或者米哈伊尔为他刮脸的话，这无声的咕噜就会变成大声的喝斥，还具有某种威胁的形式：

"哼，等着瞧！"

这意味着，这个小男孩端水太慢，应该受罚。"活该，就得这样。"——顾客心里想着，一边歪头斜视着鼻子旁边那只汗涔涔的大手。这只手的三个手指朝上翘着，另外两个黏糊糊臭烘烘的手指轻轻地扶着顾客的面颊和下巴，发钝的剃刀发出难听的吱吱声，刮下了肥皂沫和硬胡子茬。

这间理发馆里充满了劣质香水的难闻的气味，到处飞着令人讨厌的苍蝇，肮脏不堪。幸好顾客都是一些要求不高的人：有司阍、伙计，有时还来一些小职员和工人。这些人大都是些俗不可耐的美男子和形迹可疑的年轻人，粉红的面颊，细软柔嫩的小胡髭，下流的色眯眯的小眼睛。离这里不远的那条街上林立着一家家妓院，这些妓院统治了这一带的全部地段，把这个地区搞得乌七八糟，使这里充满了肮脏、无序和恐怖的特殊气氛。

这个常常遭到喝斥的小男孩名字叫彼吉卡。他是这家理发馆里年龄最小的学徒。还有一个男孩叫尼柯尔卡，他比彼吉卡年长三岁，很快就要升为理发师了。每当理发馆里来了普通的顾客，而老板又不在的时候，理发师们就常常偷懒，他们就让尼柯尔卡为顾客理发，还嘲笑他为了看清楚强壮的扫院工人的后脑勺不得不踮起脚尖的情景。有时候顾客因为理坏了头发而抱怨，甚至大叫起来，这时理发师们也对着尼柯尔卡大叫几声，不过不是认真的，是为了让那些头发被剪得参差不齐的老实人满意。然而这种情况是很少见的，所以尼柯尔卡常常自觉了不起，一举一动都装模作样地像个大人。他抽着卷烟，从牙缝里吐着口水，骂着脏话，甚至对彼吉卡吹牛皮说，他喝过伏特加。也许，他是在撒谎。他经常与老师傅们一起跑到邻街去看打架。看完回来后感到很幸福，满脸的笑容。奥西布·阿勃拉莫维奇就给他两个巴掌：一边一个。

彼吉卡十岁。他不吸烟，不喝酒，尽管他知道很多的脏话，但他从不骂街。在这方面他很羡慕自己的小伙伴尼柯尔卡。普罗柯比伊不知在哪里通宵玩乐，白天困得走起路来总磕磕撞撞。当店里没有顾客的时候，他就躲在屏风后面的暗角里打起瞌睡来，米哈伊尔翻阅着《莫斯科小报》，在描写偷盗抢劫的消息中寻找着自己熟识的顾客的名字，——而彼吉卡和尼柯尔卡则在一旁聊天。就他们两个人在一起的时候，尼柯尔卡总是比较客气、友善，他总给"小男孩"讲什么叫"波尔卡式"、"平头式"和"分头式"的发型。

有时候他俩坐在窗台上，旁边是一座蜡制的女人塑像，粉红的面颊，玻璃球制的惊诧的眼睛和稀疏的直型的眼睫毛。他们望着窗外的林荫道，那里从一大早生活就沸腾起来。林荫道上的树木由于尘土飞扬而变成了灰色的，一动不动地呆立在灼人的阳光下，连它们投下的影子也是灰色的，没有一丝凉意。所有的凳子上都坐满了男男女女，他们的穿着又脏又怪，不围头巾也不戴帽子，仿佛他们就是住在这里的，除此之外没有别的家了。这些人的面孔看上去精疲力竭毫无表情，有些是凶恶的，气乎乎的，有些是淫荡的。但是在所有的面孔上都打上了疲惫不堪和对周围的一切都玩世不恭的烙印。经常可以看到某个人的乱蓬蓬的脑袋无力地歪倒在肩上，身体不由自主地斜滑下来，想要倒在哪里睡一觉，就像一个三等客车的乘客，坐了几千俄里的硬座火车，根本没有地方休息和睡觉。身穿一套鲜蓝制服的巡路员手提木棍到处巡查，不允许人们躺在长凳上或者横卧在草坪上。草坪已经被太阳晒黄，但却是那样地柔软，那样地凉爽。女人们总是穿得比较干净，甚至有点赶时髦。她们的长相都一样，面孔非常相似，她们的年龄看上去也一样大小，尽管有的已经完全上了年纪，而有的却还是个小姑娘。她们全用嘶哑刺耳的嗓声说着话，互相打逗谩骂着，毫无顾忌地搂抱着男人，就像是在林荫道上只有她们和这些男人。有时候这些男人和女人们就堂而皇之地在这里喝酒和作乐。经常发生喝得醉醺醺的男人殴打同样喝得醉醺醺的女人的事件。女人喝得醉如烂泥，摔倒了，又爬起来，爬起来，又摔倒。可是没有人替她们说话，没有人保护她们。打架人的四周围了一大圈人，看着热闹，大家都笑得合不拢嘴，精神面貌焕然一新。但身穿鲜蓝制服的巡路员一走过来，大家又都懒懒地回到了自己的座位上。只剩下了被打的女人在哭叫，在乱七八糟地骂街，散乱的头发扑散在沙地上，半裸的肉体又脏又黄，不知羞耻地暴露在光天化日之下，样子非常可怜。她被拖上了马车运走了，耷拉着的脑袋被车颠得摇摇晃晃的，就像死人的头一样。

尼柯尔卡知道许多男人和女人的名字，把他们的许多肮脏的故事讲给他听，咧开嘴，露出虎牙嘻嘻笑着。彼吉卡惊呆了：没想到尼柯尔卡竟是这样一个聪明大胆的人，同时又想，他有一天也会成为这样的人。可是现在他只想离开这里到别的什么地方去……非常想离开这里。

街上的面具

彼吉卡的日子非常单调、枯燥，天复一天，天天一样，就像两个亲兄弟一样，一模一样。无论是冬天还是夏天，他看见的全是这些镜子，其中有一面镜子还裂开了一大条缝儿。还有一面就像哈哈镜，让人看了就想笑。斑斑点点的脏墙上只挂着一幅画儿，画面上画着海边的两个裸体女人，她们的粉红色的肉体因为沾上了许多苍蝇屎而变得肮脏不堪。冬天，一天到晚都燃着煤气灯，煤气灯上面的那块天花板上的黑色烟渍越来越大。从早到晚，总是那句话："小孩，把水端来！"反反复复的叫喊声在彼吉卡的头上游荡着。他整天端呀，端呀，端个不停，无年无节。每逢星期天，当大街上大大小小商店厨窗的灯光熄灭的时候，理发馆就向街道上射出一束耀眼的灯光，一直射到深夜。这时过路人总会看见一个瘦骨伶仃的小身子，蜷缩着坐在角落的椅子上，不知是在沉思，还是在沉睡。彼吉卡睡得很多，但不知为什么还是睡不够。他常常觉得，自己身边的一切都不是真的，而是一个长长的、不愉快的梦。他常常把水打翻，或者没有听见那刺耳的叫声："小孩，把水端来！"他一天天地消瘦下去，他那剃光了的脑袋上长出了痂疮。甚至连那些要求不高的顾客也以讨厌的目光看着这个瘦弱的、满脸雀斑的小男孩。他的眼睛总是睡意惺忪，嘴巴半张着，手和脖子脏得厉害。小男孩的眼睛周围和鼻子下边已经刻上了细细的皱纹，就像是用尖锐的针尖刺出来的，这一切使孩子变得像个衰老的侏儒。

彼吉卡不知道自己过得是枯燥还是快乐，他非常想到另一个地方去。至于这是个什么地方，它究竟位于哪里，他自己却什么也说不出来，当他的母亲……娜杰日达厨娘来看他时，他总是懒懒地吃着母亲带来的甜点心，毫无怨言，只是要求母亲把他从这里带走。但是事后他就又忘了自己的要求，漠然地同母亲告别，也不问一声，妈妈何日再来。娜杰日达痛苦地想，她只有这么一个儿子——可这个儿子却是个小傻瓜。

彼吉卡自己也弄不清，这种浑浑沌沌的日子他究竟过了多久。有一次正吃午饭的时候，他母亲来了。她与奥西布·阿勃拉莫维奇聊了一会儿之后，就对儿子说，老板同意放他到察里津诺的别墅去，那里是她的主人生活的地方。刚开始彼吉卡还没弄明白是怎么回事，后来他轻轻地笑了，他的小脸儿上布满了细细的皱纹。他开始催促娜杰日达赶快走，快快离开这里。出于礼貌，娜杰日达还要同奥西布·阿勃拉莫维奇寒暄几句，问候一下他的妻子是否身体好。而小彼吉卡却抓住了妈妈的手，把她轻轻地推到了门口。他并不清楚什么是别墅，但是他猜测，那一定是他想去的地方，是他日夜想着要去的那个地方。他已经自私地忘掉了尼柯尔卡。尼柯尔卡把两只手插进裤袋站在一旁，努力地用那种一贯的粗野态度盯望着娜杰日达。但是，在他的眼睛里流露出来的并不是粗野，而是一种深深的惆怅：他自己根本就没有母亲，此时此刻他真想有一个像胖大妈娜杰日达这样的母亲。原因是：他从来没有去过别墅。

车站上熙熙攘攘，人来人往。来往的火车隆隆驶过，车头发出沉闷的鸣声，时而低沉暴躁，就像奥西布·阿勃拉莫维奇的嗓门；时而又尖细刺耳，就像他那体弱多病的妻子的嗓音。匆匆忙忙、来来往往的乘客们多得没完没了，来去个不停。火车站就是第一次这样地出现在小男孩的视野里,使他惊慌失措,惶惶不安,内心充满了迫不及待的情感。他和母亲总是害怕误了火车,尽管到别墅去的火车离开车还有半个小时。当他们坐进车厢,车开动了以后,彼吉卡就靠在了窗户上。他那剃光了头的脑袋在细细的脖子上转来转去,仿佛是支撑在一根金属杆上似的。

他生长在城市里。这是他有生以来第一次到野外去。这里的一切对这个小男孩来说都是非常新鲜的和令人惊奇的:可以看得这么远,森林就像小草一样,天空在这一片新天地里显得出奇地晴朗和辽阔,仿佛是从屋顶上远眺一样。彼吉卡是从自己这一边瞭望天空的,当他转过身朝向母亲的时候,看到还是这片天空在对面的窗口呈现出了湛蓝湛蓝的颜色。天空中飘动着一朵朵宛如小天使一般的快乐的祥云。彼吉卡一会儿在自己的窗口旁边转来转去,一会儿又奔跑到车厢的另一端,信赖地把小脏手搭在陌生旅客的肩头上和膝盖上。乘客们都对他笑着点点头。不过,有一位看完了报纸的先生,不知是因为太疲倦,还是因为闲得无聊,一直在那里打着瞌睡。他讨厌地看了小男孩两眼。娜杰日达赶紧道歉:

"他是头一回坐火车,所以什么都新鲜……"

"是吗!……"那个先生哼了一声,又埋头看报了。

娜杰日达非常想告诉他,这个小男孩已经在理发师家里做了三年学徒了,那个理发师答应把他培养成人,使他自立。这真是好极了。因为她是一个单身女人,体弱多病,万一病了或者老了,除了儿子没有别的指望了。可是这位先生的脸色很凶，所以娜杰日达只是自己在心里想想而已。

铁路右边是一片广阔的平原。平原上全是土墩。由于常年的潮湿土墩全都变成了墨绿色。平原的边缘上零零散散地排列着一幢幢灰色的小房子，就像小孩子的玩具一样。而在高高的绿色山头上，也耸立着一座像玩具似的白色的教堂。山麓有一条银带在熠熠闪光。当火车突然加大了震耳的铿锵声，飞驰上桥，就像悬挂在镜子般平滑的河水的上空时，彼吉卡着实吃了一惊：他吓得哆嗦了一下，向后退了一步，离开了窗口。但是他立刻就又回到了窗前，生怕漏看了路上最细小的细节。小男孩的眼神中睡意全无。细细的皱纹也无影无踪了。就好像有人用铁烙在他的脸上熨过一样，熨展开了细细的皱纹，使小脸蛋变得又白又亮。

彼吉卡在别墅里度过的头两天里，丰富而强烈的新印象铺天盖地朝他压了下来，征服了他那又小又胆怯的心灵。与从前许多世纪以前那些从荒漠来到城市后不知所措的野蛮人恰恰相反的是，这个从城市的砖堆里脱身出来的现代野人，在大自然面前觉得自己软弱无力、束手无策。在小男孩的眼里，这里的一切都是有生命、有感情和有意志的。他害怕树林，树林在他的头顶上安详地沙沙作响。它是那样地黝暗，那样地深沉，那样地可怕和一望无际。而那一块块的林中空地又是那样地明亮、翠绿，是那样地欢乐，就像用自己鲜明的色彩在唱歌。他喜欢这些林中空地，很想像抚爱姐妹一样地抚爱它们。碧蓝的晴空像母亲一样满面笑容地招手呼唤他。彼吉卡心情异常激动，全身发抖，脸色苍白，朝着什么东西笑笑，像个老头似的在树林里,在布满树丛的池塘边慢慢地踱着步子。当他累了,喘不上来气的时候,就躺在潮湿而茂盛的草地上,淹没在草丛中。只有那长满雀斑的小鼻尖翘出来,露出在绿草地的上面。最初几天他常常回到母亲的身边,围着母亲转来转去。当老爷问他在别墅里过得好不好时,他腼腆地笑笑,回答:

"好!……"

然后他又走向阴森可怕的树林,走向静静的水边,就好像要向它们询问什么。

但是又过了两天之后,彼吉卡就完完全全地融进大自然里了。这是"旧察里津诺"的中学生米佳促成的。中学生米佳的脸色又黑又黄,就像个二等车厢。脑门上的头发乱蓬蓬的,已经完全发白了,这是太阳晒的。彼吉卡看见他时,他正在池塘边钓鱼。他也不认生,很随意地就同彼吉卡神聊起来,并且两人很快就成了朋友。他让彼吉卡拿着鱼竿钓了一会儿鱼,然后就把他带到一个很远的地方去游泳了。彼吉卡没有下水前害怕极了,然而一旦下去了,就不想上来了。他装出一副游泳的样子:一会儿把鼻子和眉毛向上扬了起来,用小手扑打着水,激起了一片片浪花儿。这时他非常像一条第一次下水的小狗。彼吉卡穿上了衣服后,冻得全身青蓝,像个死人一般。说话时,两排牙齿直打架。然后又依照米佳的主意,他的点子多得数不清,两人又考察了宫院的废墟。两个小调皮爬上了周围全是树木的屋顶,在庞大建筑物的残墙断壁之间行走。这地方非常有趣,到处堆满了一堆堆的石头。要花费很大的力气才能登上断墙。在石堆中间的缝隙里还生长着幼小的花楸树和小白桦树,四周一片寂静。给人一种感觉，就像有什么人要从角落里突然蹦出来似的，或者会从破烂的窗洞里探出一张使人魂不附体、吓得瘫软的鬼脸。逐渐地彼吉卡在别墅里就完全像在家里一样了。他完全忘记了在这个世界上还有个奥西布·阿勃拉莫维奇和他的理发馆。

"瞧啊！长得多胖呀！像个商人了！"母亲娜杰日达高兴极了。她本来就硕胖无比，厨房的热蒸汽把她熏得满面通红，看上去她活像个大铜茶炊。她认为儿子胖了，是因为吃得多、吃得好的缘故。可是彼吉卡却吃得非常少，并不是因为他不想吃，而是因为他根本就没有时间吃。吃东西要是可以不嚼，囫囵吞下去该有多好，可是必须要嚼烂，而且还要等一道道的菜。娜杰日达吃起饭来慢极了，还要把骨头啃得干干净净，还要用围裙擦嘴，还要漫不经心地东拉西扯说着闲话。可是彼吉卡却忙得不可开交：他要去游五次泳，要在树林里剥一副钓鱼竿，要挖够足够数量的蚯蚓——做这些事情全都需要时间。如今彼吉卡赤着脚丫跑来跑去，这可比穿着厚底靴子要舒服一千倍啊！毛糙松软的土地时而使脚掌灼热，时而又感到冰凉。他平时总是穿着自己那件旧的中学生制服上衣，看上去就像个理发馆的老师傅。现在他把这件衣服也脱掉了，一下子变得出奇地年轻。只有在每逢夜晚，要到湖塘去看老爷太太们划船时，他才穿上这件衣服。老爷太太们花团锦簇，兴高采烈，他们在一片笑声中坐进了摇摇摆摆的小船，小船慢慢地划破了光滑如镜、平静透明的湖水。树木的倒影随波荡漾，就仿佛有一阵轻风在吹拂着它们。

一个星期以后老爷从城里带来了一封信。信是写给厨娘娜杰日达的。老爷把信念给收信人听。收信人听着，泪流满面，用围裙擦着泪水，围裙上的烟臭抹得她满脸灰黑。从这些动作和他们断断续续的话语中可以弄明白：他们讲的是彼吉卡的事情。

这件事情发生时正是傍晚。当时彼吉卡一个人正在后院里玩着"跳房子"，他的小腮帮吹得圆鼓鼓的，因为这样跳起来非常轻松。是中学生米佳教会了他这个虽说有些愚蠢、但却非常有趣的游戏的。现在小彼吉卡就像一名虔诚热忱的运动员一样，一个人正在深造训练呢。老爷从屋子里走出来，把手放在他的小肩膀上，对他说：

"喂，小老弟，该走了！"

小男孩腼腆地笑了笑，没有说话。

"真是个小怪客！"老爷心里想着。

"我说，小老弟啊，该走了。"

彼吉卡嘿嘿笑了。娜杰日达走了过来，泪流满面地证实说：

"该走了，要走啊，儿子！"

"去哪儿？"小男孩十分惊讶。

他已经把城市给忘得一干二净了。他已经找到了他过去一直想要去的地方——已经找到了。

"去奥西布·阿勃拉莫维奇老板那里呀！"

小男孩依然不明白，尽管事情已经像太阳初升一样明明朗朗。小男孩的嘴发干，喘气急促起来，问话的时候，舌头都不听使唤了。他艰难地问道：

"为什么呢？……那，那我明天怎么去钓鱼呢？我的钓鱼竿都剥好了……你看……"

"没有办法呀！……孩子。老板要求你回去。他说，普罗柯比伊病了，被送进医院了。他说，理发店里人手不够，要你回去。你别哭了，儿子，放心好了，老板还会让你回来的。奥西布·阿勃拉莫维奇是个好心人。"

但是彼吉卡根本就没有想到哭。他只是不明白，丈二和尚摸不着头脑。一方面是现实——手里的钓鱼竿；另一面是一个幻影——奥西布·阿勃拉莫维奇。过了一会儿，小彼吉卡的头脑开始慢慢地清醒过来：两者的位置在他的头脑中发生了奇特的变幻：奥西布·阿勃拉莫维奇变成了现实，还没有来得及晒干的鱼竿又变成了幻影。这使彼吉卡突然做出了一件事：不但使母亲惊讶不已，就连老爷太太也十分震动。如果小男孩他自己有能力自我反思的话，连他自己也会感到非常惊奇的。他哭了，但不像城里的瘦弱小孩那样抽抽泣泣地哭，而是号啕大哭。——这哭声比嗓门最大的庄稼汉的嗓音还要响亮、震耳。他哭着，在地上打着滚儿，就像城里林荫道那些烂醉如泥的女人一样。孩子那干瘦的小手紧握成小拳头，捶着母亲的胳膊，捶着土地，捶着树干，捶着……碰上什么捶什么，捶上什么算什么。尖石子和沙粒刺痛了手，流出了血，他还是使劲捶着，捶得更重了。

过了一会儿，彼吉卡终于及时地平静下来了。于是老爷对站在梳妆镜前正往自己的发髻上插着白玫瑰花儿的太太说：

"你看，不哭了吧。小孩子的苦恼总是不会持久的。"

"不过，我还是非常可怜这个不幸的小男孩。"

"是啊，他们那里的生活条件非常非常差，但是有的人比他们活得还要差呢。你打扮好了吗？"

接着老爷和太太就去了迪普曼花园，花园里今天晚上举行舞会，军乐队已经在那里奏乐了。

第二天，彼吉卡坐上了早晨七点钟的火车到莫斯科去了。在他的眼前又匆匆闪过了绿色的田野，田野上覆盖着一层夜露，呈出灰白色。但这一次列车不是向前飞驰，而是朝着相反的方向急速后退。破旧的中学制服上衣裹着他那瘦小的躯体。从领口里露出了白布衬衣的领尖。这一回孩子没有惊奇地跑来跑去，也几乎不看窗外，而是那样安静、老实地坐在那里，两只小手规规矩矩地平放在双膝上一动不动。他的眼睛里又充满了睡意，眼神呆板无光。眼眶和鼻子下面又堆满了细细的碎皱纹，又像个小老头了。看，又看见了站台的柱子在车窗前闪过，又看见了人字木梁，火车到站了。

彼吉卡和他的母亲从来去匆忙的乘客中挤了出来，他们走上了喧闹的大街。这个巨大的、贪婪无比的大城市无动于衷地吞下了这个小小的小生灵——这个幼小的牺牲品。

"你可把钓鱼竿给我收藏好哇！"当母亲把小彼吉卡送到理发馆门口的时候，孩子叮咛着母亲。

"我一定给你收藏好，我的儿子！我一定给你保存好。说不定，你还会再来的。"

于是，在又脏又闷的小理发馆里又重新响起了断断续续的吆喝声:"小孩,把水端过来!"顾客又都看见了一只肮脏的小手伸向了镜台。又听见了模棱两可的低声威吓:"哼,等着瞧!"这就是说,这个睡意未消的小男孩又把水泼洒了,或者搞错了吩咐。而每到夜里,在尼柯尔卡和彼吉卡并排睡觉的那块地方总是响起轻轻的说话声,谈话中充满了激动和喜悦……谈论着别墅,谈论着一些罕见的事情,谈论着一些任何人都没听过、没见过的事情……沉默片刻,就听见了孩子们胸口不平静的呼吸声,还听见了另一个粗鲁、有力得不像儿童的嗓门在说:

"这些魔鬼!看我非揍死他们不可!"

"谁是鬼?"

"没什么……说说而已,都是魔鬼。"

货车从理发馆旁边驶过去了。它那震耳的轰鸣声淹没了两个孩子的声音和远处那凄惨的喊叫声。这凄惨的喊叫声早就从林荫道那边传来了:一个醉汉在那里使劲地殴打着同样烂醉如泥的女人。

(李静 译)

苔菲

欢乐的家庭晚会

一

阿加菲雅老婆子已经收拾好厨房,擦净了茶炊。马车夫瓦纽什卡依然感到苦闷,等着去接老爷回家。

"马上都快十一点钟了,"阿加菲雅埋怨道,擦了擦露到胳膊肘的粗壮的双手,皱着眉头看了一眼忧伤的小伙子。"别人家的孩子只要时间允许,恐怕早就帮妈妈干活了,可是我的儿子呀,只会出门去泡晚会,磨破新买的皮靴。天晓得,怎么养了个这样的孩子!"

瓦纽什卡一声不吭,虽然他知道,阿加菲雅的话是冲他而来的,因为他是她亲生的儿子。但是他觉得没什么可说的。今天,地方长官家里的女清扫工唐卡要举行晚会。前去参加晚会的将有刚刚退役的军人马尔科夫金。他想要向唐卡求婚,这一点大家都是知道的。可是,瓦纽什卡早就决定捷足先登。今天,一切都会水落石出的。那个退役军人说不定会断掉几根肋骨呢。

瓦纽什卡充满幻想地笑了一笑,看了看自己的新皮靴。他淡黄色的头发油光发亮。在他浅蓝色缎纹布衬衫领口下面,波纹绸制作的蝴蝶结格外光彩夺目。这种颜色的搭配符合"蓬帕杜夫人"[1]的口味,但是,对于一张无髭须的、眉毛很淡的长脸来说,样子却是十分愚蠢的。

"你究竟要去哪个地方消夜呢?"母亲埋怨说,把碗碟弄得叮当作响,"酒食都是差不多的,反正都是要吃到肚子里去的。现在的年轻人啊,打架在行了,只不过脖子扭坏了也不长记性。老爷从林务区长那里回家是不会早于十二点的。你去备马吧,已经十二点多了。"

儿子默默地叹了一口气。

"为什么不说话啊?你向做妈妈的要波纹绸领结,你知道妈妈的这根领结值多少钱吗?我自己都舍不得戴呢。还想珍藏着以后用在葬礼上呢。这是一位已故的小姐赠送给我的,她显然没想到你会戴着它去参加什么家庭晚会,像马一样地嘶叫……"

儿子又默默地叹了一口气。

"你以为领结对你很合适,这样唐卡就能嫁给你了?不,不会的,小子!我们没法钓她上钩的——这可是娇嫩的浆果哟!马尔科夫金比你高贵得多呢。"

"结果如何,现在还难见分晓呢,"瓦纽什卡神秘兮兮地张开嘴,微笑着说。

---

[1] 蓬帕杜夫人是法国国王路易十五的著名情妇、交际花。此处是商标名称。

"怎么难见分晓呢？"阿加菲雅显得兴致勃勃，她终于成功地引导儿子介入愉快的交谈，"一切都非常清楚了。你什么也不会得到，你能留在马车夫的位置上，完全是因为他们可怜你妈妈。我也不可能一辈子待在厨房里。很快就拖不动腿了。没有我，你一天也别想待下去。"

二

院子里传出狗的吠叫。

瓦纽什卡一跃而起，用围巾把脖子裹了起来，以免"蓬帕杜夫人"的风格使得主人过多震惊，随后便去收拾马具。

十分钟后，他精神饱满，嘎吱嘎吱地踏着坚硬的雪面冰层，跑向地方长官的家中。

小城早就安静下来了。灯笼已经熄灭，根据日历，是能够指望月亮的，可是，不知怎地，这一天，月亮却没有在天空出现。

窗口也显得黑暗。只有城市酒吧的最高一层以及酒店有着灯光。酒店上写着"欢迎光"（"临"字却没有出现）。

瓦纽什卡穿过主要街道，拐向左边，一下子蹿入地方长官所居住的一幢两层小楼的大门。

"唉，现在朝哪儿走呢？这儿一片漆黑，伸手不见五指……也不知道厨房是在上方还是在下方。若是从来没有来过，别想很快弄明白的。仿佛是刚刚走出蒸汽浴室……"

他转向右方，爬上了一只结上冰的木桶。对面是墙壁。左方是楼梯。他蹿进大门的时候,机械地把门砰的一声关上了,现在怎么也弄不明白,自己究竟是从什么方向进来的。

渐渐地,他用手脚摸到了台阶,他爬到了二楼。这里也是一团漆黑,他用双手久久地摸着寻找,但怎么也找不到门在何处。

"不对!"他肯定地说,"厨房应该在楼下。应该到楼下寻找,或者走到外面去敲窗户。"

他用鞋后跟敲了敲,侧身下了楼梯。他几乎走到前室了,这时,从楼下传来一声奇特的可怕的尖叫,阻止了他的脚步。

"谁?见你的鬼,不许动,否则我就开枪啦!……"

无比震惊的瓦纽什卡站在原地,挪不动脚步。

听得见火柴盒的沙沙响声。火光亮了起来。

地方长官那张受惊的凶狠的脸膛闪现了一下。

"啊,有坏人!你跑不了啦!我得让你尝尝我的厉害!好好给你点颜色看看。"

瓦纽什卡绝望地纵身一跳,企图摆脱在黑暗中将他紧紧抓住的地方长官的强劲的双手。

啪!啪!一只手抓住了戴着"蓬帕杜夫人"领结的天蓝色衬衫的衣领,另一只手握成了拳头,在瓦纽什卡的脸上狠狠地抽了两下。

"哼,好家伙,你现在跑不了啦!"

他不停地痛打自己的俘虏,绊了一下,气喘吁吁,沿着楼梯将他往上拖。

瓦纽什卡一声不吭地支撑着,慢吞吞地向前挪动,绝望地踢着双脚。

三

楼梯迸裂作响，鞋后跟噔噔地敲击，睡在楼上的地方长官的妻子觉得，似乎有一匹被激怒的烈马沿着楼梯朝她闯来。女主人点燃了蜡烛，惊恐地在胸前划了十字，坐到了床上。卧室的门嘎吱嘎吱地打了开来。

"马申卡！我这就让你长长见识！"地方长官呼哧呼哧直喘粗气，得意洋洋地说。

他将瓦纽什卡拉到惊恐万分的夫人面前，继续抓着他的衣领，不时地摇晃着。

"好家伙！我从林场回来，一看，大门敞开着。心想，那些可恶的妞们跳舞跳昏了头，什么都不照看，明天统统滚蛋。我接着登上楼梯……天哪！这个家伙在那儿趴着！我注视着他，跨出几步，一把抓住他的衣领。别想从我手中逃脱。"

瓦纽什卡因衣领被勒紧，喉咙说不出话，他一声不吭，喘着粗气，颇像一条因丧失了自己的生活环境而张开大嘴的鱼。

"可是，我呀……"他试图说话，但是，一击沉重的拳头，落在他的眼睛下方，再次剥夺了他说话的机会。

"闭嘴！"地方长官吼叫着，"还想狡辩！谢天谢地，我没叫警察来。否则，就会让你坐穿牢底。马上从我这里滚出去！不要让我再看到你的身影。并且告诉你的同伙们，以后千万别上我这儿来了！"

他又亲自领瓦纽什卡下了楼梯,把他撵了出去,关上了门,插上了门闩。

瓦纽什卡一人留下的时候,不假思索地撒腿就跑,只是到了街道的拐角处,他才有点镇定下来,环顾四周。夹克被撕破了,鼻子里流着鲜血,头在发烧,疼痛难忍。

瓦纽什卡用积雪擦了擦鼻子,啜泣着说:"他为什么气急败坏啊,该死的魔鬼!怎么,这家伙走错了门,所以才对我拳打脚踢?不,老兄,这也说明不了什么!对此,老兄,也可以做出回答的。总不会无缘无故地对人进行摧残吧。"

但是,他回想起来,现在反正无论如何也不能参加晚会了,大门闩起来了,而且这副模样还能上哪儿去呢?瓦纽什卡啜泣着,悲伤地低下了头,步履艰难地返回家中。

四

睡眼惺忪、满脸怒气的阿加菲雅打开了门。

"什么?不是准备好了吗!却又回来了!做妈妈的累得快要死了,可是做儿子的还要去参加晚会,像马儿一样地嘶叫。别人家的孩子做客时至少也会带一根香肠回来的,说:'妈妈,你拿去尝尝吧。'你那个死去的父亲总是会带的……"她点燃了灯,看了一眼儿子的脸,不禁惊讶地坐了下来。

"老天爷啊!我的老祖宗啊!你这是怎么啦?显然,不是一个人干的,起码是三四个人一起干的!把你弄得这么摇摇欲倒的。或许还喝醉了。你哪怕说一句话呀!"

但是,瓦纽什卡一声不吭地扯掉了靴子,和衣躺到了床上。

第二天,他很晚才睡醒。火炉里的木柴噼里啪啦地响着。阿加菲雅用刀砍柴,一个手脚笨拙的婆娘,在城里挨户送货,同时也挨户散布流言蜚语,这会儿精神振奋地说着什么事儿。瓦纽什卡还没有起床,于是开始倾听。

"她们呀,这些姑娘们呀,去参加晚会,可是那扇大门呀,大概没有闩上。晚会是向卡尔托尼辛家租用的屋子,地方长官的家里不同意租用。"

"真是见鬼了!"瓦纽什卡几乎尖叫起来。

"嘻,盗贼或许倒是得心应手。他溜到了楼上,把一切都掠了个干净,正好准备要谋杀女主人的时候,地方长官及时赶到了现场!"

"瞧你说的,"瓦纽什卡心想,"除非在我后面还有人溜进去了!"

"上帝啊,发发慈悲吧!"阿加菲雅喃喃地说,"如今人们已经恶劣到了何种地步哟!"

"嘻,地方长官狠狠地揍他,揍他,可是那家伙挣脱出来,逃跑了。"

"或许,有一整个匪帮,藏匿在什么地方。不会只是独自一人行动的,"阿加菲雅边想边说。

"地方长官耶戈尔库将马车夫和唐卡两个人都赶走了。嘻,这关她什么事情啊?她昨天晚上被许配给军人马尔科夫金了……"

从床的方向传来低沉的怒吼。

"这是怎么回事?"女小贩子震惊地问道。

"瓦纽什卡喝得烂醉,"阿加菲雅冷冰冰地答道。

"难道能这样喝酒?"

"是啊,是啊,我从没有见过醉成这样的人。不管你怎么问,他总是一声不吭。我那个死去的丈夫,过去也是这样,每逢星期四回家,从牙缝里半天也挤不出一句话来。"

"你应该稍微给他涂抹一些煤油。"

"涂了煤油能让他好转一些吗?"

"那还用说!有一个老婆子,阿努什金的母亲,在老板娘家当保姆,全是靠煤油来治病的。一点也没有夸张。撒一点儿,呷上一口,仿佛全身都着了火一样。不需要直接的耐心。任何疼痛都会消失的。这会儿什么感觉也没有了。在圣诞节,老板娘差点儿因为煤油把她赶走。她揉搓了一会儿(着凉了),坐在厨房的火炉边上。而老板娘走了过来,嗅了又嗅。她走进厨房,立刻明白了事情的来龙去脉。她破口大骂,说:'你们真卑鄙,把我当靶子使啊,我通过你们都能嗅到西伯利亚了。'她还说,将火柴落到老太婆身上,让其像蓝色火药包一样爆炸。而我呀,真该回应。老板娘——简直是畜生。"

"他整张脸都被修饰了一番,"阿加菲雅说道,怀着不太掩饰的做母亲的自尊心,"这不是别人干的,一定是那个当兵的。我一下子就能认出那个当兵的手脚。拿海绵来,哇!眼睛下也有青肿!"

"大概,他想冲着唐卡发火吧,"女小贩不无恶意地插话说道，阿加菲雅则嗤之以鼻。

"很有可能！"她挖苦地说，"你的唐卡是你的重要菜肴！大红人！不过善于给女主人舔盘子罢了。我的孩子只是想结婚成家，总能找到更好的。这时候的孩子呀——可是多汁的浆果[1]啊！"

五

门后，从主人房间的方向，传来噼啪的声音以及某种低沉的怒吼声。

"你这是怎么回事？"女小贩好奇地问道。

"大概是老爷，"阿加菲雅心平气和地解释说，"想必是昨天晚上在林务区长家里打牌输钱了。只要赌输了，他总是这样。因为他觉得在女主人面前很没面子，所以他就这样表现自己。"

怒吼声越来越近，逐渐变得如同嘶哑的吠声。最后，门打了开来，门槛上出现了发了疯似的、头发蓬松的家庭主人的身影。

"给我把那个好吃懒做的瓦纽什卡叫过来，"他狂叫着，"我得让他看看，马儿不吃燕麦怎么得了！"

门砰的一声关上了，一跃而起的阿加菲雅对着一片空旷的夜色嘟囔道："瓦纽什卡身体不适，早就睡了！……就是这么

---

[1] 多汁的浆果：表示已经成熟之意。

回事！他去挑过水的！……就是这么回事！我这就去叫他。"

瓦纽什卡惊恐地穿上靴子，勉强将双脚塞了进去。

"天哪！"女小贩叹息着说，"一说到他，他就露面了！瞧瞧他那张可恶的嘴脸！"

瓦纽什卡猛然扑进院子。

"唉，瞧你这趾高气扬的样子，"阿加菲雅在他身后低沉怒吼着，"连母亲都不看上一眼。别人家的儿子一定会深深鞠躬的，会说：'亲爱的妈妈呀，真是对不起，你生我来到这个世界，可我却毫无出息。'"

门砰然一声打开，瓦纽什卡很不自然地急速跑进厨房。他以一双浮肿的眼睛张惶失措地四下张望，用手挠着后脑勺。

"哼！哼！"他哼了两声，"老东西！我非常需要你的工作。不管什么样的工作我都得寻找。不会漫天要价的。"

"圣母啊！"阿加菲雅大声嚷道："老爷要把他赶走了，他这个酒鬼，这个懒汉，这个寄生虫！我现在和他该上哪儿去呢？……可是，老爷为什么要把你赶走呢？"

"不错，因为我想参加舞会，因为我打了耳光。占着赶车人的位置，觉得耻辱，"瓦纽什卡带着鼻音说道，愣头愣脑地看着眼前的土地。

女小贩兴高采烈，激动不安，并且跑来跑去，就像火灾现场的报道员。

"那么你为什么大打出手呢？"她追问道，"难道能够这么多人去对付一个人吗？或许你是在晚会上喝醉了吧？"

六

瓦纽什卡突然迅速地闭上眼睛,噘起嘴角,悲咽道:"我什么地方也没有去过……甚至连家庭舞会也没有参加……"

"天哪!真是难以想象!那么你跟谁去打架了?"

"没有跟任何人打架……只是与地方上的撞了一下!……"

"闭嘴!"阿加菲雅严肃地大声呵斥道,"别说这样的废话!你说的'地方上的'是什么意思?是篱笆还是围墙?你怎么可能与地方上的撞了一下呢?你真是一个天生的大傻瓜。"

她已经抡起了用于惩罚的板条,但是女小贩果断地阻止了她,指了指瓦纽什卡,意味深长地用指头敲了敲前额。

"唉,你呀,"阿加菲雅发呆地说,"你那死去的父亲也老是酗酒。不过对他来说,总是有许多人来找他。而地方长官却是不会的。地方长官不会捉弄他的。"

"小伙子,是这么回事,"女小贩一本正经地开口说话,"你应该躺下来好好休息休息。你娘会用煤油给你擦擦。我这就去张罗你的事情。你得表示感谢。不过我也不需要,我不强求的。不过,你也不是没有地方可去的。地方长官的老婆今天请求我,说她的那个耶戈尔库丈夫呀,把马车夫赶走了,因为偷盗,于是她请求我能否给她找一个会赶马的小伙子。我呀,还不知道你们要被赶出来呢。我现在就去跟他们说说你的愿望。"

平静下来的瓦纽什卡突然疯狂地号哭起来,在恐惧中瞪大满是青伤痕的打伤的眼睛,急速跳了起来。

婆娘们急忙向旁边一闪,相互轻轻撞了一下,跑到了院子里。

"唉呀!这件事儿糟糕透了,"女小贩忧心忡忡地摊开双手,下结论似的说道,"孩子他娘,你快去找找那个老板娘,她家的老太婆有黑盐,得拌着面包给他嗅嗅才行。"

阿加菲雅哼了一声,搔了搔胳膊肘子。

"我去说说看,"女小贩若有所思地低声说道,就像窗台上的乌鸦,扭了扭头,沿着大街走了。

(吴笛 译)

勃留索夫

为自己还是为他人

一

"是她！不，当然是她！"彼得·安德列耶维奇·巴斯马诺夫自言自语地说着，当时有个引起他注意的太太来回五六次地从他的桌旁走过。

他毫不犹豫地断定，这就是叶丽扎韦塔。当然喽，他们几乎已有二十年没见面了，在这么长的时间内一个女子的面容不可能没有什么变化。曾经是削瘦的脸庞现在微微有点儿发胖，曾经是孩子般轻信的眼神开始变得冷漠、敏锐，整个脸部表情显出过去从未有过的自信。然而，难道这不就是那双巴斯马诺夫喜欢喻为圣埃尔莫火球[1]的眼睛，这不就是那张线条鲜明，令人赏心悦目的脸蛋，这不就是那两只小巧玲珑，使人想亲吻的耳朵！这就是——叶丽扎韦塔，因为不可能有两个面貌完全相同的女子，就像两面毗连的镜子照出两个完全相同的东西

---

[1] 圣埃尔莫火球：大气中闪光束形状的放电。中世纪在圣埃尔莫教堂的塔尖上经常出现此类火球，故名。

似的。

巴斯马诺夫飞快地在脑海里回顾着他与叶丽扎韦塔的恋爱史。不，他不是第一次回想起这段艳史，因为在他的记忆中还没有什么能比这次恋情更为珍贵，更为神圣。当时，他是一个年轻的、刚踏上社会的律师，他遇到了一位比他年长的、热烈而疯狂地爱上了他的女子——叶丽扎韦塔。叶丽扎韦塔全身心地陷入了爱河之中，她觉得，除了占有自己心爱的人，委身于自己心爱的人，崇拜自己心爱的人之外，她在世上已是一无所求。叶丽扎韦塔准备牺牲上流社会里的一切优越的生活条件，央求巴斯马诺夫允许她抛弃自己的丈夫，投入他的怀抱。在社交圈里，她不仅不因自己的私情——当然这已被他人所察觉——而感到耻辱，反而为此感到自豪。后来，巴斯马诺夫再也没遇到过这么忘我的、这么富有自我牺牲精神的爱情。他甚至毫不怀疑，如果当时他要叶丽扎韦塔去死的话，她同样也会高高兴兴地去死。

然而他，巴斯马诺夫，是怎样享受这种一生中只有一次的爱情的呢？他害怕这种爱情，害怕它那巨大的能量。他心里明白，在做出极大牺牲的同时必然会有大胆的要求。他害怕接受这种爱情，是因为它需要有所回报，而他觉得自己是个精神上的乞丐。他还害怕接受这种爱，是因为他不愿有碍于他那已经开始飞黄腾达的仕途……巴斯马诺夫像个小偷似的窃取了半年之久的爱情，倘若当初他一下子就显露出他的真实面目的话，那么这份爱情原不会属于他的，而后来他则用了一个荒谬无稽的借口，"断绝了关系"。

唉,甚至现在他都羞于回忆起分手前的最后几次见面时的情景。沉湎于自己爱情之中的叶丽扎韦塔如坠入云雾之中,稀里糊涂地没有发现自己心爱的人竟是如此卑鄙无耻,以至于不值得她在他面前卑躬屈膝,跪着央求他不要抛弃她。他清楚地记得,她如何号啕大哭着抱住他的双腿,躺在地板上拽着他,绝望地用头去撞墙壁。后来他还知道,叶丽扎韦塔被他抛弃以后,痛不欲生,差点儿精神失常,有一段时间她还想出家做修女,在她丈夫去世后,她去了国外。从此巴斯马诺夫再也没听到过有关她的消息。

难道现在,在他们分手二十年以后,在这里,在因特拉肯[1],当他怀着对往事的痛苦而甜蜜地回忆时,他会重新遇见她,这位表情平静、仪态端庄、面容仍然那么姣好动人、对他仍然有着不可思议的魅力的女子?巴斯马诺夫坐在咖啡馆的小桌旁,望着这位身材高挑的太太头上戴着宽大的巴黎帽,缓缓地从他身边走过,他的全身心都被对往事的回忆所痛苦地折磨着。是她,是她,是叶丽扎韦塔。当初他没让她像她所希望的那样全身心地去爱他,他自己也不敢像他可能企盼的那样全身心地去爱她!她作为他那以往生活中最美好的一部分,又复活了,又充满了生气,她是恢复过去的一切、补充过去的一切、并修改过去的一切的具体的机会。

尽管巴斯马诺夫仍然是那副不动声色、泰然自若的模样,但他的头已经开始迷惑了。他付了钱,站起身来,沿着那位身

---

[1] 因特拉肯:瑞士山区气候疗养地,位于瑞士首都伯尔尼的东南方。

材高挑的太太散步的林荫道走去。

二

当巴斯马诺夫与这位身材高挑的太太迎面相遇时，他恭恭敬敬地脱下帽子，鞠躬问好。这位太太如同打量一个陌生人似的打量了他一眼。巴斯马诺夫用俄语向她问道：

"难道您没有认出我，叶丽扎韦塔·瓦西利耶芙娜？"

这位太太迟疑了片刻，然后也同样用俄语——虽然带着点儿外国口音——回答道：

"对不起，大概您弄错了：我不认识您。"

"叶丽扎韦塔·瓦西利耶芙娜！"被这一回答刺痛的巴斯马诺夫大声叫道，"难道您会认不出我！我是彼得·安德列耶维奇·巴斯马诺夫。"

"我第一次听说这个姓名，"这位太太说，"我完完全全不认识您。"

巴斯马诺夫定神望了望与他说话的那位太太，扪心自问他是否搞错了。然而，面貌和神态是如此不容置疑地相似，他又是如此毫无疑问地确认了叶丽扎韦塔，以至于他挡住了这位头戴宽大巴黎帽的太太的道路，语气坚决地向她重复道：

"我认出了您，叶丽扎韦塔·瓦西利耶芙娜！我理解，您可能有理由掩饰您的真实姓名。我理解，您可能不愿遇到过去的熟人。但是您得明白，我有几句话必须告诉您！在我俩分手以后，我经受了太多的痛苦！我必须向您做自我辩白！我不想让您鄙视我!"

巴斯马诺夫自己也没有完全意识到,他说了些什么。他满脑子只有一个念头:让叶丽扎韦塔承认,这就是她。他害怕,她一走便不再返回,就永远消失了,而这一次相遇也就成了梦中相遇。

这位太太一边缓缓地从巴斯马诺夫的身边绕过去,一边用法语对他说:

"先生,请让我过去!我不认识您。"

巴斯马诺夫的这番话并没有使这位太太显得激动不安,她的脸部表情也没有丝毫的变化。然而,巴斯马诺夫还是不想放过她,追着她说道:

"叶丽扎韦塔!诅咒我吧,骂我是最可恶的混蛋吧,告诉我您不想再认识我吧——我应当俯首帖耳地承受这一切。但不要做出一副您从不认识我的样子,我受不了这一点!您没有权利这样侮辱我,也不应该这样侮辱我!"

"您得明白,"这位太太用更加严厉的口气说道,"您把我误认为别人了。您把我称作叶丽扎韦塔·瓦西利耶芙娜,但是我不叫这个名字,我的姓名是叶卡捷琳娜·弗拉奇米罗芙娜·萨奇科娃,我娘家姓安尔曼得。把这些告诉您该够了吧?现在您得让我走了吧?"

"不,"巴斯马诺夫叫道,并做出最后的努力,"为什么您这么长时间地容忍我的纠缠不休?如果我对您来说完全是个陌生人的话,您为什么不立刻叫我住嘴,并报警求援?难道人们会像您那样这么温和地对待街头的无赖?"

"我清楚地发现,"这位太太回答说,"您并不是街头的无赖,您也没做出什么无礼的举动。您只不过是弄错了,把我误认为您的某个熟人。这并没有犯罪,我也没有必要去报警。但是现在一切都弄清楚了,再见吧。"

巴斯马诺夫拿不定主意,是否还要坚持下去。他呆立在那儿,而这位太太则缓缓地从一旁走过。然而,整个谈话,这位陌生太太的语音语调,她的步态,以及所有的一切都让巴斯马诺夫更加深信不疑:她就是叶丽扎韦塔。

他心潮澎湃、百感交集地回到了自己的旅馆。在草地后面,少女峰[1]峰顶的终年积雪像一个巨大的怪影熠熠发光。少女峰仿佛就在眼前,而实际上则离得很远。叶丽扎韦塔不也是这样:好像复活了,但立刻又消失在那神秘莫测的远方。

巴斯马诺夫没费什么周折就弄清楚了,他遇到的那位太太住在哪里。在迟疑了片刻后,他给她写了一封信。在信中他说,他不想与明摆着的事实去争辩;他说,他显然弄错了,把陌生的太太认作为自己的老熟人,但是这次短暂的相遇使他受到了极大的震惊,他请求允许在散步中相遇时能点头问好,以便纪念这次偶然的相识。他信中的语气极其谨慎,十分恭敬。当第二天巴斯马诺夫遇到那位自称为萨奇科娃的太太时,她首先向他打招呼,并主动与他攀谈。就这样,他们开始相识了。

---

[1] 少女峰:伯尔尼山山峰,在瑞士境内,海拔4158米,有冰川分布。登山运动场所。

三

萨奇科娃没有任何言谈举止泄露出她曾经认识巴斯马诺夫,恰恰相反,她对待他的态度就像对待一个完全陌生的人那样。他们谈论着一些无关紧要的、多半属于疗养区生活的趣闻逸事。萨奇科娃的言语风趣而敏锐,可以看出她博览群书,学识渊博。然而,一旦巴斯马诺夫企图涉及到那些更加敏感、更加重要的话题时,她都能轻而易举地把话扯开。

所有的一切都令巴斯马诺夫深信不疑,在他面前的正是叶丽扎韦塔。他认出了她的嗓音,认出了她喜欢用的说话方式,认出了某些在一个人身上所固有的、但又难以用语言来表达的、令人无法捉摸的东西。他甚至可以对天发誓:他没有认错人。

然而,事实上也存在着一些细微的差别,但是这难道不能用间隔二十年的时间来解释它们吗?当然,生活的磨炼会把一个热情奔放的叶丽扎韦塔变成一个冷若冰霜的叶丽扎韦塔。当然,多年的旅居国外的生活会使叶丽扎韦塔对母语有些生疏,说话时带上了外国的口音。当然,在她的生活方式、言行举止以及音容笑貌里都会有着以前所没有的新的特点……

其实,巴斯马诺夫有时也会感到疑惑,这时他会开始想到萨奇科娃与叶丽扎韦塔有着许许多多的细微差别。可是,只要他再一次看见萨奇科娃的脸蛋,听到她的声音,那么所有的疑惑就像烟雾似的消失得无影无踪。他感到,他打心底里感到,她就是他曾经爱过的女子。

结果，为了解开这个谜，巴斯马诺夫真是费尽心机，竭尽全力。他企图用一些突如其来的问题使萨奇科娃措手不及，露出真相，但她总是非常警觉，轻而易举地避开这些陷阱。他企图向周围的人打听有关萨奇科娃的情况，但谁也不了解她。他甚至达到了这种地步：他截住一封寄给萨奇科娃的信，但这是一封发自巴黎的、全都用法文写的信。

有一天晚上，当巴斯马诺夫与萨奇科娃在在饭店里用餐时，他因再也忍受不了一直绷得紧紧的神经，突然叫道：

"为什么我们要玩这种折磨人的游戏呢！你就是叶丽扎韦塔，这一点我心里明白。你不可能忘记你是怎样爱过我的。当然喽，你也不可能忘记我是怎样卑鄙地抛弃了你的。现在我真心实意地向你忏悔。我因自己以往的行为而鄙视自己。我向你提议：如果你能宽恕我的话，那么我的这一生就全都由你支配。然而，我这是对叶丽扎韦塔说的，我向她奉献出我自己的一切，而不是向其他的女子！"

萨奇科娃默不作声地听完了这段短短的、不合乎上流社会社交规范的独白以后，心平气和地回答道：

"亲爱的彼得·安德列耶维奇！如果您是对我说的，那么我或许会回答您。但是，因为您预先说过，您是在对叶丽扎韦塔说话，那么我只能保持沉默。"

巴斯马诺夫激动万分地站起身来，问道：

"您想证明您不是叶丽扎韦塔·瓦西利耶芙娜·斯维勃洛娃？您再坚决地向我重复一遍，那么我就走开，立刻从您的眼前消失，从生活中消失。因为我再也没有必要活下去了。"

萨奇科娃轻轻地笑了起来，说道：

"您这么希望我曾是叶丽扎韦塔，那么，好吧，我将是叶丽扎韦塔吧。"

四

第二场游戏开始了，或许它要比第一场游戏更为残酷无情。萨奇科娃自称是叶丽扎韦塔，对待巴斯马诺夫的态度就像对待老熟人似的。当他提起往事时，她就装作一副回忆起某人、某事的模样。当他浑身哆嗦着提示她有关当初她对他的爱情时，她笑着附和说，她爱过他，但同时又暗示道，随着岁月的流逝，这爱情也就像火一样熄灭了。

为了认真地扮演自己的角色，萨奇科娃主动回忆起那些往事，然而，与此同时她又混淆了年代，搞错了姓名，并臆造出一些莫须有的事情。尤其令巴斯马诺夫感到痛苦不堪的是，她在谈起自己对巴斯马诺夫的爱情时，把它说成是轻浮的一见钟情和上流社会的贵人偶尔玩玩的游戏。这使巴斯马诺夫有一种践踏神圣之物的感觉，于是他几乎呻吟着恳求萨奇科娃别再提起此事。

但是，这并不起什么作用。萨奇科娃不知不觉地、一步一步地糟蹋巴斯马诺夫心中最珍贵的回忆。她不断用暗示来诋毁所有最美好的往事。她不断地让巴斯马诺夫明白，那些被他认为是她那种忘我的爱情的举动只不过是一场装模作样的闹剧而已。

"叶丽扎韦塔!"有一次巴斯马诺夫问道,"难道我能相信你失态地扑倒在地上时所发出的那些疯狂的誓言和那种号啕大哭的绝望模样,完全是假的,是装出来的?最优秀的戏剧演员也无法装得那么像!你在诋毁你自己。"

萨奇科娃就像近来她一直所做的那样,以叶丽扎韦塔的名义,微笑着回答道:

"怎样才能区分哪儿是虚情假意的结束,以及真心实意的开始呢?那时我想让自己受到强烈的刺激,于是我便做出一副绝望而疯狂的模样。如果处在那位置上的不是你,而是别的什么人的话,我也会这样做的,而与此同时我又能轻而易举地控制住自己,绝对用不着号啕大哭。要知道我们所有人在生活中都是演员,与其说我们是在生活,还不如说我们是在表演生活。"

"不对,"巴斯马诺夫叫道,"你这么说完全是因为你不知道叶丽扎韦塔是如何爱我的。她是绝不会说出这种话的!要知道你只是在扮演她的角色而已!要知道你不是她,你是萨奇科娃。"

萨奇科娃笑了起来,并用另一种语调说道:

"随您的便,彼得·安德列耶维奇。要知道我只是为了满足您的愿望才扮演这个角色。如果您愿意的话,那么我重新成为我自己,叶卡捷琳娜·弗拉奇米罗芙娜·萨奇科娃。"

"我怎么知道,你到底是谁呀!"巴斯马诺夫喃喃地说道。

他开始觉得他的精神快要崩溃了。对他来说,想象与现实搅在了一起。片刻间他甚至不知道他自己是谁。

与此同时,萨奇科娃站起身来,向他提议出去走一走,她又重新以叶丽扎韦塔的名义与他交谈了起来。

五

日子一天天过去了,因特拉肯的黄金季节也结束了。

巴斯马诺夫被那位神秘莫测的女郎搞得神魂颠倒,忘记了他来此地的目的,忘记了自己的一切业务,也忘记了给俄国回信,他过着某种疯狂的生活。他就像一个狂躁病患者似的,整天只想着一件事:如何才能弄清叶丽扎韦塔-萨奇科娃的秘密。

他爱上了这位女子,但他不敢表白。她像一个深渊,像一个可怕的魔鬼,像一个会送命的魔窟,吸引着他。这种情况可能会持续几个月或几年,而他也会很乐意延长这种思维与机智的决争,两个才智卓越的人之间的明争暗斗:一个人千方百计地想保存自己的秘密,而另一个人则费尽心机地想揭穿这个秘密。

可是,在十月初萨奇科娃突然走了。她走了,没有向巴斯马诺夫告别,也没有事先告诉他。然而,第二天他从邮局收到了她发自伯尔尼[1]的来信。

萨奇科娃在信中写道:

---

[1] 伯尔尼:瑞士的首都。

我不想让您失去猜测我是谁的乐趣,我把这个问题留给您那聪慧过人的头脑去解决。但是,倘若您已对猜测这个谜感到厌烦了,并想要个最简单的解决方法的话,那么我来告诉您。我根本不认识您,然而,从您那些激动而狂热的叙说中,我知道了您曾经是怎样残酷无情地对待某个叶丽扎韦塔的,我决心为她报仇。我觉得,我的目的达到了:您再也不会忘记在因特拉肯所度过的那几周令人痛苦不堪的日子。我为谁报仇,为自己还是为他人,归根结底都一样。再见吧,您再也见不到我了。叶丽扎韦塔-萨奇科娃。

(袁亚楠 译)

十五年以后
(我们同时代人的故事)

一

莫斯科的艺术界,以及莫斯科上流社会中的一部分人都知道,鲍里斯·彼得罗维奇·科连茨基,我们著名的建筑师,十年来每天都在安娜·尼古拉耶芙娜·涅利雅吉娜家里吃晚饭。每天傍晚七点钟左右就能看到科连茨基的马车驶向普连奇斯杰恩加大街,拐进一条仍然保留着许多古老的莫斯科式的小房子的巷子,在一幢小巧玲珑的独家住宅的台阶前停下来。科连茨基拉响了台阶旁的门铃,开门的总是那位做事稳重的女仆,接着他迈着熟悉的步子,走进了房子,而他的车夫则去了附近的一家小饭馆,以便在晚上十一点钟左右把他送回家去。

安娜·尼古拉耶芙娜·涅利雅吉娜仍然显得那么年轻,那么漂亮。然而,没有一个恶毒的造谣中伤者们能够指责她与科连茨基之间的关系。虽然他俩的关系会引起某些人的极大兴趣,并因此而着手进行一系列的私下调查、刺探,直至询问她家的仆人,然而他们不得不确信,科连茨基只不过是一个常客而已。很少有人在安娜家里吃饭，绝大多数的时候，饭桌旁除了她与科连茨基以外，再也没有其他的人了。然而这些人还知道，科连茨基在与安娜的交往中，除了恭恭敬敬地吻一下她的手以外，他从未允许自己有过任何的放肆行为。晚饭后，如果家里还有其他客人的话，他们就一起在客厅里喝咖啡、聊天，但多半是科连茨基给安娜大声地朗读最新出版的法国小说。不管怎样，在午夜前科连茨基已在自己的俱乐部里，玩着下大赌注的纸牌，而安娜所居住的那幢独家住宅里的灯火也熄灭了。

年轻的一代对科连茨基与安娜之间的关系的了解就局限于这些，他们只会嘲笑一下年轻、英俊而富裕的、能吸引住任何一个女子的男子，与一个容衰色褪的美女之间那滑稽而理想化了的友谊。然而，四十岁上下的那一代人则会饶有兴趣地说出许多有关这种奇特关系产生的趣闻逸事。

安娜·涅利雅吉娜是在十五年前出现在莫斯科的上流社会里的，那时她嫁给了一位反政府的、并因此而不得不离开彼得堡的富裕的前外交官。一开始安娜就以自己的美貌，以善于炫耀自己的本能，以及以大胆而新颖的待人接物的方式，征服了所有的男子。她的周围立刻聚集了一大群爱慕者，这些人不断赞美她的容貌，不断地向她表白自己狂热的爱情。那时，科连茨基刚刚大学毕业，开始自己的建筑师生涯，是个默默无闻的小人物。他用青年人的方式一下子就爱上了安娜，而且这种爱情在我们这个时代里已是很罕见的，因为它能在一个人的心底里保存一辈子。安娜并不珍惜这份情感，似乎还乐意嘲笑自己这位新的爱慕者的天真的激情。科连茨基忍受不了这一点，有一天他离开了他常去的安娜家以后，对准自己的胸口开了一枪，企图自杀。

科连茨基的举动使安娜大为震惊。她立刻赶到他的身边，请求他原谅，并告诉他，她不爱他，也不可能爱上他，但她愿意与他交个朋友。科连茨基恢复了健康，并从那时起他成了安娜"家的朋友"，也成了安娜的一切秘密，甚至是她的爱情秘密的可靠的托付者。大家一致认为，多亏了科连茨基的聪明才智，安娜的丈夫在两年的时间里才没有丝毫怀疑她在某些爱慕者献殷勤时所表现出来的那种狂喜。传闻说她有一个又一个的情人，说她的周围已形成了一个社交圈，而这个社交圈里的每一位太太都像她——她们的头儿一样，过着糜烂、淫荡而奢侈的生活。

大约有两年的时间，科连茨基在安娜身边扮演着心腹之人的角色，直到发生了一件意想不到的悲剧。安娜爱上了一位前来莫斯科的意大利人，一流的小提琴家。科连茨基的一切聪明才智在这件事上丝毫不起作用，因为安娜不仅不想隐瞒自己对意大利人的爱情，反而立刻在众目睽睽之下表露这种爱情。当这一桃色新闻最终传到安娜的丈夫的耳朵里时，安娜不假思索地离开了自己的丈夫，投奔自己的情人。于是爆发了莫斯科上流社会的编年史中很少能与之相提并论的大丑闻。此事发生后不久，安娜便与意大利人双双离开了俄国。

谁也无法确切地知道，安娜在国外是如何生活的。但是这一点可以确信：那个意大利人粗暴地对待她，千方百计地侮辱她，甚至打她，尽可能地掠夺她的财产，以及最后把她赶出了家门。在国外的三年里,她只是最初的几个月与自己的情人生活在一起。后来,依然沉湎于爱情之中的她还是在他巡回演出时到处跟随着他,写信去求他,仍然企盼他会让她回到他的身边……最后,一切都清楚了:没有任何重归于好的希望。于是,在离开俄国后的第四年的秋天,安娜又返回了莫斯科。这时她已经与她的丈夫离了婚。

科连茨基没有一天不知道安娜的下落。他一直与她通信,多次请求她允许他去国外找她,以便能在她的身边,不惜任何代价地帮助她。对此,安娜一直没有同意。然而,当她最终不得不与意大利人分手,返回莫斯科时,除科连茨基以外,她没有找到任何一个她想找的人。科连茨基为她找到了这幢她现在居住的独家住宅,并为她新家的安置而张罗。当安娜终于在莫斯科安顿下来以后,科连茨基便成了她家里固定的,也几乎是唯一的客人。

应该指出,巷里子的其他居民听说安娜·涅利雅吉娜买下了这幢独家住宅后,有些慌乱不安。他们甚至迁怒于把房子卖给这位行为不检的女人的原房主,因为这个女人的行为举止一定会有辱于整个巷子的名誉。然而,在安娜搬入新居后的几个星期以后,他们才明白,她打算过一种极其俭朴的生活。除了科连茨基以外,她几乎不接待任何人,甚至拒绝恢复与那些想恢复以往情意的老熟人之间的关系。她很少外出,使人找不到造谣中伤她的把柄。夏天,安娜是离开科连茨基,单独在她婶婶家的庄园里度过的,而科连茨基则通常在春天去国外。

时间一年一年地过去了。还记得安娜是个骄傲的美女和新潮时装的带头人的那一代人退出了历史舞台。有关很久以前的那个丑闻，以及有关一个俄国贵夫人如何跟着一个意大利的小提琴家私奔，而后来又被他抛弃的逸事，都开始被人遗忘了。所有的人亲眼目睹的只是科连茨基对安娜那种令人感动不已的忠诚。人们可怜科连茨基，并嘲笑他，但是提起安娜时，他们已充满了敬佩之意。

二

在安娜离开自己丈夫的十三年后的那一天，科连茨基像往常一样，在她那儿吃晚饭。

吃过晚饭，在喝咖啡时，安娜向科连茨基问道：

"您读过报纸吗？"

"您清楚地知道，"他回答说，"我已经有几年不碰这种有毒的东西了。当然喽，早上对这类废话采取些预防性的措施还是有用的，因为它有利于一整天的工作。但是，我们的报纸给我们的废话实在太多了。"

"那么您读读这儿吧。"

安娜指着报纸上的一条消息。这是有关那个安娜曾经与之私奔离开俄国的意大利一流小提琴家的死讯的讣告。

看完讣告后，科连茨基轻轻地点了点头，把报纸还给了安娜，于是话题便转到了其他的消息上。在晚饭以后，科连茨基给安娜大声地朗读了刚刚出版的圣伯夫[1]的书信集。刚读完就到了科连茨基告别的时间了,可是他突然要求把门关上,因为他有重要的事情要谈。安娜感到十分诧异,但同意了。

科连茨基说:

"安娜!十五年前您曾经告诉我,您不爱我,也永远不可能爱上我。我回答说,我将永远爱着您。我实现了我自己的诺言,或许您也实现了您自己的诺言。然而,难道除了爱情之外,就没有什么东西能把两个人联系在一起吗?难道尽管您仍然像过去那样不爱我,我就不能成为您生活中的一个必不可少的组成部分吗?假如我每天不到您这儿来,假如您在乡下时每天盼不到我的来信,那么您的生活会怎样呢?我的忠诚使我俩休戚相关,胜于爱情的结合。在那个人活着的时候,我不想向您提起有关我俩关系的任何话题。或许您还抱有一丝疯狂的幻想,企盼他能重新想见到您,召唤您……然而,他死了。过去的一切都已结束了。现在一切都明摆着,我们两人之间的关系直到我们离开人世间都再也不会有任何障碍了。我再也不想离开您,而您再也没处可去了。安娜,如果您愿意的话,就把我们的关系确定下来吧?我向您求婚,我请求您做我的妻子。"

安娜默默地听完了这一番话,然后简短地回答道:

"我太珍惜我们现在的生活。我不愿意,也害怕它遭到任何的破坏。是的,您作为我的朋友,对我来说非常亲密。我也非常感谢您对我的忠诚。但是我不知道,我俩之间是否还存

---

[1] 圣伯夫(1804—1869),法国评论家。

在着像夫妻那样的亲密关系。总之，我们永远也别再提这件事了。"

科连茨基没有反驳，告别后走了。

可是，几天以后他又重新提起了这件事。

"您禁止我谈论我对您的爱情，"他说道，"但是，自从那天您把您爱过的那个人的死讯告诉我以后，我再也无法保持沉默了。当他活着时，您有权回答我：我爱着他人。现在您已经没什么可对我说了。我不要求您的爱情——这是您的事。我建议您接受迄今为止您一直在接受的我所有的一切，但是以我妻子的身份来接受。我将仍然像过去那样做您的忠实而恭顺的奴隶。您可以相信，我不会要您做出任何违反您意愿的事。然而，难道我的忠诚就不配获得让社会所承认这么简单的奖励！"

安娜还是像第一次那样，态度温和而坚决地回答科连茨基说：

"我已经恳求过您别再提出这种事了。"

可是，这种话题仍然重新被提起，起初是在合适的时候，后来是每天……而再后来则是科连茨基和安娜已经不再谈论其他的话题了。

"您同意成为我的妻子，只是对我的忠诚的奖励，"科连茨基重复说道，"它并没有让您承担任何义务。"

"我不想要一个图有虚名的形式，"安娜反驳道，"当我不能问心无愧地成为您的妻子时，我不想做您的妻子。"

当科连茨基继续坚持着自己的看法时，安娜就对他说：

"我弄不明白，我丈夫的名分对您来说有什么用处？我也弄不明白，保持忠诚又能得到怎样的奖励？"

安娜一次又一次地向科连茨基提出这样的问题，起初他只是含糊其词，百般辩解，但是最后他终于直截了当地说道：

"您说得对，安娜。我一直在胡扯，一直在作假。我在谈到有关您丈夫的名分，有关我自己忠诚的奖励时，所指的是另外一回事。事实上，我仍然像二十岁的小伙子那样狂热地爱着您。岁月的流逝并没有改变我对您的精神上的追求，对您的肉体上的追求，以及对您的一切的追求。我还像过去那个毛小伙子那样，一想到与您接吻，浑身都会战栗。难道命中注定这永远不会成为现实吗？我等了十五年。十五年来我一直称您为'您'。我得让您相信，我爱着您——全身心地看着您：忠实地、关怀备至地、忘我地爱着您……只有铁石心肠的人才会对这种爱情无动于衷。或许我是这么令您感到厌恶，以至于您都无法容忍我的触摸？为什么您早不告诉我这一点呢？为什么您一直在欺骗我，并装出一副喜欢我的模样呢？为什么您要接受我的友情呢？"

安娜试图使他的激动情绪平静下来。

"不应该提这种话题！正因为您对我来说非常重要，我也非常珍视您的忠诚，所以我不想用虚情假意来欺骗您。我真心实意地把我能给予您的一切都给予了您。别再问我要更多的东西了。"

科连茨基失去了自控能力，向安娜说出了一番侮辱人的话：

"您已是三十六岁了。这个年纪的女人不再像姑娘那样具有魅力,但她仍然需要男人。十年来您拒绝与我亲热。您是否想迫使我相信,您另有一个男人作为您的情人?"

安娜脸色刷白,反驳说道:

"我没料到,十五年来您能这么巧妙地掩饰您内心的卑鄙。"

她站起身来。科连茨基抓住她的手,企图搂抱她,同时反复叫道:

"我爱你!我想你!"

安娜挣脱了他的手,走出了房间。

三

埋藏了十五年之久的强烈感情就这样被释放了出来。

科连茨基与安娜的见面变成了男女双方折磨人的争吵。

表面上,他们的生活并没有什么变化。科连茨基去安娜家里吃饭,在她家里待上几个小时,在午夜前出现在自己的俱乐部里。像往常一样,他举止得体,行为端正,丝毫也没有泄露出他正在经历着的悲剧。

但是,每天科连茨基和安娜都会重复前一天的令人痛苦的争吵。他们争执的内容不会改变。科连茨基要求爱情,安娜拒绝了他。随着时间一天一天地过去,科连茨基变得更加执迷不悟,一意孤行。在与安娜单独相处的时候,科连茨基便失去了他应有的自制力。

他跪在安娜的面前，搂着她的双腿，央求她，劝说她，咒骂她。当她反抗时，当她努力挣脱时，他就用力去亲吻她，有时把她推倒在地毯上，于是他们两人躺在地上打了起来，与此同时又竭力不弄出响声，以防惊动了隔壁房间里的人。在搏打中，科连茨基有时会扯破安娜的衣裙，而她在挣脱时也会打他的耳光。在这两个十年来一直避免说出刺耳的话，做出生硬的举动的人之间，上演了一幕又一幕丑陋不堪的闹剧。

现在，他们彼此争执时所用的都是最尖刻的、最粗鲁的语言。

"你有过几十个，几百个情人！"科连茨基对安娜说，"难道我比所有这些男人都更坏吗？难道我的抚爱要比那个践踏你的意大利人的抚爱更令你感到厌恶吗？"

"是的！是的！"安娜对他叫道，"我讨厌你，我恨你！我情愿委身于迎面碰上的第一个男人，情愿上街去卖身，也不愿嫁给你。"

然而，这些残酷的闹剧并没有妨碍他俩第二天的见面，并没有妨碍他们，仿佛是约定好似的，从昨天停止的地方再开始争论。

或许他们有机会恢复过去的平静生活，他俩，不管是安娜还是科连茨基，都有这个机会。但是，他们已经无法忘记说出口了的话语和科连茨基所提出的要求。安娜全身心地享受着的十年的平静生活就这样毫无希望地被摧毁了。现在剩下的只有两种选择：或者抛弃这些年来精心营造的一切，抛弃她的生活方式，抛弃她迷恋的安宁和舒适，或者顺从科连茨基的愿望。十三年前安娜有足够的力量和意志去改变自己的生活，并勇敢地开始新的生活，然而有多少人会在一生中做出两次这样的举动呢？其实，当她坚决地用"不"字来回答科连茨基的感情时，她就使第二种选择变得更加困难：因为幻想是如此地迷人，以至于现实不可能不使她感到蒙受欺骗。

这种状况持续了两个月左右，最后他俩都感到精疲力竭了。科连茨基的言辞里开始少了尖酸刻薄，他的举止里也开始少了浮躁粗暴。就这样，他的全部爱情或许也会有些枯萎，有些暗淡了。

安娜突然下定了决心。

一天晚上，她对科连茨基说：

"我的朋友！让我们结束有损于我们自己的争吵吧！现在我们都头脑发热，失去了理智，都不可能做出正确的判断。我想治愈我们精神上的创伤。今天我不违背您的意愿。相反，我直截了当地告诉您，我想属于您。我想委身于您。来把我拿去吧。"

科连茨基感到十分震惊，问道：

"但是，要知道你并不爱我？你恨我？"

安娜神色忧郁地回答说：

"如果十年前你向我提出你前些日子所提出的要求的话，那么我会怀着极大的喜悦投入你的怀抱。在最初的几年，我满怀希望地等待着你的求婚。我爱惜自己的身体，为你照看着自己的身体。后来我不得不放弃自己的希望，因为我发现，在发生了所有这一切以后，你已不再像需要一个女人那样需要我了。现在我身上还留着什么呢？褪了色的爱情和疲惫不堪的身体。我忘记了，并用完了当我独自一人时经常用来称呼你的甜言蜜语。我再也找不回我在梦中多次对你做出的亲昵爱抚的举动。而且我已经不想把你所不想要的那个完美整体中的支离破碎的残片交给你……然而，如果你想要我的话，拿去吧。"

科连茨基叫了起来：

"这么说，你爱我！我的天呀！你爱我整整十年了！"

"我爱了你整整十年。"她回答道。

科连茨基太想相信安娜对他所说的一切，以至于他不可能去怀疑其真实性。安娜这一番话对他来说太悦耳动听了，以至于也不可能在她的嗓音中分辨出虚假——甚至哪怕是有的话……科连茨基在安娜面前跪了下来，把嘴唇贴在了她的手上。

四

就在那个晚上，科连茨基离开安娜家比以往要迟一些。但他仍然去了俱乐部，玩了纸牌，并输了一大笔钱。这使他感到十分沮丧。

回到家里后，他十分吃惊地发现，在他心目中取而代之心满意足的感觉却是某种惘然若失的疑惑。他迫使自己去想安娜，然而他心里明白，他只要一想到与她的再次相遇，就会感到一阵恐惧不安。

这时，他的脑海里第一次闪现出了这样一个念头——立刻离开莫斯科。

他躺在床上,久久地读着安纳托尔·法朗士[1]的新作。

早上,科连茨基醒来时,已拿定了主意——离开莫斯科。他唤来了自己的仆人,吩咐他去买到维也纳的车票。然后他坐下来给安娜写信。撕掉几张信纸后,科连茨基决定他应该亲自去与安娜好好地谈一谈。

只有十二点钟,但科连茨基决定立即去安娜家。

他觉得,安娜所住的那幢独家住宅里发生了某件不同寻常的事。他怀着忐忑不安的心情拉响了台阶旁的门铃。开门的还是那位做事稳重的女仆。她满脸泪痕。

屋子里响起了站在安娜遗体旁的修女那凄凉的声音。

(袁亚楠 译)

---

[1] 安纳托尔·法朗士(1844—1924),法国作家,曾获诺贝尔奖金。

在塔楼里
(一个纪录下的梦)

毫无疑问,所有的这一切都是我梦到的,是在今天夜里梦到的。说实话,我从来没有想过,梦能够清晰而连贯。但是梦中的情景与我现在的境遇毫不相干,而且又是我从未亲身经历过的事情。那么,除了一系列在历史上真正发生过的事件以外,这个梦同现实相比还有一些不同之处。

我梦见在某地的海边有一座欧洲中世纪骑士居住的城堡。在城堡后面是一望无际的田野和一片低矮的古松林;在城堡的前面延伸着单调而又起伏不平的北方平原。城堡建造得很粗糙,它是用非常笨重的石头砌成的。城堡的一面依附着荒野的布满奇形怪状山石的峭壁。一扇扇参差不齐的窗子像一只只怪鸟的窝一样悬在城堡上。在城堡的内部竖立着一排排高大昏暗的房子和一条条彼此相连的走廊。

现在回想一下房间的布局,我周围那些人的服饰和一些具体的细节。我清楚地记得,梦幻把我带到另一个时代。那是一种可怕的、严肃的而又不大开化的中世纪生活,其间充满了无法抑制的冲动。在梦境中,我第一次没有了时代的概念,只是忧郁地觉得自己是这种生活所不能包容的人,这个世界的外来人。

有时这种感觉更加强烈了。突然,不知什么东西开始扰乱我的思维。正像常人所说的那样,当你绞尽脑汁想回忆起什么时,总是想不起来的。当我用弩弓射飞鸟的时候,我渴望有一种更先进的武器;我觉得那些带着镣铐的只知杀人放火的骑士们是一群败类,我预感到有一些事情将要发生。当我和修道院的僧侣争论经院哲学的问题,我对这感觉有了更深刻更彻底更自由的肯定。但是当我努力再多回忆起一点的时候,我的意识又变得模糊了。

我在城堡里是一个囚徒,更确切地说,是一个人质。我被带到一个特殊的塔楼里。虽然这里的人对我很尊敬,但我知道,他们也在监视着我。我整天地无所事事,真是无聊透顶。但有一件事使我的生活变得幸福快乐,我恋爱了!

城堡的主人叫古戈·冯-里泽恩。他是一个声若洪钟、虎背熊腰的巨人。他早年丧妻,膝下有一个女儿,她叫玛吉尔达。一个身材高挑、婀娜多姿、淡色眼睛的姑娘。她像意大利圣像画中的圣洁的叶卡捷琳娜下凡一样的漂亮、大方。我疯狂地爱上了她。因为玛吉尔达负责管理城堡中的一切事物,所以我们每天都能见上几面,每一次相见都使我感觉到极大的幸福。

我好久也下不了决心向玛吉尔达表达我的爱意,可是我的眼神却泄露了我心底的秘密。在一个冬末的早晨,在狭窄的通往瞭望塔的楼梯上,我们相遇了,我不加思索地说出了命中注定非说不可的话。虽然，我们两个人有很多次独处的机会：或在覆盖着白雪的花园里；或在昏暗的大厅中；或在明亮的月光下，但这一次，在这一瞬间，我突然感到，我再也不能这样沉默下去了。我紧贴着墙站着，伸出双手，对她说："我爱你，玛吉尔达！"玛吉尔达羞红了脸，她垂下了头，低声而又迅速地说："我也爱你，你就是我的未婚夫。"说完，她就匆匆地跑上了楼，可我仍激动不已地靠在墙边，向前伸着两只手……

在这个连续的梦境中也有一些中断了的事情，我怎么也记不起来了，在我表达爱意后的几天里又发生了些什么事。我只是记得，我和玛吉尔达两个人在海边散步，从周围的环境可以看出，这是几个星期之后的事了。空气中散播着春天的气息，但周围仍覆盖着白雪，汹涌的海浪拍打着岸边的礁石……

晚上，太阳渐渐地隐没在海平线下，太阳的余辉就像神奇的火鸟一样映红了天空。我们并排走着，我们之间稍微有一点距离。玛吉尔达穿着一件可爱的白鼬皮大衣，白披肩的两角随风飘摆。我们向往着明天，向往着美好的未来。我们忘记了我们是两个不同民族的子孙，忘记了我们两个民族之间的深仇大恨。

我们表达很困难，因为我不大懂玛吉尔达的语言，而玛吉尔达也完全不懂我的语言，但我们之间的理解程度已经超越了语言。直到现在，当我回想起我们在海边，在昏暗的城堡中和夕阳的余辉下散步的情景，我的心仍然激动不已。我体验到一种真正的幸福，无论是在现实中，还是在梦幻中都是一样的！

大概是第二天的早晨，有人告诉我，古戈要见我。结果我被带到了他那里。古戈坐在一把高大的鹿皮椅上，满面怒容地坐着。一个僧侣在给他读信，他一看到我，就严厉地对我说：

"啊哈，你知道你的族人在做什么吗？你们人少，在伊兹波尔茨基城，我们把你们打败了！我们放火烧了普斯科夫城，你们向我们求饶了。现在你们要称亚历山大大公为'涅瓦王'。对于你们来说，我们可不是瑞典人，你坐下给你的族人写信，让他们知道我们力量的强大。要是不写的话，无论是你，还是你们其他的人质都要受到严厉的惩罚。"

很难说出我当时的感受。在我心中，分量最大的是我对祖国的爱。这种爱就像对母亲的爱一样自然纯真，没有任何的借口，我深深地懂得，我是一个俄罗斯人，站在我面前的是我的敌人，在这里，我代表着整个俄罗斯民族。同时，令我感到哀伤的是，我同玛吉尔达一起向往的幸福生活永远地离我远去了。我应当牺牲我对玛吉尔达的爱，把这种爱转化为对祖国的爱……

当我心里充满了这些想法时，在我意识深处燃起了一丝光亮，我知道自己在沉睡，所有的这一切：城堡，古戈，玛吉尔达，我与玛吉尔达的爱情，都是我的幻觉。突然，我想对这个冷酷的骑士和他手下的僧侣笑一下，因为我已晓得，如果我醒来的话，一切都会消失的，不论是危险，还是凌辱。在我的内心深处涌起一股不可抗拒的勇气，因为我可以避开这些敌人逃到一个他们无法捉拿到我的地方去。

我高高地抬起头，对古戈说：

"你自己也知道你是非正义的。是谁让你们来到这块土地上的?这海洋自古以来就是俄罗斯的,是瓦利亚格人的。你们到这里来不是给楚德人、科尔斯人和立陶宛人施行洗礼的,而是在山上建立起一座座城堡,你们压迫人民,你们威胁着拉多加城。亚历山大·涅夫斯基正在进行着神圣的事业。我很高兴,普斯科夫人不善待人质。我就是不写你让我写的事,但我也要你们知道,不幸就要降临到你们头上了。上帝是公正无私的!"

我说这话的时候,就好像在舞台上表演一样,尽可能地选一些较古老的词汇使我的话与当时的时代相符合。古戈听了我的话,勃然大怒:

"你这条狗,"他对我喊道,"鞑靼的奴隶!我要让你五马分尸!"

这时,我好像得到了上天的旨意一样:俄罗斯历史的整个进程在我的脑海里闪现出来,我就像一个预言家似的,庄重而又严肃地对这些德国人说:

"亚历山大将在楚德湖与你们进行冰湖大战,你们的士兵将会死伤无数。我们的子孙后代将会夺回这所有的土地,而你们的子孙后代则将在他们的统治之下。你们要记住这一点!"

"带下去!"古戈大喊道,由于愤怒,他脖子上的青筋暴突,面色通红。

他的手下人把我押下去了,但没有把我押回原来的塔楼,而是押到一个臭气熏天的、暗无天日的地下监狱里。

在黑暗和潮湿中日子一天天地过去了。我躺在腐烂的稻草上,每天以他们从外面扔进来的发霉的面包为食。日日夜夜听不到一丝人的声音。我的衣服很快就腐烂了，头发粘成一绺一绺的，全身上下都溃烂不堪。我只能漫无边际地想象着大海和太阳，春天和清新的空气，玛吉尔达。在不久的将来，等待我的只是车裂和拷刑。

我越是回想起同玛吉尔达约会时的快乐，我就越发地感到在她父亲的监狱中的痛苦。但我的意识还很清晰，我知道自己还在睡觉并在做着一个愚蠢的梦。我知道，我一旦醒来的话，监狱的墙就会像雾一样四下分散的。在我身上，我发现了一种毫不畏惧地承受折磨的力量。我傲慢地拒绝了德国人提出的以出卖祖国的代价来换取自由的建议。就连敌人也开始佩服我的这种坚毅了，但在我看来，这种坚毅却是微不足道的。

我的梦到这里就结束了……我或者会死在刽子手的手里，或者像其他的普斯科夫人人质一样，从一二四二年四月五日的冰湖之战的奴役下解放出来。

但是现在，我醒来了，我坐在书桌旁，书桌上摆满了我自己所熟悉的、所喜爱的书。我记录着刚刚做过的长梦。我打算开始今天的正常生活。在这里，在这个世界上，在那些人中间，在墙外面的世界，在自己身上，在现实中……

但在我的意识深处闪现出一个古怪而又可怕的念头，如果我现在仍躺在床上做着梦，并且在醒来时发现自己是睡在古戈·冯-里泽恩城堡的地下监狱的干草上，那么又将会是什么样的情况呢？

（王好芹 译 李静 校）

列米佐夫

夜深沉

　　这是梦？还是夜生活中神秘的一刻，那如梦似幻的一刻？朦胧中我觉得，秋夜郁郁寡欢的月亮早已在大地上空游荡。忙碌了一天，是该卸下伪装休息休息了；整个巴黎，乃至破烂不堪的乞丐之隅，似乎都陷入了酣睡之中。我在梦境中游憩了许久，总算渐渐驱除了浓浓的睡意，这睡意恰似一位关怀备至的医生，看到自己做完了该做的事，病人也深吸一口气睁开了眼睛，脸上露出一丝死而复生后羞怯而又欢愉的微笑，于是便从容不迫地离开。我醒了，睁开眼睛，却见自己被包容在一片静谧而皎洁的夜色中。

　　五楼，我的居室。踏着地毯，我跛着步悄声走到一扇窗前。时而看看夜色温柔的大房间，时而透过上面一块窗玻璃望望月亮。这时如洗的月光洒在我身上，我翘首仰望，久久地凝视着她的面容。月光透过乳白色的窗幔花边，给昏暗的房间深处带来了一线光明。这儿看不见月亮，但四扇窗户和周围的地方全都给照得透亮。月光照在窗上，落下淡蓝的、银白的拱门投影，只见每个拱门里都有一个烟色的十字形图案，到月色中的椅子上影子便软软地扭曲着。紧挨着窗的圈椅上坐着我爱恋过的她——一袭白衣，宛若少女，她脸色苍白，但很美。我们经受了怎样的波折呀，为此我们常常变得刻薄、残忍，彼此视若仇敌，此时她感到疲倦了。

今夜她怎么也不睡？

我面窗而坐，和她并排，这样看不到她……是啊，夜已深沉——对面那幢房子整个五层楼的墙都陷入了沉沉夜色中，窗户像盲人的眼睛一样黑洞洞的。我朝下瞥了一眼，窄深的街道也是黑漆漆、空荡荡的，全城一片沉寂。只有明镜般的月亮似弓着身子滑行般在烟色的流云中穿梭，又似定定地悬在空中，在城市上空大睁着眼睛。她直盯着我的眼，异常明亮，但因不是月圆之时，所以显得有些悲戚。云层像雾霭般不断从她周围飘过，飘近了就泛出白色，融化在月色中，飘过后重又渐渐聚拢，到了房脊背后完全变成了阴郁而凝重的块云……

我很久没欣赏过月夜了！此时我的思绪又回到了遥远的、几乎已忘却了的那些秋夜，这样的秋夜我童年时曾见到过，那时我住在俄罗斯中部岗峦起伏的贫瘠草原上。在那里，月亮照在我故乡的房顶下，正是在那里我初次与她相识并迷恋上了她温柔而苍白的面容。想象中我离开了巴黎，顷刻间仿佛又看到了整个俄罗斯，正如从山丘上俯瞰无垠的草原一般。你看那金光闪烁烟波浩渺的波罗的海；那儿阴郁地向东方延伸的昏暗的松林地带；这儿是稀疏的松林、沼泽、林间小树区，南边是无边无垠的田野和平原；铁轨穿过绵延不断的森林，在月光下泛着暗淡的银光；昏昏欲睡的点点灯火闪着各异的色彩，一个紧挨一个沿路向我的家乡疾驶而去。眼前出现了略有起伏的旷野，旷野中耸立着地主的老式灰房，月光下显得凋敝而温和……难道这就是那个月亮？那个曾几何时朝我的童年小屋张望的月亮？那个后来看着我长成少年现在又和我一起为我不幸的青年时代而伤悲的月亮？是她在溶溶月色中安抚我的心灵……

"你怎么不睡？"我听到一个怯怯的声音。

在顽强持久的沉默之后是她首先开了口，这点刺得我的心既痛又甜。我轻声答道：

"不知道……你呢？"

然后我们又陷入了久久的沉默。月亮已明显地下到屋顶上，朝我们的房间深处张望。

"对不起！"我说着走近她。

她没有作声，却用手蒙住了眼睛。

我掰开她的手从脸上移开。只见她脸颊上滚下了滴滴泪珠，上挑的眉头颤动着，像个孩子。我于是在她身边双膝跪下，脸紧贴着她，止不住泪如泉涌，更无法遏止她的哭泣。

"可难道说是你的不是？"她羞怯地低语道，"难道一切不都是我的错吗？"

说完她破涕为笑，笑得欢欣，笑得苦涩。

我却对她说，我们两人皆错，错在两人都违背了快乐的金科玉律，而我们是应该为快乐而在这地球上生存的。我们又相爱如初，只有那些同患难、共求索、最终共同迎来真情的恋人才会拥有这份爱。只有惨淡的、忧郁的月亮分享我们的幸福……

1899 年

（王永 译）

在城市上空

在教堂的院子里从下往钟楼上看,我们感到自己无比渺小。站这儿还真有点可怕,你看那阳春的晴空中浮云徐徐飘离我们,而高耸的白色钟楼愈往上愈小,金色的十字架在云层下闪闪发光,像要慢慢地、平稳地倒下来一般,而十字架却酷似一个双臂张开的小人……然后我们争先恐后地涌向钟楼的那扇窄门。

几乎陡立的长长的楼梯一进门后便立即隐没于黑暗中。我们在黑暗中紧贴着冰冷的砖墙壮着胆子一个接一个摸索着前行。我们知道,一道亮光会突然出现。果然,不久前面就有一闪一闪的微光,再走了几步,拐个弯,我们就到了一个低矮的地方,从有栅栏的窗户透进淡淡的光线来。抬头只见沉重的圆木盖板,交错的房梁落满了灰尘和蛛网;低头却看鸟粪遍地,弯曲的铜圣盘扔在砖块和垃圾中间,苏兹达尔产的神像表层已经脱落,手提香炉的链子也已裂成几段……嘴里衔了根羽毛的黑寒鸦栖息在窗台上斜着一只眼观望。这座破旧的小包房真神秘!不过没时间细细巡视了。走在前面的人已站在我们头上,说话声、脚步声不绝于耳——又响亮又快乐，每到春天钟楼里总是如此。我们迅速瞥了几眼垃圾和房梁，沿着楼梯黑暗的拐角匆匆向前走去……

我们终于到了第一个平台：这儿立即变得又明亮又宽敞，从拱门可以看到辽阔的天空。朝下能看到教堂用石块铺成的院子，看到院子一角守卫室那红色的屋顶，看到铁门边的一棵白桦树……从上面朝下看，看自己脚下的白桦树梢真是棒极了！从高处看什么都显得更美、更小；春雨过后院子显得干净、整洁，干石板中间冒出了第一棵小草，白桦树枝繁叶茂，婆娑的绿叶如蝉翼般薄而透明，无比娇嫩、无比清新。多么温暖啊！太阳从云层中钻出来，你能感到和煦的阳光轻拂着你的脸颊；白桦树上的麻雀沐浴着太阳的光辉，情绪激昂地喳喳叫着；过路的马车夫啪啪地抽打着马，到守卫室时车轮吱嘎作响，完全似夏天一般……

"到这儿来！"上面传来一个人的叫声。于是，我们彼此对视了一眼，朝腐朽的陡直的楼梯奔去，攀登第二层。这层楼梯比第一层更窄，也好像更破烂不堪。上了楼梯，我们又到了昏暗的钟楼深处，这儿被圆木顶棚分成几块。又见昏暗中房梁和楼梯那粗笨而杂乱的景象，又觉砖墙的凉意和气息……有如在荒废的古塔中一般，哪儿都积满了灰尘、落满了鸟粪……楼梯已摇摇欲坠，下面胡乱堆放着砖块和圆木。我们的膝盖发抖了，心跳也加快了。但从楼梯边窄窄的小窗里我们能看到蔚蓝的天空，我们渴望的高空。瓦灰色的、火红色的鸽子吃得饱饱的，有的停在窗台上，有的停在楼梯或房梁上。令我们遗憾的是，当我们走近它们时，它们都慌不择路地四散而逃，忙不迭地扑棱着呼啦作响的羽翼。我们却觉得自己和它们同在一个世界里共存。不过，只一会儿工夫它们就又落在其他楼梯上重新发出大片气鼓鼓却又亲昵的咕咕声，鼓着嗓子在一个地方转来转去。在一个角落里有只羽毛洁白的母鸽趴在一窝鸽蛋上——我们是怎样好奇地从上面看它的呀！这儿几乎是漆黑一片，只有狭长的小窗上透着天空的亮光，像条天蓝色的彩带……

"瓦西卡来了！"有人朝小窗外瞟了一眼高兴地说道。他看到了钟楼下走来敲钟人瓦西卡。于是我们更加快了脚步，好赶得上钟声。当我们奔上第二个平台时，已经感到站得很高了，但是还得再走上三十来步，才能来到钟下，到第三个平台。我们匆匆向下瞟了一眼，院墙边的白桦树变得那么小那么矮，简直认不出来了。现在连这硕大的教堂圆顶也和我们一样高低了。城市展现在我们脚下：颜色各异的房顶、纵横交错的大街小巷、肮脏的院子、花园和空地，一直延伸到河边……你看，官员的院子里一个老妈子正把衣服晾上绳子；那边一个穿着坎肩和印花布衬衣的小市民从一座板棚里走出来，棚子小得像狗窝；旁边，邮站的院子里，几个车夫手里拿着马轭懒洋洋地荡来荡去，把两匹又老又瘦的马套上小车；而那边，集市场附近坐落着一位富商毫不起眼的石头房子，集市的坡道上矗立着一坐矮小的大教堂，蓝蓝的圆顶上白星点点，坡道下一条浅水河潺潺流过……街道上空无一人——所有小市民、商人、老太太以及年轻的花边女工都各自蜷缩在自己的小房子里，想必是不知道城市四周绿油油的田野有多么广阔。可我们知道，所以要爬得更高，站在这儿是非常可怕的，特别是一旦你此时想到你正在接近钟楼的最顶端，那儿有个金色的十字架在城市上空熠熠发光。

此刻我觉得童年恰似一个遥远的梦，但是直到今天每当我想起我们有时竟还爬到小市民那ూ偏僻的地方上面去过，心里还是非常痛快。在这里我们捱过无数个漫长的日日夜夜，还得上学，是学校埋葬了我们的童年，那充满幻想的童年——幻想旅行，幻想当英雄，幻想忘我的友情，幻想飞鸟、植物和动物，幻想珍贵的藏书！鸟喜欢高飞，我们也渴望登高。母亲们常说，如果我们梦见自己飞起来的话就是在长高了。在钟楼里我们长大了，感到两翼长出了翅膀……当我们气喘吁吁总算踏上钟楼的最后一层平台时，我们看到的只有自己周围的蓝天和绵延起伏的草原。城市像一张五彩缤纷的平面图远远地躺在我们脚下，显得既小又挤，我们体验到了一种燕子飞翔之时必定体验到的感觉。我们互相打闹着、追逐着等待瓦西卡的到来，在铜钟下顿着靴子，朝它们使劲地叫喊，引起阵阵回声。我们沿着钟锤绳索间的小梯子钻到最大的钟前，这只大钟上刻有司智天使浅浮雕和铭文，是某个商人浇铸的。我们依次敲打钟的边缘：打一下，然后听听——你会觉得远处传来如歌的钟声呼唤人们去做清晨弥撒！有一天，当我登上最上面的一级台阶时，突然看到钟上那严肃而美丽的智慧天使浮雕，读到了简短而有力的铭文："为大地充满欢乐敲吧……"

当时这句铭文让我多么吃惊呀！小傻瓜瓦西卡爬到钟楼上来敲钟了，但是这个可怜人的身影并没有妨碍我回忆春日傍晚的时光,回忆钟楼拱门晴朗的天空和那猛然一震的感觉。钟楼顶部和我们一起被震得嗡嗡作响,那时,瓦西卡敲了第一下钟,钟声令我们震耳欲聋,也惊飞了屋檐下的所有鸽子,而他却专心干着自己热爱的事,沉湎于铜钟的袅袅余音中。我们的耳朵和全身都充斥了嗡嗡钟声,似乎整座钟楼从上到下都萦绕着喧闹的人声和歌声。我们呆立着,目不转睛地盯着瓦西卡来回摆动的手,一种被声响的巨大力量引起的喜悦攫住了我们的心,我们被自豪感压得喘不过气来,只有屏息不动,好像我们自己就是完成敲钟这一崇高使命的参与者似的。我们被湮埋在声音中,似乎自己也随着漾开去的声波在空中飘荡,只等着教堂钟声那浑厚的男低音快些回应,等着因专注而神情激昂的瓦西卡从台阶上挺直身子用尽全力拉钟绳。上帝啊!那时我们这个简陋的地方会响起怎样的钟鸣声啊!我多想什么时候能处在瓦西卡的地位上啊!

现在我还时常会产生这种奇怪的念头。有时我在度过少年时代的小城里休息,我会想起这几乎是我当时的唯一乐趣——我们的钟楼。夏夜我坐在窗下听着响彻城市各个角落、萦回缭绕、有节奏地颤动的钟声,于是乎钟声使我陷入了沉思,我不由自主地思索一代代人的生命是如何流逝的。我童年时代的伙伴,那些曾几何时无忧无虑地赤着脚在围墙下玩耍的伙伴,那些有过快乐童年的伙伴,他们现在在哪里?他们的父母虽已饱经忧患,在气数将尽之时变得腰弯背驼,却仍手捧黄蜡烛在上帝的圣坛前步履蹒跚。在他们看来,上帝永远是严厉的,是惩罚罪人的,人们必须不断在上帝面前流下忏悔的泪水,发出忏悔的叹息……这时我想起了遥远的过去，瓦西卡那时把大钟敲得多响多重啊！我想象自己爬上了钟楼，手里拽着钟锤的绳子。钟锤很难拉动，但是得拉得重一点，这样一敲下去空气就会震动起来了。而当其他钟也回应的时候，应该在猛然的鸣响中隐没，要相信并要提醒人们："上帝不是死者的上帝，而是生者的上帝"，即使只是短暂的瞬间也好。

1910年

（王永 译）

伊凡库巴尔 *

"叔叔,一朵小花!"

响起一阵各种调门的笑声。其中有轻声的嬉笑,有喘不过气来的大笑,有夹着说话、时断时续的笑,还有鹿角笛银铃般清脆的声响。

科斯佳,一个圆脸蛋,穿红衬衫的小男孩,走在前面。

他停步,笑嘻嘻的咧开的嘴里亮着唯一的一颗乳牙。

他的两只胖胖的小手紧紧抓着一朵揉皱的矢车菊。他喊了我一声"叔叔",咚咚咚地跑掉了。

身穿蓝色连衣裙、身体纤弱的黑发小姑娘玛尼卡手里拿着一把三叶草,蹦跳着跟在科斯佳后边。然后是矮小的纽尔卡,头发蓬松,穿红色短上衣,捏着一把金黄色的蒲公英;翘鼻子叶莉娅,身穿淡紫色短衫,握着不新鲜的紫罗兰花;爱尖叫的卡嘉,皮肤晒得黑黑的,拿着草莓花;脸蛋白皙的塔妮娅拿着野玫瑰;还有万卡和科利卡……他们手里的花草都编成了小

---

* 斯拉夫民族对夏至日的民间名称,古代农时节日。

花环。

花环，各种花的花环。

压阵的是瓦西里耶芙娜老奶奶，一副发愁的模样。她平日好唠叨，现在显得和蔼可亲。没牙的嘴，嘴唇绽开，几乎到了耳根。她经常念叨的"轻一点，轻一点，坏孩子！你敢在我家放肆，就把你揪出去"，现在也不念叨了。她手里拿着的是个一半是金黄色金梅草花的小花环。

他们向前走动，就像是一个五彩缤纷的大花环。

河堤挡住了视线，看不见他们了。

飞来喊喊喳喳的说话声。

听！卡嘉唱起了歌：

> 小拇指男孩，
> 小拇指女孩，
> 乘坐核桃壳，
> 骑着烟草杆，
> 小拇指男孩，
> ……

蚊子从敞开的窗子飞进飞出。到处是蚊子：天花板下，角落里，头顶上，嗡嗡嗡地用同一个声调无休无止地轻声吟唱。

蓝天碧水凝然不动，大概在歇息。太阳有时挂得老高老高，在七重天之外；有时钻进哪一棵老柳树下避开暑热，坐着享受清凉。

台阶旁边，一匹马把脑袋钻进草堆，抖动着睡觉。几个孩子刚才还在抚摩它的毛，在马肚下面爬来爬去，连揪带扯地玩它的尾巴和鬃毛。

科斯佳说："马咬人。"可这马连牙都没有……

鼓鼓的浅绿色草垛，探出一簇簇金梅草花，就像一双双眯起的小眼睛，又像是一只只小黄雀。

割下的青草散发出淡淡的芬芳。

清新的浅蓝色波浪不倦地拍溅作声。

暖洋洋、令人昏昏欲睡的明朗的午后，梦幻般，然而又是现实……

一只尖耳朵卷毛小狗送走了小朋友，打个哈欠，收缩起四爪，趴在一堆圆木旁打起盹来。它白天跑累了，到傍晚又会吠叫不休。

周围一个人都没有，眼下大家都到河边去了。

他们把一个个花环扔进水中。

眼前忽然闪过一张白色的小脸。闪了一下就不见了。

"帕兰卡，你怎么啦？"

一双大而明亮的眼睛瞥视我一下。一双忧郁的、与孩子不相称的蕴含痛苦的明亮眼睛。

一个身穿皱巴巴棉绒布短上衣、脚着毡靴的小女孩，下巴贴着窗台，一动不动地站着。

毛茸茸的小脑袋蒙着一块白色头巾，小脸蛋病态地白皙。

"你为啥不跟小伙伴们走?你没有花?"

帕兰卡爬到窗台上,坐好,晃动着小腿。

我环视了一下自己积满灰尘、又低又矮的房间。

小姑娘的目光投向森林,投向大河。

原先她是那么活泼……

"帕兰卡,我领你,你同我一起。过一段时间,我抱你离开,去一个很远很远,没有人烟的地方。那边没有人欺负你。我找一个这样的地方……"

"我怕!"小姑娘忽然嘴唇一动,冷冷地低语一句,全身缩成一团,双手紧抠窗台,仿佛最后的时刻到了,有成百只手从四面八方猛击她的背,击她的胸,有成百个人呐喊、冷笑,刺激她。世界竟没有一小块她的容身之地。

我的心仿佛被一双手用长长的尖指甲,被利爪,剜了一下。

一只小鸟飞到一根圆木上,惊恐地转动着小脑袋,孤凄地唧唧啼叫……

"我怕!"

帕兰卡猫一样倏地跳下,走掉了。

屋里发散着一股股潮气。

一个客人站在门口。

一对混浊的痛苦的眼睛搜寻着。

"你好!"伊凡·斯捷潘诺维奇说,掩上衣襟坐下。

枯瘦、久病后的脸。

两人抽烟。

伊凡·斯捷潘诺维奇掏衣袋，摸出一块骨头，而后又伸手摸衣袋，摸得更深些，取出一只小袋子。

他拔掉塞子，往手心倒了一撮潮湿而发亮的砂子。

"瞧，"他低声说，"大概是汞砂……我挖了一通宵，钻到了石头里边，汞砂矿。"

他探究地看我，可怕的忧愁消失了，代之以惊恐。

"看样子没有淘洗过。"我没看砂子，答道。

他的嘴痛苦而轻蔑地一歪：

"汞砂，你听着，是以天然矿形式存在的。瞧这！"

他拿起一小张纸，往上面少许撒了一点砂子。

"也许，你保存的矿砂没有淘洗过。"

这时，他的目光骄傲而宽容。

"这个是犸猛，太古时代的长牙。"

他手指头之间一块生绿锈的骨头转来转去。

"你见到遗迹，见到剥离层了？"

他详尽地讲述他的发掘经过，如何整夜整夜地坐在河边，如何在河岸挖掘。

"他们撵我。就在昨晚，白匪逼近，像蚊子那样，嗖嗖——嗖嗖……"

我默默无言地细看金色的矿砂和犸猛骨。

"他们全都了解。"伊凡·斯捷潘诺维奇接着说，"了解并且感觉到。他们的力量就在于此。我们呢？我们了解得不多，感觉到的更少。不过，过一段时间，我钻到最深处，我一定能找到这样的……"

懒洋洋的、红宝石缀成的太阳沉落在金雕刻品般的河堤之后，沉落到鲜红的河水中。

黑色和红色的云块犹豫不定地跟着太阳的踪迹，或散或聚。

河那边的什么地方，一条小狗在燃起的火光旁沉闷地吠叫。

忧郁的密林警觉地张着夜间从不闭合的眼睛。

一钩弯月洒着银辉，缓缓地移向教堂钟楼的十字架。

我们转向土岗，沿河岸走去。

河面漂动着各种花环，其中有一半是金梅草花环。花环漂向寒冷的大海。它们是幸运的。

孩子们咚咚咚地向我们迎面跑来，一张张热气腾腾的小脸蛋笑嘻嘻的。跑在最前边的是帕兰卡，低垂着头，眼睛看地，双手抱胸。

孩子们嚷嚷：

"一只灰鼠！一只灰鼠！"

一块尖尖的小石块从我胸前掠过。

瓦西里耶芙娜老奶奶步履蹒跚，还是那么和蔼可亲。她因自己的花环没有沉到水里去，益发和蔼可亲。

我们越走越远。

孩子们脚下升起一股股尘土。月亮高高地悬在十字架上空。它的面孔渐渐地模糊，在白色霞光的笼罩下显得忧伤。

"就是这里。"伊凡·斯捷潘诺维奇低声说。他从衣襟下取出一个小花环，指着一处颤动的深色漩涡，扔了下去，

"为你。"

花环打转,跳动,而后淹没,重又浮起,漂走了。

一双睁得大大的、明亮的眼睛从树丛里瞥视我一眼。一双明亮的、蕴含与孩子不相称的痛苦的明亮小眼睛。

黑色和红色云块堆积的天际,由于难以忍受的委屈而爆发出一道道冷峻的闪光。

四周一片沉寂。雷雨前的沉寂。

(陈自新 译)

阿尔志跋绥夫

革命者

一

教员柳德维克·安德森走在学校花园的旁边，停住脚步，打算到更远一些的树林中去散步。树林在村庄的两俄里之外，仿佛在白雪覆盖的大地之上，清晰地悬挂着一条轻盈的浅蓝色的缎带。

这是晴朗美好的一天。从洁白的雪地到潮湿的黑色栅栏柱子，都映射出五光十色的耀眼的光泽。空气异常清新透彻，只有初春的时光才有这样的天气。

"我生命中的又一个春天，"柳德维克·安德森轻松地做了一个深呼吸，暗自思忖，仿佛要创作一首感伤的诗篇。

他将双手背在背后，透过眼睛朝天空仰望，然后摸了摸藤条，又继续向前走去。

正在这一时刻，他发现在花园栅栏拐角处的道路上，有一群骑兵，还有战马。士兵们身上千篇一律的军大衣在白雪的映衬下，显得灰暗，但是他们的武器以及战马的毛皮却闪闪发光。可以看到，每当前行时，骑兵弓形的腿总是很不自然地在雪地上运动。一开始，柳德维克·安德森还不明白他们在干什么，突然间，他以自己的心灵，而不是以头脑感知到，他们正在做一件不同寻常的可怕的事情。他还下意识地感觉到，他应当躲藏起来，不能被他们看见。

柳德维克·安德森快速拐向左方，但没有放下合在背后的双手，于是立刻掉进齐膝深的、表层融化、松软而脆弱的积雪之中，停到了去年所割的一堆不高的干草垛的后面。从这个地方，伸出脑袋，他很清楚地看到士兵们到底在干什么。

他们一共有十二个，其中一个是军官，是个矮墩墩的年轻人，穿着灰色军大衣，佩着漂亮的银色肩带。他的脸膛非常红润，透过整个花园，柳德维克·安德森依然能够看清他脸上撅着的胡须和翘着的眉毛是多么奇特地闪现。他说着话，声音刺耳，很不连贯，清晰地传到了柳德维克·安德森的耳中。这位教员仔细地倾听。

"我自己知道我该怎么做！"军官厉声叫着，两手叉腰，俯视着下方熙熙攘攘的士兵，"我会告诉你们应该怎样反抗……一帮该死的混蛋！……"

一种模糊的担忧使得柳德维克·安德森心里发紧。"我的天哪，难道……"一道思绪掠过他的脑际，仿佛一股冷气直透脊背。

"长官，"从士兵中传出了很轻的但显然是克制住的声音，"对于这件事情，你没有任何权利，……对此会由法庭决定的，可你不是法官……这简直是谋杀，而不是……"

"闭嘴!"军官挥了挥白手套,高声嚷道,听得出,他恼怒得喘不过气来,"我这就给你设一个法庭。伊凡诺夫,动手!……"

他拍马离开了。柳德维克·安德森机械地观察马儿怎样富有同情地、小心翼翼地耷起耳朵,轻盈地倒换着四脚,如同跳舞一般。与此同时,在士兵们中间响起了短暂的惶惶不安的喧嚣,他们向两边挪开,在面前腾出一块空地。在这块地方,留下了三个穿着黑色衣服的人,两个身材高大,还有一个非常矮小、消瘦。柳德维克·安德森能够清楚地看到矮瘦者的苍白的脸庞以及竖起来的两只红润的耳朵。

柳德维克·安德森现在已经明白究竟是怎么回事情了,但是事情如此出乎意料,如此恐怖,他还以为是在做梦。

"如此灿烂……如此美好……白雪、田园、天空……洋溢着春天的气息。可是现在却要杀人……为什么会这样?简直难以想象!……"他的脑中一片混乱,忽然有一种感觉,觉得自己出于意想不到的神经错乱状态,所看到的、听到的、感到的,完全不是自己所习惯看到、听到、感到的。

三个穿黑衣的人并列站在栅栏的旁边。其中两个人靠得稍近,另一个小个头的人,离得稍远一些。

"军官先生!"其中一个绝望地说,但不知是哪一个,"上帝在看着我们的,军官先生!"

八个士兵匆匆地下了马,很不自然地抓着马刺和军刀。他们显然过于焦急,仿佛是在干一桩偷鸡摸狗的勾当。

在寂静中过去了片刻时间,接着,士兵们在离黑色人影几步远的地方排成了一列,并且开始慌忙地瞄准。其中一个士兵的制帽从头上掉了下来,滚到了雪地上。他捡起来重新戴到头上,也没有拂去粘在帽子上的白雪。

军官所骑的马儿依然竖起耳朵,在原地静悄悄地跳舞,其余的马儿也昂起敏锐的耳朵,一动也不动地望着三个黑色人影,聪明的脑袋耷拉在一旁。

"哪怕放过那个孩子!"另一个尖声刺耳的声音传了出来,"你们这些恶棍,为什么要杀害一个孩子?……他犯了哪桩罪?"

"伊凡诺夫,按我刚才说的办!"军官高声喊叫,压过了另一个声音。他的脸充满了血,通红通红的,仿佛是用大红布做的。

接着,突然出现了狂野的、极端可怕的事情:有着浅色头发、露着红色耳朵的黑衣男孩猛地以尖细的孩子声音叫了起来,向旁边跑去。两三个士兵很快抓住了他,但他极力挣扎,于是又有两个士兵跑了过去。

"啊哟,啊哟!……"男孩大声叫嚷,"放开我,放开我!啊哟,啊哟!……"

他的声音刺耳,就像被宰杀的小猪在断气前的叫声那样切割着空气,显得十分可怕。这时,一定是有人猛击了他,因为他突然间沉寂下来。空气中笼罩着突如其来的令人压抑的沉寂。有人用手将浅色头发的男孩朝前猛然一推,随后响起了震耳欲聋的可怕的枪火齐射的声音,柳德维克·安德森顿时胸口发紧,全身战栗。他既清晰又像梦中一样模糊地看到:穿黑衣的人们如何倒下，暗淡的火光如何闪现，几缕轻薄的烟雾如何升腾在纯净透彻的空中，士兵们又是如何急匆匆地骑上马背，甚至也不看一眼被他们枪杀的人，便动身沿着棕色的表层解冻的道路疾驶而去，留下了一串武器和马蹄的铿铿的响声。

他看到了这一切，现在他站在道路中间，自己也不知道他什么时候又是什么原因从草垛的后面跳到了路上。柳德维克·安德森脸色惨白，像死人一样，满脸浸透着带有黏性的汗水，整个身子如筛糠一般地颤抖，莫名其妙地感受着痛苦的折磨。这种感觉类似于异常的恶心，但更为令人作呕，也更为可怕。

当士兵们在拐弯处消逝在树林的时候，当地老百姓不知从何处一下子拥向了行刑的地方，尽管早一点的时候附近连一个人影也看不见。

被枪杀者的尸体躺在栅栏后面的路边，那儿柔软的积雪并没有被践踏，依然纯净、美好。尸体共有三具。两个成人，还有一个浅色头发的男孩，细长的脖子伸在雪地上。另一个死者的脸无法看清，因为他脸朝下倒在血泊中。第三个是一位个头高大、胡子拉碴、胳膊上肌肉强健的男子，他挺直高大的身躯躺在被血染的雪地上，双手伸向远处。

这是晴朗的阳光灿烂的一天。从白色的积雪到潮湿的黑色栅栏柱子，从雪地上的红色的血迹到躺在其中的黑色的躯体，都映射出五光十色的耀眼的光泽。空气异常清新透彻，只有初春的时光才有这样的天气。不远处呈现出绿色的森林。

被枪杀的三个人一动也不动地躺着，在白色的雪地上呈现黑色。从远处看去，谁也不会领会：他们一动也不动地躺在狭窄的马路边上，究竟是如何一番可怕的景象。

二

这天晚上，柳德维克·安德森回到自己校园中的狭窄的房间里，没有像通常所做的那样坐下来写诗，而是站在窗口，遥望朦胧的蓝空中的一轮苍白的月亮，陷入沉思。他的思绪混乱不安，极为凝重，仿佛是一块乌云落在了他的大脑中。

在窗外，朦胧的月夜，隐隐地呈现出黑色的栅栏和树丛，沐浴着月色的整个空荡荡的花园也泛着白光。柳德维克·安德森仿佛觉得，他看到了他们三个被枪杀的人，两个成人和一个男孩。他们现在躺在那儿的路边，在空无一人的寂静的田原，用一双双死去的惨白的眼睛凝望着遥远的寒冷的月亮，就像他们活着的时候一样。

柳德维克·安德森忧郁而又沉重地想道："终有一天，一帮人残杀另一帮人的事件将会变得完全没有可能……终有一天，残杀这三个人的官兵将会意识到他们所作所为的性质，并且意识到，他们所残杀那三个人的生命，对于他们这些官兵，像被他们所杀的人一样，同样非常重要，非常珍贵。"

"是的，"柳德维克·安德森眼中饱含着热泪，郑重地说，"终有一天！他们一定会明白的！……"

一轮苍白的月亮在他潮湿的眼中变得混浊、模糊不清了。

那三位死者的眼睛一定沉默而又痛苦地凝望着月亮，但是再也看不见了。正是对三个死者的巨大的怜惜，揪着柳德维克·安德森的心，在这一怜惜之下，一种强烈的愤怒之情剧烈地占据了他的心灵。

但是，柳德维克·安德森抑制住自己的心情，平心静气地喃喃自语："他们不明白他们所做的事情。"[1] 他在这一古老的现成的语句中汲取了抑制悲痛和愤怒的力量。

三

这是一个灿烂的洁净的日子，在新鲜的畜粪的气息里，在松软的积雪下到处流淌的凉爽的纯净的清水中，在湿漉漉的树枝间，在蔚蓝色的明澈的田园上，到处都能够感受到春天的气息。

但是，这一灿烂的春天时光的清新与欢乐却只是出现在村外，出现在没有人类活动的田野、森林、山岗，而在村镇里，则显得沉闷、艰辛、可怕，如同梦魇。

他们站在融化的雪地里，柳德维克·安德森没法说服自己相信他们就是他早已熟知并且理解的人们。他觉得这些人非常特别，根据必将发生在他们身上的可耻、奇特、难以根除的事情来看，他们已经与整个世界隔绝，因此，也不可能感受到他这个柳德维克·安德森所感受到的一切，正如他也无法理解他们的感受一样。

---

[1] 引自《圣经·路加福音》，第23章34篇。

士兵们站在四周，自信地、姿势优美地骑上自己硕大的战马。马儿摇晃着自己聪明的脑袋，慢悠悠地将自己长有斑点的呆滞的脸从一边转向一边，以蔑视的神情看了看他这个柳德维克·安德森，认为他即将看到恐怖的、极端厌恶的场面，可他却无能为力，什么也做不了，什么也不敢做。柳德维克·安德森也是这样的感受，于是，一种难以忍受的冰凉的羞耻控制了他，就像被夹在冰块之间，从里面可以看到外面的一切，然后却无法动弹，无法喊叫，无法呻吟。

押来了第一个农民。柳德维克·安德森看见了他的哀求而又绝望的、异常奇特的目光。他的嘴唇翕动着，但是，一个字眼也听不见，他的眼睛游弋不定，目光明亮、尖锐，就像疯子的眼睛一样。显而易见，他的大脑已经无法容纳将要发生的一切。

这张脸极为恐怖，同时充满着理智和疯狂。当此人的脸膛被按倒在雪地的时候，才使得人们感到略微放松一些，现在所能看到的，不是他那双暴躁的眼睛，而是他那裸露的后背，——无意识地、不体面地、可怕地闪现。

戴着红色帽子、脸色红润的高个头士兵微微靠近他，俯视着他那裸露的不体面的身体，仿佛在欣赏似的，突然，传来一个清晰的喊叫声："啊，上帝啊，上帝保佑吧！"

柳德维克·安德森似乎没有看到士兵，没有看到天空，也没有看到马匹或人群。他感受不到寒冷、恐惧或羞耻。他听不见嗖嗖的皮鞭响彻在空中，也听不见某人由于疼痛和绝望而发出的粗野的嚎叫。他只能看到一个人体的裸露的肿胀的后背，以及上面所布满的浅色和紫红色血痕。这一后背有点丧失了人体的形态，突然，从中溅出血液，一点点，一滴滴，一道道地溅出，从躯体流到正在融化的白雪上。

柳德维克·安德森的心中充满了恐惧，预想此人定会突然站立起来，直勾勾地面对所有看着他的躯体在大街上裸露、抽搐的人们，面对所有看着他躯体中的血液无知地、可怕地流淌的人们。他闭上了眼睛。当他再次睁开眼睛的时候，所看见的已经是另外一个人了。此人被四个穿着军大衣、戴着红帽子的高个头的人推倒在雪地上，他的背部已经像刚才的人一样裸露，不体面地、可怕地闪现，达到了荒谬的恐惧地步。

随后是第三个、第四个，直到结束。

柳德维克·安德森伸长脖子，颤抖着结结巴巴地说话，虽然他什么话也没有说。他站在融化着的潮湿的雪地上，全身战栗，带有黏性的冷汗流遍了他的整个身躯，他的整个存在弥漫着一种羞辱的欺凌，尽管他这个柳德维克·安德森没有被人发现，没有被人注意，没有被人抓住，没有裸露在这里的雪地。

士兵们聚集起来，马儿摇着脑袋，皮鞭嗖嗖呼啸，一个裸露的、凌辱的身躯肿胀起来，痉挛着，喷溅出血液，像蛇一般地扭动着。尖叫声、辱骂声、粗野的嚎叫声混杂在村镇的洁净的春天空气中。

在镇公所前的台阶上，可以看见五个人影，五个已经遭遇这种刑罚的人影。其中一个裸露着骨瘦如柴、鲜血淋淋的双脚。那模样，简直让人没法看下去。

柳德维克·安德森心想，此人命在旦夕。

四

士兵一共有十五人,还有一个士官和一个完全没长胡须的年轻军官。军官躺在篝火前,紧张地看着火焰。士兵们在排列枪支的马车前忙碌。他们那灰色的矮小的身影在积雪融化了的黑色地面慢吞吞地动来动去,偶尔落上篝火的红色的反光。

柳德维克·安德森戴着眼镜,穿着大衣,身后拿着一根棍棒,悄悄朝他们走去。那名身材结实、留着小胡子的士官匆忙站了起来,从篝火边转过身子,直勾勾地盯着他。

"什么人?有什么事?"士官警觉地问道。

从他的声音中可以听出,这些官兵其实害怕被他们蹂躏的异乡土地上的任何人。

"长官,"他对军官说,"出现了一个陌生人……"

军官昂起头来,一声不吭地盯着。柳德维克·安德森用纤细的、紧张的声音说:"军官先生,我是这儿的生意人,名叫米切尔逊,我要到镇里办点事……我非常害怕,担心无意中会把我当成别的什么人,您……"

"所以你就溜到这里来?"军官气愤地问道,转过身去。

"生意人!"士兵冷笑着说,"这个生意人也得好好搜查搜查……给他一点教训,好让他晚上不再出来溜达……"

"这是一个形迹可疑的人,长官,"士官说道,"您是否觉得应该将他逮捕,以便……"

"够了,"军官懒洋洋地说,"烦透了,真是见鬼!"

柳德维克·安德森一动也不动地站着,一句话也没说。在篝火的映衬下，他的眼睛在黑暗中奇特地、焦虑地闪烁。看到这个结实的矮小的身影，整洁、干净，夜晚待在户外，待在士兵们中间，穿着大衣，戴着眼镜，拿着手杖，映照在篝火之中，简直不可思议。

士兵们拦住了他，又走开了。柳德维克·安德森站了一会儿，便走开了，很快消失在黑暗之中。

五

夜晚好像就要结束了。气候显得寒冷，灌木丛的树梢在黑暗中更清晰地呈现出来。柳德维克·安德森再次走到士兵放哨的地方。但是这一次他躲在灌木丛的后面，屈缩着身子，蹲了下来。他的后面，在灌木丛的四周，小心谨慎地静静地跟着一班如同影子一般的人群。在柳德维克·安德森的身旁，走着一位高大消瘦的人，手里握着一把手枪。

山丘上士兵的身影奇特而又出乎意料，不是在期待的地方，而是站在别处，被快要熄灭的篝火的反光微微映射。柳德维克·安德森认出了他，正是那个提议对他进行搜查的士兵。柳德维克·安德森的心中一点也没有动摇。他严峻的脸一动也不动，仿佛是在睡梦之中。士兵们在篝火边上直挺地躺着，只有士官坐在那里，将头垂在膝盖上。

走在柳德维克·安德森身边的消瘦的高个子，伸直了拿着手枪的手，突然开始射击。随着震耳欲聋的嗒嗒声，明亮的火光奇特地闪烁，又随之熄灭。

柳德维克·安德森随后看到,哨兵展开双手,坐到了黑色的地上,紧紧捂着胸口。从四面八方闪出了短距离的嗒嗒作响的火焰,融汇成一片枯燥的、撕裂空气的吼声。士官跳了起来,又即刻栽倒在篝火中。士兵们的灰色的身影,就像幽灵一样,蹿向各个方向,展开双手,栽倒在黑色的地面,一个劲地痉挛。年轻的军官摆着双手,如同受到惊吓的鸟雀,从柳德维克·安德森身边跑过。柳德维克·安德森仿佛心不在焉地挥起了手杖,竭尽全力,打在军官的脑袋上,发出了一声沉闷的难听的响声。军官旋转了一圈,撞上了灌木丛,在遭到第二次猛击后坐到了地上,像小孩通常所做的那样,用双手紧紧抱着脑袋。有人从侧面跑了过来,开始射击,仿佛是从柳德维克·安德森胳膊肘边射击的。军官急遽地瘫成一堆,倒了下去,脑袋重重地敲在地上,双腿抽搐一会儿,接着纹丝不动地蜷作一团。

射击声平息下来了。穿着黑衣的脸色惨白的人们,在黑暗中奇特地、幽灵般地朦胧呈现,在被打死的官兵身边跑来跑去,挑选武器弹药。

柳德维克·安德森聚精会神地冷漠地看着这一切。当一切都结束的时候,他走了过来,抓住烧焦的士官笨重尸体的脚,将其从篝火中拖开,但是拖不动,于是就放手了。

六

柳德维克·安德森一动也不动地坐在镇公所的台阶上,陷入沉思。他所想的是，他这个柳德维克·安德森，戴着眼镜，拿着手杖，穿着大衣，写着诗歌，竟然能在十多个士兵面前撒谎，并且泄露他们的行踪，让他们全被杀死。他感到奇怪的是，他的心中对此没有丝毫怜惜，更没有一丝遗憾。假如他被释放的事情再发生一遍，他，柳德维克·安德森，戴着眼镜，写着诗歌，依然义无反顾，采取同样的行动。他试图对自己进行评判，看心中是怎么想的。可是他的思绪沉重而混乱。不知怎的，当他想起三具躺在雪地、用一双死去的眼睛遥望一轮明月的尸体时，他的心情更加沉重。那三个人是被军官下令打死的，正是这一军官，遭到了他用手杖在其颅骨上的猛烈打击。关于自己的生死，他却没有多想，他觉得一切的一切早已结束了。有的已经死了，有的已经空荡荡了，没有必要多想了。

当他们抓住他肩膀的时候，他站起身来，他们领着他迅速穿过一块菜园，菜园里的甘蓝已经昂起干枯的叶球。柳德维克·安德森的脑中无法形成哪怕一道思绪。

他被带到路上，置于栅栏旁边，背靠着柱子。

柳德维克·安德森调整了眼镜，双手放到背后，干净利落，身材挺拔地站着，脑袋微微倾向一边。

在最后一刻，他朝身前凝望，看到了朝他头部和胸口瞄准的枪口，他的脸色惨白，嘴唇翕动。他清晰地发现，其中一个枪口，瞄准着他的额头，突然垂了下来。

一种奇特的、无法理解的、仿佛不是尘世的、不是大地上的东西掠过柳德维克·安德森的脑际。他竭力挺直他不高的身材，以纯真的高傲把头向后一仰。一种奇特的、清晰的意识,——纯净、力量、高傲的意识,充满了他的心灵,于是,一切的一切,——太阳、天空、人群、田野、死亡,——对于他都显得遥远、无关紧要、无足轻重了。

子弹射进了他的胸口,射进了他的左眼,射进了他的腹部,穿透了扣上所有纽扣的大衣……他的眼镜掉落了,打得粉碎。他发出一声尖叫,身子转了一圈,倒在坚硬的栅栏柱子上,他瞪圆了另一只眼睛,用伸展开的双臂的手指甲紧抓大地,仿佛要挺住似的。

面如土色的军官扑向他,忙乱地掏出手枪,顶着他的后脑勺,开了两枪。柳德维克·安德森直挺挺地躺倒在大地。

士兵们迅速迈步离开。而柳德维克·安德森留在原地,直挺挺地躺着,仿佛被压平在大地上。他左手的食指继续微微颤动,持续了大约十秒时间。

1912 年
(吴笛 译)

丘尔科夫

黑影

它神不知鬼不觉地从黑暗中悄然来临，用绿色的眼睛为自己照明道路。它以黑色的呼吸注满周围的一切，渗入我的心田，流经我的每一根血管，遮掩我的每一片脑海……我等待，我遭受折磨，我急于摆脱，我憎恨，我痛苦，我陷于绝望，更主要的，我嫉妒，嫉妒得要命……

事情是这样开始的。深秋的一天，我与她在这座该死的公园里划船。天已经黑下来了。在小河的上面悬浮着一种莫名其妙的湿乎乎的物体。周围阒无一人。我使出全身的气力，急速地划着小舟，试图快点离开城市，因为我憎恨城内生硬的街道、冷漠的城墙、漆黑的烟囱，如同憎恨强制性的劳动。可怜的城市的路灯从我们身边掠过。它们那怯生生的光焰越来越稀少地闪烁，最后，消逝得无影无踪。接着，月亮昂起苍白而焦虑的脸蛋，用颤动的、谜一般的微笑照耀出我女伴的身影。她坐在我身前掌舵。

这时她跟我说：

"多么美妙，又是多么可怕呀……看呀，在那左岸上，仿佛是一个巨大的石棺……"

我转过头。在那儿的黑暗中,延伸出一幢孤零零的又长又矮的石头建筑物,显得那么悲凉,恰如一座陵墓。我很不情愿看到它,于是划得更快,以便摆脱这可怖的晦暗的坟冢。但在我的内心却存留着一种不愉快的感觉:仿佛是坟的碎片落入了我的心灵深处。

这座公园的四周环绕着高高的围墙,从河边也没有道路通往园内,不过我以前在一个地方发现了一扇被遗忘的小门,和岸上的一根可以拴船的带有铁环的木桩。四十分钟以后,我们到达了那里。我走到船头,哗啦哗啦地摆弄着链条,想把小船系到铁环上。

铁链的冷冰冰的叮当声清晰宏亮地响彻在浸透着湿气和月光的雾空中。

突然,我的女伴请求我划船回家。

我感到惘然若失,嘟囔着说:

"亲爱的,为什么要回家?这个夜晚真是妙不可言、令人心醉呀。你看,那明月高悬……"

"亲爱的,我感到害怕!"

我带着男人天真的自负答道:

"和我在一起,你什么也不用怕。"

我扶她上了岸,然后把桨拿到了岸上,并把桨座随身带着。

门忧郁地嘎吱嘎吱地打开了,我们走上了小径,不时地绊上一堆堆秋天的落叶。

我们像平常一样，走向我们喜爱的假山洞。这山洞对我们来说显得神秘莫测……在拱顶下，总是响彻着回声——这是死寂的自然发出的冷嘲热讽。从假山洞内总是不断地袭来半腐烂的、神秘莫测的往事的气息。

我们走着。黑色的、稠密的空气变得越发丰盈。我觉得，有人在我身上披了铁铠甲：走起路来如此沉重。有时，铅一般的幽暗刹那间分离开来，在豁口中可以看见晃动着的树影。它们在喃喃低语。这显得极为恐怖。

她紧紧地偎依着我。我们周身充满着秋天的令人窒息的感觉，侥幸地走在树木之间，迷失在它们那古怪的轮廓之前，正是在这个时候，开始出现了这个可怕的、极其神秘的东西。

简而言之，我觉得周围不只是我们两人……明白吗？这儿还有别的，近在咫尺，就在身边。

显而易见，它早就跟上了我身边的这个女人了，而现在更是厚颜无耻地盯梢了。恐怖和嫉恨混合在我的心田。

与此同时，我女友的恐惧显然已经消逝。她轻快地走着，有点激动，有点腼腆；她当然感觉到了这非同小可的神秘之物的存在，但已经并不因此而感到苦恼了。

这时，我开始低声嘟哝：

"走吧，我们回家吧……"

于是我们掉头向停船的方向跑去……

大地似乎从脚下向上浮动；在右边的树木之间，我总是在恍惚中看到一束幽蓝的光，一道奇特的颤动着的光带。

跑出园子之后，我用力地在身后把门关上，但是，门又被打了开来，从中滑出一个黑乎乎的东西。

月亮溜进了黑沉沉的天空的深处。风恶狠狠地在河流上方尖声呼啸。

我用颤抖的手点燃了船上的灯，急忙坐下来划桨。

啊，我们是何等急速地在河面上行驶！某种巨大的灰色的翅膀始终盘旋在我们的上方。

当我们到达码头时，我发现我的女伴完完全全地病倒了。从表面上看，仿佛是她的气喘病发作。她以前也曾患过。

我总算把她背到了家里。不幸的姑娘脸色苍白，气喘吁吁。

大夫赶来了。他悄悄对我说，她的生命危在旦夕。

顺便说一句，这会儿，那一切都顺利地终止了。我渐渐地忘记了我们的游玩。可是，在我的心灵深处依然留存着某种朦胧的不快之感，某种毫无缘由的嫉妒开始啄着我发热的头脑。

这不是那种搅得我们心神不安的异性的可耻的嫉妒。我没有从抽屉里掏出手枪，也不是特别欣赏这种能把敌人置于死地的灵巧的铁器。我并不企图妄自猜想他有什么样的眼睛、头发、步态、服饰、领带……我没有去享受出现复仇念头的乐趣，只是当我们的脑细胞受到腐烂的、饱含醋意的血液毒化时，才会滋生出这种淫荡的念头。可我的情况不是这样：我不知道我的敌手是谁，但我确信他的存在，始终，几乎始终感觉到他的出现。我在恋人的唇上，觉察到别人的吻痕……这真是缓慢而又深重的折磨。

我记得一个夜晚。

她那时不太健康。我们坐在她那温馨的房间里，坐在懒洋洋的浅紫色的光线中。她身穿褶线很深但线条模糊的连衣裙，发冷发热，全身柔软无力，但仍显得诱人。她恰如一朵绽放开来的鲜花，娇艳的多层的花瓣芬芳馥郁。

我坐在地毯上，脸贴在她的膝上。啊，她的双腿在剧烈颤抖！此时，当我的心沉溺于她身体的交响乐的时候，当她急切的颤抖向我传送的时候，那黑乎乎的东西又满怀醋意地从身后偷偷溜到我的身边。我感觉到了这一点，因而害怕回头，害怕与它正面相遇。

几天之后，我有一次从她房间出来，被她的爱抚弄得迷迷糊糊，激动不已，同时也怀着一颗焦虑破碎的心。我刚走十来步，就发现有个身影登上了她的门阶，很快消失在门后。

我的双眼仿佛蒙上了黑色绉纱。

"就是它！"我心里想道。

我感觉到背上掠过一阵舒畅的、使人为之一振的颤抖，悄悄地跟随着黑色身影……

我走进前厅。从客厅里传出了钢琴的声音。她在即兴弹奏一首奇特可怕的幻想曲。充满幻想、蜿蜒盘绕、芳香沁人的旋律从隔壁的房间流溢而出，沿着墙壁和屋檐缓缓蠕动。

我的周围阴影摇曳。

我一动不动地伫立着，被妒火弄得神魂颠倒。我屏住呼吸……

当我掀动门帘，恐怖以一双冰冷的手掐住我的喉咙。一种黑乎乎的东西贪婪、专横地凝视着自己的牺牲品。

最可怕的是,她没有看见这个黑影。

我的心脏在胸口痉挛地颤动,可怕的念头灼痛我的头脑。

于是我明白了一切,我没有想错:在这个夜晚,死神夺去了我的恋人。

(吴笛 译)

离群索居

一

我住在一条忧郁的小河岸边。我一人生活,不过,对岸一些没文化的平民百姓时而也上我这儿来。

清晨,五点钟的光景,我带着采集植物的篓子,走出家门,一直要游荡到午饭时分。我满载各种植物,精疲力竭地回到家里,皮肤晒得黑不溜秋……

一位年轻的姑娘从村里给我捎来了鸡蛋、黄油、牛奶以及黑麦面包。我付了钱,对她说:

"今天好热啊!"

她平白无故地笑了起来,不知所措地连续移动着赤裸的双脚。

我一声不吭,于是她告辞而去。

吃罢午饭,我把植物分类放入不同的箱子和夹子。很快就到了傍晚。这时我走到河边,倾听小草低声细语,倾听青蛙用浓重的喉音彼此交谈。有时,一两条鱼儿溅起水花。寂静的尚未定形的思绪，犹如遥远的空气中的互不连贯的语音，在我心底躁动。空中，几朵云彩轻盈地飘浮，深深迷恋着自己投在清澈如镜的河水中的倒影。那边的芦苇丛中，一只鹭鸶独脚站在石头上。它几乎总是站在那儿。在更远处的岸上，晃动着几个黑影。这是几个农民。我听到了他们的声音。一想到他们那儿生活艰苦，环境恶劣，我心里就很不是滋味。然后我回到家里，躺在床上，开始阅读阿拉伯的民间传说。我想象着那神秘的山洞、阿里巴巴以及他的马刀……这时，忽然有人轻轻地蒙上我的眼睛，于是我朦胧地感觉到，这是睡意。书从我手中掉落到地上，我很快进入梦乡。

清晨，太阳把我唤醒，于是又开始了炎热懒散、清寂的一天。我重新贪婪地吮吸生活的芬芳。这生活极其美好，并且纯洁得如同初恋的战栗。

我身边的一切都在成长：小草在成长；灌木在壮大；蝌蚪变成青蛙；幼小的甲虫舒展开翅膀；从蛋中孵出雏鸟。——这一切都以混杂的声音注满了空气。

我感觉到无数的物体都在呼吸，我倾听着自己心脏的跳动，开始觉得，所有的生命都有一个巨大的心脏，它匀称地收缩，不断地压出鲜红的血液。

最后，我不再分辨我的自我从何开始，一望无际的天地从何处展开。我与它融为一体。我无限欣喜地仰望广袤无垠的高空。每当夜幕降临，我便心醉神迷地对着也许并不存在的遥远的星辰，默然祈祷。

二

昨天，对岸有人划船过来了，其中有尼娜。

我站在岸边，挥动着帽子，尼娜对我嚷道：

"你好，隐士先生！"

我把他们领到自己的木屋里，用牛奶招待他们，并且给他们看我的植物标本集。尼娜翻动着夹子，不时地发出银铃般的清澈的笑声。从她身上散发出年轻的树林和春天的阳光的气息。

我暗自思忖：

"他们这就与我告辞，返回家园。他们将在那里像奴隶一般生活。他们将为别人工作，也许，为那些不值一提的蠢货干活。而我这儿却是自由自在的生活！我能抛开一切，随着第一股春的气息，去南方，去美丽无比的海滨，还有什么比这更好……"

可尼娜呢？她的笑声中既然有春天的气息，难道她还离不开他们，离不开那些自己给自己套上锁链的幼稚的人们？

我们玩起了捉人游戏，玩得很起劲。

几个身影悄悄走近，犹豫不决地摊开双手倒在地上。

游戏之后，人们同我告辞。

又剩下我独自一人，一股甜蜜的忧伤急切地拥抱了我。在我的脚下，河水一个劲儿地咿呀作语，可我听不懂它们的话。

三

我急不可耐地等待着暴风雨的降临。周围一片寂静。万物侧耳倾听。全都纹丝不动。易于激动的燕子在聚精会神的河流上方蹿来蹿去。在河流对岸的某个地方,雷开始低沉地轰鸣,一朵一朵的云彩匆匆忙忙地与乌云汇集。

第一批乌云已经朝我奔来。它们满载自己收集的沉甸甸的水分,很快就将掀开盖子,以无数的水珠浇洒炎热的大地。电闪雷鸣。大雨倾注。

我光着头站在外面,呼吸着清新湿润的空气。雷雨之后,空气中总是弥漫着一种特别的气息。天空还不时掠过闪电,我的身后也不时传来沉重的轰响,这是雷电劈断了古老的白柳树。我看着倒毙的老树,说了一句狂妄的圣人的话语:"万物皆空!"

雷雨的最后一丝声音消逝而去,一股庄重的寂静笼罩着大地。我战栗地倾心于这股寂静,体验到了孤独。

我独自一人,我找自己决斗。

我走进自己的小屋,看见了一束玫瑰。这是尼娜昨晚留下的。我拿起玫瑰,重新返回河边。鲜花使我想起了尼娜,想起了她那艳红的嘴唇……

于是我把一束玫瑰抛入河水,大声嚷道:

"再见,尼娜!"

回声在对岸嘲弄般地重复:

"尼娜……尼娜……"

我观望着芦苇，它们正在对着忧郁的小河温存地悄声细语。我闻到了苦艾蒿和甜三叶草的混合的气味。生活的欢乐笼罩着我。

去树林，去树林！

我觉得自己精力充沛，浑身是劲，我感觉到强健的肌肉如何紧贴着骨骼，因此我愉快地承认，我心胸宽广，视野美好，手臂健壮……

可是有个东西使我激动，然而我不明白到底是什么。啊，明白了，原来是回声，奇特的嘲弄般的回声。它重复着我的话：

"尼娜……尼娜……"

我想念这位美丽的姑娘。

"她能为自己赢得幸福吗？"

尼娜的一双眼睛乌黑动人，端庄机灵，看着我时带着责怪的神情。尽管如此，她的嘴唇却富有性感，她好像为此而非常害臊。

终于，我不再想她了。现在我又自由了。此刻我身上出现了强烈的生活的渴望。奇特的愿望使我感到心荡神怡。我吮吸着植物的醉人的芳香，脑袋昏然旋动。我企盼与大地亲近，而大地在被雨水洗涤之后，芬芳沁人，充满青春的活力，仿佛在焦急地等待神秘的幽会。

我躺在温暖的大地的怀抱，倾听着树林的簌簌声响，顿时觉得，大地已经被我占有，我尽情享受着她的妩媚，如痴如醉地喃喃低语：

"你是我的，我占有了你！"

四

我去了河的对岸。尼娜用充满深情的眼睛看着我,又用饱含恶意的声音说:

"你是坏人!我不爱你!我不爱你!"

我为之一笑。

现在我回到家里,非常高兴,因为我又能忙于给植物分类了,白天,我阅读植物学书籍,晚上,我看阿拉伯民间故事。

这样,我重新享受起离群索居的乐趣。

啊,生活多么美好!多么欢快!看吧。听吧。到处是生活的震颤的呼吸。植物满怀希望地面向世界。和风轻柔地吻着云朵,而腼腆的、激动的云朵陡然地试图摆脱和风不知羞怯的亲昵。一线一线灿烂的、锐利的阳光沐浴于树木之间、水面之上。

我需要空气、阳光、自由……

啊,生活何等美好!何等欢快!看吧。听吧。到处都是生活的震颤的呼吸。

五

时间分分秒秒地流逝……

整个一生!整个一生!生命流逝而去,死亡随之降临。

这样,在生活的神秘的脸膛之前,一切都显得微不足道!人类的历史比可怜的水草的历史更加没有意义……

有一个魔鬼来到了我的小屋，对着我的耳朵一个劲地老调重弹："万物皆空，万物皆空！"

然而，这个魔鬼，他干吗笑了起来？

我愿像以前一样愉快，我需要阳光，我要蔑视一切，除了天空、星辰和我本人。可是，忧愁为什么将魔爪伸进我的脑袋？

这时，尼娜越发频繁地从对岸上我这儿来，双脚盘在床铺上，整个钟头整个钟头地用恶狠狠的、责怪的、但又充满深情的目光凝视着我。

我最后一次是这样对她说的：

"尼娜，亲爱的尼娜！抛开你那些乡亲，扔掉你那些书本……搬到我这儿来住吧。我会教你去爱天空、鲜花；我将亲吻你的纤手、秀发……然后，然后从你身边走开。"

她紧皱眉头，说：

"你是个不幸的人。我以前羡慕你，现在不了。你身上已经发生了某种变化，你很快就会自个儿离开你的花朵。"

"我亲爱的姑娘，"我说，"也许你说得对。也许，我这么躺着的时候，心里总是想：我胸口这巨大的、沉重的东西是什么呢？力量这么大，大得可怕……需要使用这些力量。也许，我会抛开离群索居的生活，重新回到城里，重新生活在高墙和噪音之中，重新参与斗争……不是为了亲人……而是为了自己，为了斗争……"

（吴笛 译）

文字

几个穿黑服的人走过来绑住了我的手。该死的家伙!他们用又牢固又粗糙的绳子狠狠地反绑着我的双手,绑到左手和右手相互憎恨的地步,因为它们总是缚在一起,无法松解。

事情由此开始。

然后,这些穿黑服的面色灰白的人们在呆滞的不值一提的脸上露出自足的微笑,站在我的周围,摊开长长的纸卷,上面画着几条线和几个字母。

"念吧!"他们冷冰冰地发号施令。

我开始辨别这些字母和这些线条。起先,我不明白它们的寓意。我看到的只是哑然无语的确切的公式。但公式只是假装确切,因为其后具有更多别的东西。而这些比公式更多的东西却没有形态。

身穿黑服的人们重复说道:

"念吧!"

当他们说"念吧"的时候,我觉得,他们是在挖苦地对我说:"死吧!"

于是我冲着他们嚷道：

"该死的东西！若是我的双手没被绑住，我就把你们的纸卷撕个粉碎，踏个稀巴烂。这纸卷中散发出死亡的气息。"

那几个家伙笑了起来，张开大嘴，露出尖牙，在我面前展开一幅用黑白两色绘制的图画。我明白，这是他们大伙儿一起画的。上面画了许多方块，每个方块上站着一个肥胖傲慢、中等身材的人。

"文字[1]在哪儿？"我问道。

他们严厉地瞪了瞪我，说：

"道德品行上用不着文字，已有方块取代。"

他们这是害怕我施行道德的行为来打击他们，因此仔仔细细看了看绳子上的结，以便确信我的双手被绑在一起。

一只硕大的黑鸟沙沙地扑打着翅膀，从我头上飞过。我环顾四周。在遥远的地平线上，躺着黑黝黝的山脊，它们的峰峦直抵低沉的天空。在云彩之间，飘浮着疯狂的红色的月亮。金色的熊座星辰——大的和小的——都莫名其妙地激动不安，不停地颤抖。一切都非常可怖。一切都极其古怪。

我背后是黑沉沉的弯弯曲曲的树林。我听到了布谷鸟的叫声，这是临近死亡的回声；听到了猎头鹰的死一般的呻吟；听到了某种绝望的哀号……

但最可怕的是我面前的一个湖泊。它像秘密一样毫不动弹，它像血液一样鲜红鲜红。

---

[1] 原文中的"文字"一词也作诺言、话语解。

我不寒而栗。

穿黑服的人发现了我的不安,说:

"你干吗害怕?这是我们淹死了文字的湖泊。"

"这我知道,"我嘟囔着说,"这我知道。"

哦,怪不得湖水血一般鲜红!

"一帮该死的家伙!"我厉声嚷道,怕得喘不过气来,"还我文字!还我文字!"

一个可怕的回声嘲弄般地重复:

"文字!文字!"

穿黑服者笑了起来:

"哈哈哈!你真幼稚。"

然后皱眉蹙额地说:

"你若是再提什么'文字',我们就把你扔到湖里去。"

这时,我使出全身的气力,扯断了绳子,松开了自己血肿的双手。

穿黑服的人震惊于我的决心,胆怯地朝我扑来,想把我抓住。他们人很多,可我只有一个。可是我的手中拥有威力无穷的武器:绝望和愿望。第一个人扑向我。我伸出手来,痛击他那张傲慢的、含着讥笑的脸。这张脸上立刻留下了我血肿的手痕。

斗争开始了。

我发现,我有同盟者:大地。大地在他们的脚下晃动着,于是这些可怜的、不值一提的家伙乱作一团,挥舞着瘦骨嶙峋的长长的手臂,纷纷栽倒在地。

我推开他们，竭尽全力朝湖边跑去，而这些横七竖八躺倒在地上的家伙痉挛地揪住我的衣服，我好不容易才扯下他们那纠缠不休的手指。

在搏斗中，我全身溅满了血。心脏在胸口可怕地跳动。脑袋嗡嗡作响。可我一直跑着，跑着。

背后传来刺耳的尖叫：

"疯子！疯子！"

左边和右边都立着沉重的石块。

石块责怪地看着我，又带着责备的意味，沉默不语。

"这些石块是什么？"我暗自思量。

我随即对自己回答：

"是墓石。"

于是我笑了起来：

"哈哈哈！墓石！哈哈哈！"

我方才觉得，湖泊很近，可是，直到现在还没有找到。我喘着粗气，跑呀，跑呀，用拳头按住左边的胸部，因为我觉察到心口疼痛。

折磨我的人们无法赶上我，他们在远处叫喊：

"疯子！疯子！"

我仰望荒谬的红色月亮。它直勾勾地瞪着我，也像墓石一样带着责备的意味，仿佛在说：

"徒劳无益！一切都徒劳无益！"

天空在上方发出声响。啊，这是什么样的歌曲哟！云朵在唱，星辰在唱。在星星之间，虚渺的太空歌声嘹亮。

"我不愿听！不愿听！"我嘟哝着继续朝前猛奔。风在我耳边呼啸：

"嘘……回去，回去……嘘……"

在我的身后，愚蠢的尖叫勉强可辨：

"疯子！疯子！"

终于来到了湖畔，深沉的、红色的湖泊。

我眯起眼睛，一头扑进湖里。可湖水却不愿接待我，用波浪把我的身体托了起来，在我耳边悄悄地说：

"我们这湖水里没有文字。没有文字！"

我明白这是真话，于是游到了对岸。

对岸也躺着许多石块，还有一些灰色的阴影在四处徘徊，一只只黑鸟沙沙地扑动着翅膀，——它们全都像月亮那样低声嘟哝：

"徒劳无益！一切都徒劳无益！"

远处，又出现了新的湖泊，同样显得深沉、鲜红。我想，文字一定在那边，在湖的对岸。

一条硕大的滑不唧溜的蜥蜴朝我爬来，嘟嘟囔囔说：

"没有文字！没有文字！"

我一脚把它踩住，趾高气扬地面对沉默的石头，高声呼喊：

"我一定要找到文字！"

回声可笑地重复着我的尖叫：

"文字！文字！"

（吴笛　译）

勃洛克

街上的面具

佛罗伦萨。

透过会议广场上咖啡馆的窗户，可以望见大教堂的正面和浸礼教教堂的一部分，此外还可以见到破陋的加勒卡依奥里大街的街口。这条大街把教堂广场和新沃里广场连接了起来，成了那片已被国外的小旅馆、饭店弄得污秽不堪的市中心街区的主要干道。

这里的白天是乏味的，充满了尘土和臭气。但当夜幕即将降临、暑热逐渐消退、暗淡的街灯亮起来的时候，广场上就聚满了人。现代的建筑物的轮廓在黑夜中也变得模糊了。不必折磨自己，在这里你可以随心所欲地融入到人群中，融入到小贩和车夫的吆喝中，也可以融入到电车的鸣声中。

在这里的这个时刻你可以成为一幅可怕的情景的目击者。

突然，就在耳边响起了呦呦声，这声音就好像是轮船上汽笛发出的轰鸣。我看见了一行人，他们跑着绕过了前面一座建筑物的台阶。

最前面跑着一个戴着风帽的人。他的帽子戴得低低的，盖住了脸,甚至连眼睛也给遮住了。他除了脚下的地面,什么也看不见。那支他高高地握在手中的火把上的火苗借着风势呼呼地往上蹿。

后面两个蒙着脸的人正拖着一辆长长的黑色的两轮车,车轮的外围包着橡胶的轮胎。所有的这一切就像猫头鹰一样静悄悄的,只发出令人不安的轮船汽笛的呲呲声。

人们让出了道路,两轮车显现出人体的形状。在三个圆环上拉着厚厚的黑布,布晃动着,从它的晃动中可以看得出来,板车并不是空的。

"好心的兄弟们","好心的弟兄们",他们喊着,很快地将板车推到坐落在加勒卡侬奥里街角的一所房子前的铺板上。房门迅速地敞开了,所有见到的一切都在一瞬间消失在底楼板棚的大屋子中。一切都发生得那么突然,不容你惊奇,也没有时间让你去猜测。

一切收拾得那么迅速,而且井井有条。我想,即使佛罗伦萨的常客——鼠疫,也办不到。

房门紧闭着,房子仍然是房子,似乎什么也没发生过。屋里现在应该在抬起死人,给他脱衣服了吧。然而,此时刚涌来的人群中玩耍的军官、太太、妓女和商人们没有一丝的不安,他们丝毫不怀疑,以往的不安已被加洛普舞曲带走了,装着死人的平板车已被推上了木板台。

在悠扬的加洛普舞曲中,一只不幸的、受了惊吓的蝙蝠在天空中盘旋着,它是那些漏风的房屋、塔楼和高墙的老住户,在交映的灯光中差一点没有撞到散步者的头上,它们迷失了自己的方向。

　　所有的这一切都是对某些东西的古老的暗示，都是对某些诱人的骗局的一种久远的回忆。所有这一切都是面具，而所有的面具下都隐藏了某种其他的东西。长在卡申的蓝色的鸢尾花，这又是谁的面具呢？当一阵偶然的风吹向炎热的地带时，所有的人都像蓝色的火苗一样转向同一个方向，也真的想飞走了。

（赖振蓉 译　李静 校）

忆安德列耶夫

现在我为什么要追述逝去的列昂尼特·尼古拉耶维奇·安德列耶夫呢?这里有值得公布于世的回忆吗?

我们曾经一起做过什么吗?——从来没有。我们经常会面吗?——不,很少会面。我们有过重要的谈话吗?——有过一次。但这次交谈几乎很少涉及到我们两人,并且它的结束也是令人啼笑皆非,或者说简直就是轻喜剧。因此我不想回忆它。

我是否热爱列昂尼特·尼古拉耶维奇?——不知道。我是他的狂热崇拜者吗?——不,我不能毫无保留地肯定这一点。

尽管这样,我还是觉得,我头脑里有一部很长的、很重要的关于逝者的回忆。说它很长,是因为我们"认识"或"不认识"已有十年。说它重要,是因为这部回忆激励了他的生命及我的生命中的源动力。

现在我的回忆已经完全失去了实际内容。但我与列昂尼特·安德列耶夫确实曾经交往过,在很少的几次会面中,我们进行过不甚愉快的、"口齿不清"、表达也"不流利"的交谈。这很快就使我们之间变得冷淡,并且相互疏远了。

因此，现在我想说的一切，将不会是欢欣愉快的。将是一个并不少见的故事——是关于对自己和对方都有些了解的两个人。而把这些了解具体化，把它分为具体的事却不太可能，也不太愿意。我敢这样说，不光是我一个人灵魂深处很孤独，而且我们中的很多人——几乎是所有人——精神上都是很孤独的。

俄罗斯的艺术家在两次革命之间这些年中所做的事，事实上是一群心境孤独而又热情奔放的人的故事。在它没有带来真正的后果之前，这算是最好的了。

有人告诉我，这些年中有过许多文学小组，有过许多在它们周围集中了同一志向的人群的杂志和出版社。产生了一些完整的流派。所有这一切，都发生过，更确切地说，都曾经有过。但它怎样也没有使我为之信服，因为我并未看到这一切的结果。它也并没有结果，这里面并没有任何本质的东西。相反，在彼得堡生活了两年，我更加相信，俄国出色的杂志《往年》或《阿波罗》，它们的发起都是疯狂的。现在我翻阅这些印刷艺术的杰作时，我就认真做好了随时都要发疯的准备。我不断询问自己：这些杂志的主编怎么就没有意识到，我们会变成什么样子？三四年以后我们会成了怎样的人。

但问题并不在于此，而在于，可能会是这样的：这些人也理解孤独而又热情激动的心境。列昂尼特·安德列耶夫也是如此。但把列昂尼特·安德列耶夫与《往年》杂志的主编联系在一起想象是不可能的。要将他们联在一起想象，只有在漫画中才有此可能性。一些象征主义者对于列昂尼特要亲近得多：比如安德烈·别雷和我。关于这一点,他对我讲起过许多次。尽管我们很亲近,但也没有做出什么名堂。

在与列昂尼特·安德列耶夫熟识和了解之前很早的时候,我就与他建立了联系。后来的熟识也并没有为这一联系多增加些什么。我还记得在一个秋天的雨夜,我在庄园里读《瓦西里·弗维依斯基的一生》时所感受到的震撼。我在这里度过了生命中最美好的时光。现在这一切都荡然无存了。也许,只有老椴树还在沙沙作响,如果它们的树皮还没有被剥掉的话。而现在那里也不平安。哪里都没有平安,悲惨的事情触目可及。恐怖就跨在门坎上——这一切我很早以前就知道,还是在第一次革命之前就知道。于是,先是《瓦西里·弗维依斯基的一生》深深地触动了我,然后是《红笑》,接着是非常明快、尖锐的短篇小说《贼》。我还为这篇小说写了评论,刊登在《生活问题》杂志上。后来列昂尼特·安德列耶夫读到了这篇评论,听说他很喜欢。他是应该喜欢它的,这我知道。他喜欢这篇论文并不是因为它具有赞美性质,而是因为在这篇评论里我与他产生了共鸣。更确切地说——不是与他本人产生了共鸣,而是与他所提出的那种"混沌"[1],不是"提出"的,而是"拉出"的,更确切地说简直是"拽出"来的那种"混沌"产生了共鸣。他本人被这种"混沌"所激怒,就像家里的小狗受到了惊吓。于是他周围所有那些循规蹈矩的知识分子都不再相信这些混沌了。

---

[1] 混沌(xaoc):古希腊神话中的语言,指天地未辟以前的世界。这里用于转意:指社会现象中的某些混乱和杂乱无章。

我们的两种混沌交织在一起，于是列昂尼特·安德列耶夫在没有认识我之前，就已经知道有这么一个亚历山大·勃洛克了。不管怎么说，也要和我会会面。因此我们实际上已经不陌生了。

那时我刚刚大学毕业，成了个文学家。像其他人一样穿着普通的便服，在各处请求预支稿费。在一次讨稿费时，我已经记不清是在哪里了。我和列昂尼特·安德列耶夫相识了。在他身上我没有发现一丝所熟悉的混沌，站在我面前的是一名已经很出名的作家。我在所有名作家面前都非常紧张。列昂尼特·安德列耶夫也不知道该从哪里开始话题。不久，他邀请我去他家做客，我就去了。安德列耶夫住在卡缅那奥斯特洛夫斯基区，住在一栋很暗的大房子里，各个房间都是用活动隔板隔开的。

我记得那是一个下着瓢泼大雨的秋夜。在一条街的拐角上坐落着一栋非常大的房子。屋外有一盏路灯，路灯的灯光照着芬兰湾的方向，照着雾霭弥漫的远方。

房间里有一大群人，几乎都是作家，有很多是名作家，但我不知道他们在谈论什么，我谁也不认识。路灯在人们身上投下了影子。这群人中，最孤单的就是列昂尼特·安德列耶夫。他越像主人一样客气周到，就越显得孤独。这就是我脑海里留下的所有印象。邀请信是以戏谑的形式写成的——玩笑开得那么客气、可爱，从这就可以看得出这个名人的办事作风。所有的客人都面带微笑，但谁也不是真正的高兴。

那天晚上，在雨中路灯的衬托下，列昂尼特·安德列耶夫显得比平时更加亲切可爱。我记得，他很朴素，还有点腼腆。也看不出那种混沌。有一种受惊的动物，看着它，好像并不害怕什么，但你看不到它时，分明又感受到它受了惊吓。

我所描写的这个晚上是一九〇六年秋天的一个夜晚。而一九〇七年，在"演出季节的后期"，在卡米萨尔耶夫斯基区军官街上的大剧院里第一次上演《人生》。这部作品深深地触及了安德烈·别雷和我。在这里我又一次想起的不是列昂尼特·安德列耶夫——这个穿着特殊外套的非凡的名人。而是他的那种氛围，是环绕在他周围的那种空气，这种空气在舞台上表现出的气氛比后来在艺术剧院演出时还要出色得多。卡米萨尔耶夫斯基地区剧团的导演和几个演员都和安德列耶夫心灵上有些接近。就连相当拙劣的演员都成功地表现出了那种无所不在的混沌。

在《人生》中，就像在安德列耶夫所有作品当中一样，这部剧反映出了一个荒谬的、令人苦恼的问题，就像孩子们问的"为什么"。不论你怎样对孩子解释，他还是问"为什么"。可成年人却往往答不出这个"为什么"。但他们又不愿意承认他们回答不了这个问题。他们只是说："这是个'愚蠢的问题'，是个'儿童问题'。"——这就是我个人认为列昂尼特·安德列耶夫最可爱的地方。他总是提出这个问题，并且有三次提得非常正确。因为现在，俄罗斯——这个伟大的孩子也提出了这个问题。

列昂尼特·安德列耶夫从自己内心深入提出这一问题时是缺乏理智的。在这以后他逐渐变得越来越理智。经过思考他自己能够回答这一问题了。而且一次比一次成熟,一次比一次深刻。但这里面有着可贵的、无限丰富的、混沌而又混浊的深刻。有人不停地问:"为什么?为什么?为什么?"并把头撞在一座很大的、有着许多时髦装饰的、令人厌恶的、富丽堂皇的大房子的墙上。房子里摆着时髦的新式家具。这里面住着著名作家列昂尼特·安德列耶夫。

看来,《人生》在这层意义上是带有自传性质的剧本。我有幸看到它的上演,我把演出成功归功于米耶尔霍里特[1]。

那是一次"无布景演出",在舞台的一只沙发上,坐着几个老太太,还有一道屏风,前面是一面圆桌,周围放着几把椅子。整个舞台的照明只是放在桌子上的一盏灯,灯光昏暗浑浊,斑斑点点。这样,站在黑暗中,我几乎是和演员们并肩看着这部戏。《人生》伴随着我的共鸣,伴随着母亲生产时的刺耳尖叫;伴随着身穿白大褂的医生叼着卷烟,神经质地跑来跑去。而最重要的是:一个身穿灰衣的人,背向着观众,在舞台上站在柱子的后面发表着自己的演说。

这些台词至今对许多人来说还是低级鄙俗的。我记得,他们当时非常厌恶演这一角色的杰出演员 K. B. 布拉维奇先生。他现在已经去世。但这台词里有些话至今使我激动:

"看吧,听吧,来这里寻欢作乐的人们。在你们面前走过去的就是一个人的一生。这一生从黑暗中开始,又在黑暗中结束。到现在它也并没有消逝。它不受时间的限制而秘密存在,

---

[1] 米耶尔霍里特:著名演员。

没有人能够触觉到,没有人能够感觉到,也没有人能够知道。"

"凛冽的寒风在无限的宇宙空间中无力地旋转着,飘游着,吹动着旗子,蜡烛在明亮地燃烧着。但它的火苗在逐渐地缩短,在缩短……"

"而你们,来这里寻欢作乐的人们,你们,无可幸免,必遭死亡。请看一看,听一听,从远处传来了虚幻的回声,带着一个人瞬间即逝的一生中的悲欢与荣辱……"

安德烈·别雷说这部剧本充满了痛苦与绝望。这是事实。痛苦、绝望不止一次从列昂尼特·安德列耶夫的内心深处迸发出来。因此,我们当中的一些人曾经非常感激他。记得后来同样使我震惊的是《犹大的故事》,而后就没有什么使我感到震撼的了。但是,我清楚地知道,安德列耶夫要说什么。列昂尼特·安德列耶夫也知道,我们在一起能说些什么。一年以后,安德列耶夫给我写道:"我有好几次想到您那里去,多么想拜望您一下,但却没能实现,没能实现……为什么我和您都与命运背道而驰呢?"

我们终究没能见面。

又过了一年,仿佛他已经找到了我们会面的现实途径(这是因为我的剧本《命运之歌》,这一剧本他可能很不喜欢),但却并没有发生什么不快。我给他写了回信,没有责怪他,但他却有些抱怨了。这已经是一九〇九年了。反动势力的乌云更加浓郁了。那时我去了意大利。在那里我受到了艺术的烧灼,开始为当代文学和文学家感到害臊。还有许多其他原因使我几乎与所有人停止了往来,走进自己"孤独的感受"的境界。列昂尼特·安德列耶夫那时也完全变成了另外一个人。他身上堆积了各种各样的指责，也获得了巨大的荣誉。但批评界也没有宽恕他，他对此十分在意。

一九一一年，不知为何，他又想到了我（我的一首诗就是由这件事引发的）。"我不知道是否有必要写这封信给您，"他在信中这样写道，"也许没有这个必要。"他给我寄来了《萨什卡·日固廖夫》。我好像也给他寄了一本书，事情就这样结束了。我记不得了，之后我们是否还见过面。

一九一六年底，我回彼得堡休假，收到了一封非常客气的信。信中列昂尼特·安德列耶夫邀请我加入《俄罗斯意志》报社。他是文学戏剧部的主编。信中这样说："报纸是银行办的，是亲德派的，是直属部委领导的。"——这一切都是假话。我两只耳朵嗡嗡作响，我拒绝了他的邀请。列昂尼特·安德列耶夫很生气，写封信来责怪我。后来我的休假结束了，没有回信我就走了，就这样结束了我们的个人交往——永远地结束了。

然而，我与安德列耶夫互相在内心深处是了解的——所有的会面和通信，尤其是关于犹太教方面的信仰证实了这一点。至于亲德派等等的谈话，确是胡言，毫无意义。然而，假如现在列昂尼特·安德列耶夫还在世的话，我们也许还会见面。

我们之间产生的共鸣不依赖于个人之间的会面——主要是"混沌"意识，其次是孤独而又热情激动的心境将我们的思维连在一起。我还清楚地知道一点，在作家列昂尼特·尼古拉耶维奇·安德列耶夫身上的那个主要的安德列耶夫是非常孤独的、不被接受的、总是遥望着冲着芬兰岛方向的黑色窗口。在一个灰暗的深夜里,在一个我和他有着共同感受的深秋的大雨中,从那个窗口中跳进来了一个戴着黑色面具的、拜见他的最后一位客人——死亡。

(李静 译)

不是梦境,也不是现实

日暮时分,我们全家围坐在椴树下喝茶。丁香花丛后的峡谷中此时腾起了雾霭。

四周响起了刷刷的、像磨镰刀的声音。隔壁的农夫们出发去为商人割草了。像以往一样,他们没有大喊大叫,也没有吵吵嚷嚷。镰刀在草上挥舞着,听声音,大约有二十柄左右。

忽然间,人群中有人唱起了歌。浑厚的男高音自然地洋溢了开来,一时间充满了峡谷、树木和花园。由于迷雾,丁香花丛后的景象我们一点也分辨不清,但听声音我判断得出来,唱歌的是格利高里·赫鲁布诺夫。我以往从未料到,矮小的、颓废的帮工格利高里会有这么一副好嗓子。

农夫们又一起唱了起来,而我们却显得有点不知所措。

我听不清楚他们唱的是什么,然而歌声却越来越响了。隔壁的农夫们还从未像今天这样地唱过。我如坐针毡,喉咙发痒,不由自主地想哭。于是我跳了起来,跑进花园深处的角落。

从此以后,所有的一切都化为灰烬了。那些唱歌的农夫们，在莫斯科时染上了梅毒，又将病毒传到了农村。那个农夫们为他割草的商人，喝得烂醉，睁着双蒙眬的醉眼，放了把火把自己庄园中的干草棚烧了。助祭不知和谁生了群不合法的孩子。费多小木屋天花板已经完全倒塌了，可费多也不去修理它。老人们开始逐个死去，青年人也逐渐地衰老了。我的叔叔也开始讲一些以前从未讲过的粗话。连我也变得和他们一样了，在第二天清早我动身去砍那株老丁香树。

丁香已有一百年的树龄了，一副贵族的气派。花略微带点浅蓝色，果穗稀疏，但树身却非常坚硬，斧子勉强才砍得动。我把它连根砍倒了。丁香树后是株白桦树，我把它也砍倒了。而在白桦树后，就是峡谷了。在峡谷的那边，除了头顶上孤零零的那一幢房子，我什么也看不见了。房子就屹立在风雨中，如果在它下面挖个洞的话，它会倒下来将我埋没的。

所有的人都愤怒了，只有一个"革命人士"还没有愤怒。他是那种在骑车行路时总要迷路的人。军士们总是在下面走，直接穿过沼泽；而"革命人士"总是沿着路在上面走。有一次，军士们驾着自己赛跑用的马车一下子冲进了灌木丛，浑身上下像落汤鸡。而"革命人士"骑着车像鹰一样地从小山丘上冲了下来，他的裤子紧贴在踏脚板上，被某种带刺的植物卡住了。一群狗发出嘶哑的叫声，在扬起的烟尘中摇晃着尾巴。

总之，我们所有的人的结局都很不幸，就像助祭预言的那样："随着最后的一声号角，转瞬间，所有的人一切都改变了。"

但"革命人士"为了避免不幸的发生，所以总是表现得带有政治性和不合法性，这可以说是他的天性。话又说回来，我也一直认为生命世界的基石，不论我是否愿意，我自己已经将它破坏了。

我们一生中都在寻求着幸福。就如同在一个黄昏，人们站在露天的、铺满白雪的月台上，久久地等待着列车的到来。虽然雪光很刺眼，但人们仍然期待着，直到在拐弯处出现了三点火光。

终于，高高的、窄小的火车头出现在人们的视线中，但此时人们已经兴奋不起来了，所有的人都是那么疲惫，那么寒冷，即使在温暖的车厢中也暖和不起来了。

疲惫的心栖息在坟墓的门槛上。春天又来了，峡壁上的杏花再次绽开了花蕊。从身边走过抱着容器的玛格达琳娜[1]，她的镶着金边的浅紫色的衣裙又大又沉，她不得不用脚将它撩开。

——我的灵魂呀，你的肉体上哪去了？

——我的肉体仍然在地面上徘徊，虽然它竭力不想失去自己的灵魂，但事实上灵魂早已离它而去了。

最后，气呼呼的魔鬼想出了一种最残忍的折磨办法，他要把可怜的灵魂送到俄罗斯去。灵魂恭顺地答应了，其他的魔鬼都为老魔鬼的可怕发明鼓起掌来。

---

[1] 玛格达琳娜：俄罗斯古典小说中的人物。

灵魂在二十世纪的俄罗斯受到了磨难……

在林中春雪可以融化的地方,除了在老杉树下还有一层灰色的冰壳外,积雪几乎都已经融化了。空气中散发着芬芳的气息,在杉树林间流淌的小溪中,映出了清晨。

树林的后面是一望无际的平原,平原上有无边的人群。他们中有的在系草鞋,有的在用已融化的雪水洗脸,其余的卷起了衣袖。所有的人都准备出发去某个地方。

烟从巨大的、即将要倒塌的铁匠铺中升了起来。农夫们拖着犁和耙,准备拿去再铸。

村庄后面的小山岗上,站立着一群勇士。除了他们身上闪闪发亮的盔甲外,其余的什么也辨别不清了。有个人骑马走在最前面,马蹄稳稳地扎在地上。他身后的那个人抬起手,指向森林后的远方。

忽然间,人群朝着一名勇士手指指的方向移动了起来。草叉在一些人的肩膀上挥舞着,而另一些人身上却佩着奇异的古剑。

农夫们向前走着,整个林中都充满了草鞋在地上行走的沙沙声。

现在,一切都静下来了,四周沉寂了。我闭上了眼睛,在我眼前走过一群人,有一些是认识的,而另一些是陌生的。他们紧束着胸膛,以至于使呼吸都变得有一些困难了。在闭着的眼前相继浮现出了一幕幕令人愉快的情景。

街上的面具

我睁开了眼,眼前的一切仍旧是那一盏灯和灯下坐在沙发上的女人。她的半张脸隐藏在黑暗中,只看见一张被火光照亮的嘴。像以往一样,这双带着醉意的眼睛总是在黑暗中透过微微下垂的眼皮注视着我。

有一次,为了摆脱自己的灵魂,他沿着一条洁净的、寂静无声的街道散步。要紧紧跟上他年轻的步伐,对于已经疲惫不堪的灵魂来说,是多么不容易。然而灵魂仍旧锲而不舍地紧随着他。

突然,在冬日灰暗的暮色中,在高高的房顶上,浮现出了一张脸。她向他伸出了手,并开口说:

——我从圣洁的天国一直尾随你来到这里。刺鼻的城市中的烟尘就像一件肮脏的皮大衣将我包围住。我的双手被电线割断了。你别再用各种名字称呼我了,因为我只有一个名字。也别再四处寻找我了,因为我就在这里。

没有人对他忧郁的抱怨做出回答。只有喷泉还喷着水,细长的小草在散发着香气。

整整一个晚上他一直沿着一条漆黑的河的岸边徘徊。天亮的时候他来到了教堂,三辆马车绕过教堂前的台阶后,慢腾腾地穿过铺满雪的广场;马车的侧面显出六个喝得醉醺醺的军官和太太。看得出,他们没有什么可埋怨,也没有什么心思。

于是他决定趁她熟睡的时候,悄悄溜回家去。

——夜里我总是绕着花园散步。在花楸和山楂树之间有一面西墙，白天的时候那儿被太阳晒得滚烫。但一到夜里，就在这个地方，我已经看见了好几次……

——什么？

——有个人跪在那儿，背对着我，在刨土。刨完以后，他把手做成喇叭状，用低沉的嗓音对着刨出来的坑里说："喂，你快点！"

——那儿究竟是什么？

——接下来发生的事我已经看不见，听不见了：我害怕极了，双手捂着耳朵头也不回地跑了。

——说不定是园丁吧！

——有次坑里竟有人回答他了，那时从坑里响起了许多人的声音："我们还来得及的。"听了这些声音以后他不急不忙地站起来，没有转向我，就跑到角落里去了。

——那儿有什么异常吗？那是园丁在和工人们讲话，这一切都是你的错觉。

——哎，你不会明白的，不会的！

（赖振蓉 译　李静 校）

别雷

风神

我们坐在峡谷边的露台上。放眼远眺,只见山峦叠嶂,奇峰突兀。山顶上覆盖着一片片脏兮兮的冰雪。

旁边是一片无主墓地,人们祭奠的场所。几棵柏树中间矗立有一座铁皮小教堂,教堂的屋顶上有两尊沉甸甸的银色婴儿雕像,婴儿的眼睛里噙着泪水。呼啸的狂风撕扯着柏树。

天空灰白如铅。灰色上面还增添了一层蓝色和紫色,这两种不知来自何方的颜色越来越浓。那些长明灯的昏黄的亮光似乎要驱散苍茫的暮色。长明灯上空的时光老人把柏树压弯了腰。

我们沉默着。我们——老人和我——偶然发现了这幢废弃的别墅。这位脸色苍白的老人也是我在山里偶然碰到的。我们两人都是被恶劣的天气驱赶到这里的。我和老人还没有说过一句话,大家裹着雨衣呆呆地坐在这儿。我望着老人……他的胡子和鬈发被风吹得像绸巾似的在脑袋周围飘舞,那件黑色的雨衣使他的身影失去了清晰的轮廓,那张灰色的脸湮没在周围的暮色中。我觉得老人并不存在似的。他那件雨衣就像群山中间的一个黑乎乎的峡谷,而他的脸完全融进了暮霭中。突然,他说:"我去点亮墓地的灯。让所有的坟墓在迷蒙的夜色中发出黄色的光。"我说:"刚才在山里遇见您的时候我还不知道您熟悉这一带。"他说:"我就住在这儿……"说完他便去点燃墓地的灯。当星星点点的灯火在风雨来临之前欢快地亮起来的时候,我想起了山风之神的故事,于是向空荡荡的房子走去。

天色越来越黑。老人没有回来。唯有那些陆续点亮的灯光表明他在墓地里。

我走到窗前。只见高空中飘浮着不知来自何方的乌云,墓地上空笼罩着死气沉沉、迟钝呆板的气氛。那几棵柏树在暴风雨来临前正在轻声祈祷。山脊背后浮起预示着暴风雨的乌云,那是一片不祥的乌云。我寻思:今天夜里风神将会亲自降临。

乌云的形状十分可怕:又黑又高,周围还有几团白色和灰色的卷状云团。我看得很清楚,它那漆黑的底色像老人的身影,那个灰色的巨大的卷状云团就像老人的脑袋。我朝墓地望去,墓地上亮着一盏盏黄色的长明灯。显然,老人点亮了灯便离开墓地回来了。可是所有的房间里都找不见他的人影。

直到灰蒙蒙的早晨来临,期待才告结束。天空中大雨如注,狂风呼啸,雷声隆隆。这是一场新的洪水。

突然,风停雨止,几片破布似的残云慌忙逃走。峭壁环绕的黑沉沉的峡谷又使我想起了老人的身影,远处的雪峰犹如他那卷曲的须发。他仿佛俯身躺在那儿,手脚顶着地平线,我自言自语道:这就是风神。可是一团浓雾把一切都遮住了。

我不管老人是否回来,默默地向自己的房间走去……

我们——我和老人——来到露台上。暴风雨已经转移到烟雾迷蒙的远处。

可以继续赶路了。我要经过那片寂静的山谷。我瞥了一眼老人。他垂着多思多虑的脑袋,在观察这混乱的世界。

我们互相道别。

1900 年

(徐振亚 译)

寻找金羊毛的勇士

一

秋天的枯叶纷纷飘落。风把这些金币似的枯叶聚拢起来，再把它们拆散，带到海边。这时候一切声音都带着金子的铿锵。

一位身材魁梧、胡子雪白的老人向海边走去。他的鬈发在随风飘拂，这是一位大作家，他像寻找金羊毛的勇士那样要去寻找太阳。他那位默默无语的驼背同伴——面色苍白的陌生人——勉强跟在他后面。他的胡子像笤帚。他的眼睛低垂着。苍白、松弛的脸上有两片红红的橡皮嘴唇。

他们俩飞一般奔向海边。勇士挥舞着拐杖，谈出自己庞大的计划："我要发行一份杂志，刊名叫《金羊毛》。那些寻找金羊毛的勇士将成为我的撰搞人，太阳就是刊物的旗帜。我用通俗的语言解释阳光原理，以此点燃人们的心。我要把整个世界镀上一层金。稀薄的阳光会使我们窒息而死。我们要把阳光压成金板藏进地下室，再锻造成阳光铠甲。我宁愿把白发染成赭色，穿上麦秸编成的衣服，也决不放弃自己的计划……我们将秘密地创办一所培养'金匠'的学校。您已经答应掌管制造飞船的工厂。飞船将穿越太空飞往太阳。我们将负责居民迁徙事宜。到时候地球上将无人居住，而太阳的宫殿里将人满为患。"企图利用太阳的阴谋家发出了这般豪言壮语，他同伴脸上那两片红色的橡皮嘴唇开始蠕动起来。哑巴同伴抬起睫毛望着踌躇满志的幻想家。他的眼窝是两个灰色的空洞：他没有眼珠。他从不抬眼看人。

大海上空悬挂着一颗光芒四射的金核桃。年迈的勇士沐浴在暗淡的晚霞中。他指着太阳说："多好的核桃啊！我宁愿把自己的白发染成赭色，也决不放弃把人类迁往那儿的想法。"

稀疏的金柱拍打着起伏的波涛。这些金柱由众多的上下抖动的闪电编排而成。最后几道闪电在岸边的乱石旁跳舞。幻想家站在海上说道："我那艘飞船的外壳将用这些闪电编成。我的飞船是一支从地球射向太阳的金箭。再也不能让阳光东游西逛了。太阳啊，现在请你亲自接待贵客……我的飞船将冲进太空，然后像火花那样熄灭，以免影响地球上的生物的视力。"

天生不会说话的驼背同伴再一次抬起睫毛望着勇士：他没有眼睛。

二

在海边他们分手了。傍晚的彩云洒下一颗颗金珠，脸色苍白的陌生人撑开伞，竖起衣领，在城里飞跑，不时把套鞋踩进水洼。他的脸上遮着一层阴影;衣领中间戳出一把笤帚。

家家户户的门牌明亮如火。一束束阳光在绿宝石一般的波涛上来回晃动。这是阳光在跳舞。这是一条条金虫。过了一会儿,这些金虫又染上了一层红宝石的颜色。明晃晃的玻璃渐渐变成紫色的金片,傍晚的房间里洒满了阳光。这阳光简直可以用桶舀起来。幻想家一只手按住心口,站在窗户旁边,浑身发出琥珀一样的光芒……

三

五年过去了。那本新刊物敲响了警钟。城里掀起一股黄金热。《金羊毛》杂志的订户数以千计。沙龙里突然出现了身穿无可挑剔的晚礼服、纽扣上别着金质奖章、脸色苍白的年轻人。他们自称为金羊毛奖章得主,而社交界称他们为寻找金羊毛的勇士。勇士团团长、《金羊毛》杂志主编的名声大振。大家对"星际交通协会"开办的那家大工厂议论纷纷。根据聋哑工程师的设计,这家工厂正在建造一艘能够把寻找金羊毛的勇士们送往太阳的大飞船。阳光的能量被送入阳光聚集器。气体的光在这里转化为液体的光,继续凝结后再变成飞船的金壳。这层外壳是绝缘的,因此不受热的影响。如果中止绝缘,那么可以使这层外壳慢慢发出光芒并且为飞船和乘客进入太空登上太阳提供必需的热能。勇士团团长和发明飞船的人必须首先进入宇宙,然后按计划把整个人类送上太阳。

二十三世纪初叶,经过两个世纪的怀疑之后,宗教复兴的泉水喷涌而出。宗教本身已经具有特殊的性质。这是朝圣者的宗教。太阳的代理人四处活动。大家都在酝酿召开太阳会议。《金羊毛》杂志编辑部成了社会精神生活的中心。寻找金羊毛的勇士们已经举办过数次宗教仪式。

四

起飞的时刻来临了。展翅欲飞的金龙在鲜红的晚霞衬托下格外醒目。金龙牢牢地固定在编辑部平坦的屋顶上。广场上搭起了几座大看台，来自世界各国的新闻界代表可以从这儿欣赏起飞的壮观场面。描写首次安全离开地球的勇士们的书籍被地球上的公民抢购一空。人们把勇士团团长比作摩西再世，因为他能够把人类送到太阳上。

灯火辉煌的会议大厅里挤满了人。这里正在为勇士们举行欢送晚会。这里集中了社会的精华。即将启程的天才穿着勇士团的制服。浑身上下的铠甲闪闪发亮。这身铠甲是用阳光制成的。从铠甲上射出的一道道光芒像金色的麦穗那样挂满全身。那把白胡子也金光锃亮。他一一握着大家的手，和蔼可亲地反复说道："好啦，我马上要起飞了……地球上没有什么事可干……"

穿着骑士制服的勇士们和女士们翩翩起舞。号手不时将他们集合到团长身边。这时候他们分为几组，将团长紧紧围住。他们拔出利剑，准备不惜牺牲自己的生命来保卫他的安全。仪式历来如此，人人都懂得这一点。

晚会进入高潮。大家看到一队身披黑斗篷、风帽上画着骷髅的人不合时宜地闯了进来。大家不敢把他们赶出会场，因为只有经过挑选的人才能够凭票进入大厅。大家感到困惑，不明白是谁心血来潮安排了这样的场面，斗篷们愉快地与勇士们一起跳舞。

团长的那位又聋又哑的同伴在人群中并不显眼。他那张苍白的眼睛低垂的脸并不引人注目，但是他所到之处，无不令人不寒而栗，仿佛有一阵冷风吹过。每当号手吹响警报，身披铠甲的勇士们按照仪式要求前去拯救自己的领袖的时候，他那呆板的脸上的两片红色橡皮嘴唇就嘲弄似的跳动几下。

时间已晚。东方露出一片红霞，固定在编辑部屋顶上的金龙的翅膀喷出一束束红宝石般的火星。号手吹起了集合的信号。身披铠甲的勇士们紧紧围住自己的首长。突然一声哨音，黑斗篷们立即排好队，面对着寻找金羊毛的勇士们。在场的人吓得挤到墙边。大厅中央只剩下勇士和黑斗篷两支队伍互相对峙着。黑斗篷们刷地拔出马刀。一刹那间，只觉得锋利的刀刃上涌出一道银白色的寒流，这寒流从这个大厅漫延到另一个大厅。这道寒流刚开始出现又突然消失了，因为他们已把马刀收进了刀鞘。可是在场的人都感到了这股寒流。一时间只觉得世界上最可怕的莫过于这股从身穿伪装服的陌生人的刀刃上涌出来的寒流。可以认为，这一切并非儿戏，因为勇士们也目瞪口呆，一个个都成了闪闪发亮的塑像。

一眨眼功夫——一切都变了样。面具们亲热地邀请女士们跳舞。他们搂着女士们欢快地跳跃的时候，长长的衣袖在飘舞，画着骷髅的风帽在抖动。对于戴假面具的人们出于意料的玩笑，勇士们报以亲切的微笑。于是一切又重新进入自己的轨道。

红宝石般的朝霞注入窗户。

五

伟大的勇士团团长站到金龙的翅膀中间，浑身金光闪耀，情绪昂扬。脸色苍白的哑巴工程师蜷缩着坐在操纵杆面前。将广场挤得水泄不通的数千名观众发出雷鸣般的欢呼声。金龙扬起翅膀，朝着蓝天腾空而起。

团长站在翅膀中间说："飞吧，我的鸟儿。你看，海上升起了金核桃……飞吧，我的鸟儿……我想尝尝金核桃的滋味！"不一会儿，他们已经飞翔在大海上空。绿宝石一般的波涛映照着飞龙的雄姿。向下望去，可以看到飞龙的倒影在渐渐缩小、沉进海底。突然，一片乌云遮住了太阳。阳光穿透乌云落到海面上。阳光在波浪上跳舞，勾勒出巨龙金光灿烂的身影。掌握着操纵杆的哑巴工程师抬起眼皮望着团长，团长看到的是两个无底深洞，因为他没有眼睛。

金色的飞龙在蓝天挥动翅膀，化作一个亮点逐渐消失。这时候，戴假面披斗篷的人们爬上《金羊毛》编辑部平坦的屋顶，手拉手地围成一圈，跳起舞来。他们把铁皮屋顶震得咚咚直响，黑色的衣袖和风帽来回晃动。接着，他们一下子脱掉身上的伪装,大声叫喊:"Vivat[1]……"面具下露出一张张熟悉的面孔。坐在看台上的母亲认出了儿子,妻子认出了丈夫。这仅仅是一场玩笑而已……

大家抬头望着天空,只见刚才还有一个金色亮点的地方只剩下一片蔚蓝。编辑部平坦的屋顶上假面已经不见了。站在那儿的是一些身披斗篷、不戴假面的人,他们在沉思,他们为自己开的玩笑感到困惑,他们禁不住为自己破坏了离别的欢乐气氛而感到悲伤。

六

虽然还是晌午,可是冰凉的暮色已把飞船紧紧裹住,凛冽的寒风吟唱着一首一去不返的悲歌。冻僵了的伙伴愣愣地盯着团长。他们就这样不停地向太空飞去,因为再也无法回来了。置身于地球上空之后,团长的脑子清醒到了超人的程度。飞船的缺陷暴露无遗,但是已经无法弥补。可以预料,这两名飞行员以及今后步他们后尘的人都将必死无疑。在不远的将来人类肯定会造出许许多多太阳能飞船,但这些飞船注定要遭到毁灭,因为只有在远离地球又无法返回的时候才会发现地球上无法预料的种种意外情况。勇士团团长这时候恍然大悟:当他的名字被人们作为能够摘下太阳的新神大加颂扬的时候,实际上已经世世代代为他准备好了人类刽子手

---

[1] 拉丁文,意为胜利。

的罪名。他恶狠狠地抓住了使他恐惧的同伴的手，可是留在他手里的却是哑巴工程师的一只手掌，这是一只塞满了干草的手套。原来工程师不是人，而是蒙着面具、撑在木棍上的稻草人。

他们在太空中飞驰。前面空空如也。后面也是如此。勇士的心情已经平静下来，他看到了人类由于认为存在着一条通向太阳的路而在不远的将来欣喜若狂的情景。那将是面对史无前例的死亡而爆发出来的史无前例的狂喜。现在静心一想，他明白了：面对死亡的那种狂喜本身将使人类摆脱由于对美好的未来缺乏信心而永远碌碌无为的平庸生活。一切都将以这样的骗局而告终。他在太空中渐渐冻僵了，他镇定地自言自语道："好吧，就让我做他们的神吧，因为地球上至今还没有谁能够想出一个使人类永远脱离苦海的骗局……"

一具僵尸躺在飞龙的金翅膀中间，前面空空如也。后面也是如此。

七

一百年过去了。

一束束阳光在绿宝石一般的波浪上来回晃动。这是阳光在跳舞。这是一条条金虫。过了一会儿，这些金虫又染上了一层红宝石的颜色。明晃晃的玻璃渐渐变成紫色的金片，傍晚的房间里洒满了阳光。这阳光简直可以用桶舀起来。幻想家一只手按住心口，站在窗户旁边，浑身发出琥珀一样的光芒。远处，平如镜面的红色的地平线上,一道道火光直刺天空。这是几支金色的箭。这是一支把人类送往太阳的太阳能飞船组成的船队在升空。

1904 年

(徐振亚 译)

阿·托尔斯泰

女演员

事情就发生在我们那儿的县城里。很久以前，它可能也被称作城市，但是现在，那儿居住着不过两千穷困潦倒的人，按照俄语那令人费解的语义规则，又号称城市，而且，是近似于首府的那种。寂静的小溪——青蛙河——在城市里缓缓地蜿蜒流淌。偶见几株杨柳低垂在溪面上。还有几座埠桥伸向碧绿的水中，桥畔，妇女们用木槌捶打着衣物，结实的小腿肚子泡得泛白，河边木槌声响成一片。在七月的阳光照耀下，一只鹅突然在炎热的水中仰起头颈，拍打着翅膀，嘎嘎叫了起来。岸上的牛蒡和荨麻中聚集着一群猪。在腐烂的木桩上，一些头发蓬乱的男孩正用系在绳上的熏黑的鱼头来钓虾。一头教会的红色母牛穿过齐肚深的小溪，汲饮溪水，喝足之后，口吐白沫，仿佛在默默地思考着什么。

城市正中是个落满尘埃的大广场。广场中间有全年积水的水坑。不久前从那儿捞出了前地主德米特里·德米特里耶维奇·捷普洛夫，他喝得酩酊大醉，意外地摔到了里面。

广场上有三座惹人眼目的建筑：一间伊利亚·伊利奇·巴

宾开的砖红色小店，带有鲜绿色的顶篷；它的对面是一座带有小花园的教堂，傍晚时分神甫伊万和妻子踱到花园，坐在长凳上安逸地消遣；溪边，木桩迎面将溪水截住，有一幢二层式的木结构旅馆，这是久经风雨剥蚀的"斯塔夫罗波尔旅馆"，进城时打老远就能看到它。晚上在旅馆的二楼一间窗户朝着广场的房间里，总是坐着前地主德米特里·德米特里耶维奇·捷普洛夫和他的朋友——以前也是地主的尼古拉·亚季科夫。亚季科夫坐在对面的沙发上。他们正在喝酒。两个人早已不名一文，无所事事。

亚季科夫用颤抖着的手端起酒杯，慢慢地啜饮，歇了歇又转向布满灰尘的窗户。他的一张长脸上满是忧郁，神色黯淡，胡子剪得短短的。他不时地咬几下胡子，缄默不语。没什么可说的了，该说的话早就说完了。

捷普洛夫穿着一件花哨的西装背心，大肚子用力倚在破旧的椭圆形小桌子上，试图让朋友开口。有时，这法子会奏效，而有的时候，这办法就不灵验了，亚季科夫会整个晚上都沉默不语。后来，捷普洛夫干脆把富有刺激的话题留在后边讲，这样他的朋友就无论如何也不能再沉默了。

捷普洛夫嗜好喝酒，总是一饮而光，然后伸伸嘴，呼出一股股刺鼻的酒气。他啃咬着一块老早前剩下的肉饼，懒洋洋地躺着，手放在椅背后。在他的胖脸上，下巴松垂着，长着鹦鹉一样的弯钩鼻子，一双呆滞的灰色大眼睛，表露出疑惑的神情。

"科里亚[1]，请说吧，"他嘟哝道，"你现在到底还有没有老婆？"

停了一会儿，亚季科夫低声答道：

"有的。"

"这样啊，那你总得说说，你的妻子在哪儿？"

"莫斯科。"

"她在哪个剧院来着，我又忘了？"

"科尔莎剧院。"

"科里亚，你是怎么想的？她背叛你了吗？原谅我这么问你。"

"可能吧。"

捷普洛夫捶打着大腿，摇着头。

"唉，该死的生活……听着，科里亚，喝酒！"

"喝！"

走廊里，伙计正用刷子擦洗玻璃。灯燃亮了，它那略带黄色的光从微微裂开的门缝透了进来。走廊里飘散着烤菜味。捷普洛夫笨重地走到门边。

"瞧着吧，"他说，"我要给这个卑鄙的店主一个厉害看看！喂，阿辽什卡！"

伙计沿着走廊走过来了，他身着红衬衣，外罩上面撕破了的燕尾服，他疾速趱行，摇摇晃晃，腋下还夹着个托盘。捷普洛夫呆滞地望着他，吩咐道：

---

[1] 科里亚是对尼古拉·亚季科夫的爱称。

"快去小吃店店主那儿，吩咐弄一份菜，一些肉饼。"

"您将就将就吧。"阿辽什卡直截了当地说。他抹了抹脏盘子，离开时熟练地用脚将门关上。

捷普洛夫咒骂着店主和阿辽什卡。伏特加喝完了。亚季科夫沉默不语。捷普洛夫开始吹嘘，说他下星期要将公马转售给伊利亚·巴宾，能赚二百卢布。

"你不信吗？唉，你呀，不幸的窝囊废！游手好闲、无所事事的家伙！为什么会把钱财挥霍光了。"

"是你自己挥霍的。"亚季科夫说。

"不，不是我；是债主们用掉了我的一切。可是你呢，你修建了什么畜力单户水车。你用得着水车吗？就是因为这个你妻子抛弃了你。你凭什么不相信我要卖马！"

说罢，捷普洛夫费力地站了起来，向门边走去。

"阿辽什卡！怎么回事，你对店主讲了没有？呸！"

他叫骂着砰地一声关上了门。

"睡觉吧！"

有一天晚上，两个朋友意外地收到了亚季科夫妻子奥莉娅的来信，信是从克列缅丘格寄来的。信中写道："尼古拉，已经五年了，我们互无音信，我没收到你的一分钱，一封信。我不知道，这是谁的错。但是我们都已不年轻了，我们需要学会互相谅解。给我写写你的情况吧，你是怎么生活的，还像以前一样自己经营果园吗？这几年里果树大概变得枝繁叶盛了吧。我不知为什么总是想起我曾住过的房间，它显得特别亲切。现在我在克列缅丘格演出。"

这句话后是一个墨点,并且整封信都是拐弯抹角写成的。

信大声地念完了。亚季科夫手掌掩面,坐着一动不动。

"喂,你打算怎么处理这件事,我的朋友?"捷普洛夫说道,他的双下巴颤动起来,"不如这样写吧:亲爱的,原谅我,我错了。现在我再也没有幽雅的花园了,更遗憾的是我被迫伸手接纳施舍。你看怎么样?"

"我不能告诉她事实。"亚季科夫低沉、痛苦地回答说,"这样她会以为我残酷无情、爱吃醋、穷凶恶极,可事实上我不是这样的……不,不!米佳,我永远也不会说:我还爱着奥莉娅……唉,上帝呀,上帝!"

亚季科夫给妻子回了一封干巴巴的信。信中借口说忙于经营和地方自治局的事务。他还随信汇往克列缅丘格五百卢布,这是他卖庄园剩下的。在朋友的建议下他甚至给县首席贵族写了信,自荐当管家,可首席贵族没给他回信。在这种情形下亚季科夫完全沉默了,整天躺在房间的床上思索。

两个星期过去了。这段时间捷普洛夫暂时不在,他随身带上地图和小匣子,满怀希望地登上了开往萨拉托夫的轮船。回来时,灰蓝紫的眼睛闪烁着光芒,没有花钱。他坚信误会已消除。于是有一天夜里,两个朋友已躺下睡了,斯塔夫罗波尔旅馆收到一封电报:我乘车前来,吻你,奥莉娅。

这一切仿佛五雷轰顶。亚季科夫马上穿起衣服,站在昏暗的窗户边。捷普洛夫穿着睡衣,躺在床上,手里端着蜡烛,反复读着电报。

他高声说道:"我的老天爷,明天三点来!我们该做点什么呢,嗯?"

他的朋友只是低下了头。

"回答啊,你这个不幸的蠢货!"捷普洛夫大叫起来,"你打算在哪儿接待妻子,在我们这个猪窝里吗,是不是啊?她从克列缅丘格来找你,是为了寻求温暖的啊!你这个没良心的骗子!"

"米佳,别对我嚷嚷,"亚季科夫突然坚定地说,"我已经决定了,你明天去接我的妻子,把她带到旅馆,找个好房间。你带她去吃喝,寸步不离。让她在这儿住上三天,就算从克列缅丘格来这儿休假。你给她弄点钱。米佳,你想从哪里弄?"

他离开了窗边,捏紧了手。

"你捧着鲜花去车站送她,她是演员,听到没有?……"

"嗯,那你呢?"

"我离开。我马上就走。你对她说我去镇上办事了,具体在哪儿不知道。米佳,别让我失去最后这点尊严。"

他拿起了便帽,走到了门边。捷普洛夫急忙从床上跳下来,去追他。但是被床单绊倒了,还不慎碰掉了蜡烛。

"给我站住!回来,有话跟你说!……简直是个疯子!"

在二等车厢的包房里,坐着一个红铜色的人,穿着紧腰碎褶长外衣,长着坚硬的胡须,龇牙咧嘴地笑着,他是伊利亚·巴宾。他热得浑身湿淋淋的。他用弯曲的食指支撑着盘起的膝盖,并不时地轻声哈哈一笑。

他的对面,一张吊铺上躺着憔悴的颇具姿色的妇女,淡黄色的头发扎得老高,穿着的桃红色绸缎斗篷四周镶满了显眼的

花边。丰满的手指上带着几个硕大的宝石戒指,她的胖手在玩耍带柄眼镜上的链条,她别出心裁地吸着嘴唇说道:

"唉,永恒的线路,永恒的会见!在克列缅丘格人们热情地接待我,年轻人想终年卸马不走,可是一个当地的富人打消了我和年轻人结交的念头,但是他乘汽车疾驰而去了。"

伊利亚·巴宾听着这位女士的唠叨,不时地轻声哈哈笑一笑。他喜欢这女士,尽管他觉得她很可笑:女士摆出一副高傲的样子,如苹果般绯红的面颊上显出了傲慢的神情,她的眼睛做出一些复杂的动作。她身上穿戴的都是假的,虽然戴着好几个宝石戒指,但都一文不值,全是铜质的,上面镶着小玻璃片;带柄眼镜没有镜片;外套的花边像洋娃娃裙子上镶的那种。

"舞台上的灯火、鲜花、崇拜者、晚宴,我都厌烦了。我太累了,要回到丈夫身边来。"她边说边打扮,一会儿抻平整裙子,一会儿又把披风往肩上拉拉,"您的神情怎么那么古怪?演员就是演员,但我也是人,这点您该相信我。我热爱大自然,喜欢赤脚在有露水的草地上奔跑——这就是我的理想。我和丈夫的关系很微妙,他像摩尔人一样多疑,他猜忌我。上帝啊,我不是个圣洁的女人!我们五年没见过面了。您说说,您认识他吗?嗯?这些年他变成什么样的了?"

伊利亚·巴宾笑得更愉快了。

"哟,瞧您那敌对的样儿!他到底过得怎样啊?说实话,我是认真的。"

"一切仿佛过眼烟云……"

"让她快点回到丈夫身边,"巴宾愉快地想,"让我们笑个够。"

他用手揉着湿润的眼睛,说:

"在丈夫那儿住几天,然后到我们庄园来看看,我有三套马车和怡人的香槟酒。"

奥尔加·亚季科娃[1]摇了摇头,想了想,神秘地微笑着说:

"头都转晕了,你是在想:拜访,接待,节目;我丈夫那儿整个镇子都是亲戚。哎,您还没对我讲过上流社会的生活呢。而我正渴望去您的庄园看看。"

她抿上嘴悄悄地笑了,她的下巴颤动起来。巴宾专注地盯着她,他的鼻孔开始颤动。

车站前是一片广阔的金色田野,被风吹得无精打采,滚动着黄色的波浪,穗簌簌作响,田塍上黄色的三叶草摇晃着,散发着无根草的苦味和蜂蜜的芳香。田野上空,犹如一束束阳光,云雀洒下热切的歌声。车站那圈着栅栏的园子里,一棵大白桦的树枝喧哗着。德米特里·德米特里耶维奇·捷普洛夫站在月台上一动不动,风吹着他的短帆布上衣。他眯缝着眼睛,注视着那条在金色的田野中蜿蜒的微红的小路。他摁了摁头上那顶象征贵族的大沿帽。在后面的一条长凳上,晒到太阳的地方坐着一个大腹便便、昏昏欲睡的车站站长,他的制服上衣没

---

[1] 亚季科夫妻子,全名为奥尔加·谢苗诺夫娜·亚季科娃,奥莉娅是她的爱称。

扣上。捷普洛夫细细打量着这一切，不住地打了三个喷嚏。

"先生，请问，"他嘟哝道，又打一个喷嚏，"醒醒吧，火车什么时候到？"

"马上到。"站长呼哈地打着哈欠，愉快地说。

果然，远远望去，气浪滚滚而来，烟雾蒸腾，绵延不断的呼啸声随之传来。

捷普洛夫转过身，朝小店店主喊道：

"一瓶顿河的白酒，赶快！"

气氛骤然紧张起来，压挤着紧绷的胸腔。伴随着咔嚓声，火车出现了，紧接着车窗开始闪现。钟敲响了。

奥尔加·亚季科娃从车上下来的时候，从巴宾的手里抽出了自己的手。

"请松开，否则我生您的气了。"她急忙小声说。她跳到月台上，哎哟叫了一声。

捷普洛夫踏着柏油地面，向她全力飞奔过来，大沿帽歪在一边。在他身后，站长做着莫名其妙的手势，宽厚地笑着。一个年轻的店伙计端着托盘跑了过来，托盘里的大酒杯发出清脆的碰撞声。

"噢，太意外了……我很感动……我不知道我并不太显赫的名声会传到你们这儿。"奥尔加·亚季科娃边说边用戴着手套的手端起酒杯。

"先生们，再说一次，呜啦！"捷普洛夫断断续续地叫喊着，并在头顶摇晃着帽子。

奥尔加·亚季科娃坐上四轮马车后，才突然想起自己的丈夫，于是询问起来。捷普洛夫那双由于痛风而变得呆滞的眼睛瞪大起来，直视着她的双眼。他答道：

"收到您的信之前，尼古拉就去镇上了，现在不知在哪儿。"

在亚季科夫停宿的斯塔夫罗波尔旅馆里，楼下有一间最好的房子，它的窗户向着广场。捷普洛夫惦记着酒宴：在长毛绒沙发前的小桌子上茶炊烧开了，还摆着盛有食物的盘子和一瓶顿河产的香槟。但是亚季科娃脱下罩着面纱的帽子扔在镜台上，非常不满地打量着胀破了的墙纸、大红布的屏风、有凹印的且散发着臭味的洗脸池以及贴在玻璃灯罩上的纸质玫瑰花。捷普洛夫在旁边转来转去，试图将女演员的注意力转移到就餐上来。

"这算怎么回事啊？"终于，亚季科娃靠在窗边问道。

捷普洛夫用他那短短的小指头客气地指着那些特别显目的建筑说：

"那个是本地的富商巴宾开的小铺。这座是神父的房子。而那座高耸着的是消防瞭望台。"

"不是问你这些，我是问这是什么？"亚季科娃用头指向猪翻刨过的水洼，从牙缝里挤出这几个字。

"小湖。城里的农户打算在它的周围种上树，冬天弄个溜冰场。奥尔加·谢苗诺夫娜，您该坐下来吃点东西了！"

奥尔加·亚季科娃在沙发上坐下，喝了些茶，又陷入了沉思。捷普洛夫却大吃大喝，快活起来。

"您还记不记得一位诗人说过的话，"捷普洛夫拿起叉子贴在胸前感叹地说，"及时行乐。您别再沉思了，喝酒吧。是呀，活着真美妙！"

"我想知道我丈夫在哪儿！"亚季科娃阴郁地问道。

"我的大明星，他是爱您的，他爱您……真的，去镇上了。我已派集合信使到各处去找他了。一找到，他就会飞回来……哎，您是我们心爱的人……您是我们身陷泥沼时的火把。因为我们像猪一样生活在泥泞中……呶！……为艺术，为理想干杯！"

"我希望知道，为什么你带我来这么糟的旅馆，而且不直接带我去庄园，去我们的家？"

"因为房子着火了，奥尔加·亚季科娃，这是真的……尼古拉想建新的。他说他的妻子是演员，她需要带圆柱的房子，需要亭子。他说卧室四壁要用玫瑰花来装点。我和科里亚就是这样设想的，您是我们理想中的美人……奥尔加·谢苗诺夫娜，请别嫌弃，在我们这儿住上三天，然后我们用鲜花欢送您去莫斯科。"

"也就是说，这就是只待三天的原因了？"亚季科娃不安地问，"我不打算离开这儿，我告别了舞台，我要永远待在丈夫身边。"

捷普洛夫瞪大眼睛盯着女演员，突然耷拉下了脑袋。

"这不可能。"他嗓音嘶哑地说。

亚季科娃迅速地从沙发上站起来，绝望地喊道：

"我就知道，您有什么事瞒着我。尼古拉这辈子总是用这种令人厌恶的方式对待我。两年中他只寄了五百卢布。演员，演员又怎么样！而您知道，什么是女演员吗？去年夏天我在科孜莫捷米亚斯科演鬼魂，并且当我跌入舞台地板的地道口时，我的头部被猛烈地撞了一下。一想起那个地道口，我就永远无法饶恕尼古拉。您打算让我在这冰冷的旅馆里生孩子吗？您知不知道，对一个军官来说，一条女衬裤值多少钱？这就像是一出恶作剧。尼古拉应该供养我，我累了。您来看看吧，"她颤抖着双手打开了手提包，把一些银币一下子扔到了桌子上，"您点点，剩下的都在这儿了……"

奥尔加·谢苗诺夫娜又扑倒在沙发上，双手掩面低沉地痛哭起来，像小孩子躲在贮藏室里大哭一般。捷普洛夫擦去额头上滚下的冷汗。别的怎么都行，他最怕人家的眼泪。"看在上帝的分上，我们该怎么办呢？"他喃喃道，踮着脚后退到门边。

从旅馆出来，捷普洛夫径直穿过广场去找巴宾。已是黄昏了，瞭望塔点燃了煤油灯，灯光反射在水洼里。透过老鹳草往窗户上看，神父一家好像在吃晚饭。郊外，晚霞在巨大的浓云掩映中暗淡下来。成千上万的青蛙在水里扑通扑通乱跳。捷普洛夫忧心如焚：如难言之隐，未愈的伤疤。

"怎么了，老兄，瞧你那垂头丧气的样子？"巴宾嘲讽地叫他。巴宾站在大门边，穿着敞襟的紧腰碎褶长外衣，歪戴着海狸帽，手放在高高束着绸缎衬衣的细绳后。

"伊利亚·伊利奇，我是为科里亚的妻子的事儿。她是一个演员，才华出众，演戏使她忙得不可开交，于是出了点差错：她打算上路时，将钱和珠宝放在行李里，得等寄到哈里科夫才能去取。三天后就会寄到，你暂时借我四百卢布，事实上……"

巴宾高声笑了起来：

"瞧你这个滑头！你究竟把她的那个所谓的丈夫藏到哪儿去了？"

"你看，他就坐在河边的桥上。我们决定隐瞒我们的实情。请借点钱给我吧。"

但是巴宾断然拒绝借钱。看得出，他打算去旅馆，但是当他知道了演员在哭泣时，他说他明天午饭后再去。他把帽子压到眉后，进门时，门后丁零当啷响起了链条声，巴宾的名种狗由于发情发出了嘶叫声。

捷普洛夫在门边站了一会儿，吐了口唾沫，穿过广场走了。在河边，黑杨变成一片黑影。脚底的泥浆还吧唧吧唧地响，周围散发着荨麻和沼泽地腐烂的潮湿的木板的气味。现在到处是青蛙发出的呱呱叫声、咕咚声和呻吟声。河对岸，神甫家的灯光异常昏黄。在桥的栏杆旁，尼古拉斜倚着，他在专注地倾听青蛙的歌声。

"你自己去见她，拜倒在她的脚下，解释清楚，你还想怎么样。你们都见鬼去吧！"捷普洛夫边走近尼古拉边气愤地说。他盯着朋友那苍白得像亚麻似的脸，发现朋友已是泪流满面。

"呶,你是怎么接奥莉娅的?"尼古拉擦拭着眼睛问道,"知道吗,这些蛤蟆使我很伤感。"

黄昏时分,奥尔加·谢苗诺夫娜拉下了窗帘,点起了灯,脱去衣服,坐在床上,不时轻轻地抚摸着被紧身胸衣勒痛的双肋。突然她疲惫不堪,有气无力地垂下了头。

在克列缅丘格,她收到了丈夫所寄的五百卢布。她入神地想了想十二年来的历程,想了一会儿,突然她带着幸灾乐祸的绝望醒悟了,自己是个龌龊庸俗的女演员。她三十五岁了,没有太多的奢望。那一天,她对舞台上的同事说,她的丈夫,一个富有的地主,五年来一直叫她回去尽一个妻子的责任,做一个上流社会的妇女。

演员们和她自己都相信这个。奥尔加·谢苗诺夫娜给戏院老板付了违约金,买了服装,借出去一部分,剩下的一部分用于筹办告别晚餐。当要永远地告别剧院的时候,她痛哭起来。她就这么回来了,现在坐在充满霉味的房间里,坐在坚硬的铁床上。发黑的烛台里灯光抓紧摇曳,谷糠堆里蟑螂在簌簌作响。她独自坐着,没有丈夫,今天全天都是莫名其妙、忐忑不安,有不祥预感……

奥尔加·谢苗诺夫娜冷得蜷缩起来,钻进被子里,蜷起腿。尽管她生来不爱挑剔,仍无法入睡。窗外突然传来压低了的急促的声音:"我就不松!……""松开手!……""我就不松!……""我打了,松开手!……"

奥尔加·谢苗诺夫娜坐在床上。她的心跳骤然加快。她听得出，一个声音是巴宾的，另一个是谁的，那么熟悉。

这时，有人猛然一拽护窗板，两个人从窗户边闪过。一会儿走廊里传来了尖锐的脚踏地板的声音。脚步声很近了。有人好几次小心地旋动门柄。奥尔加·谢苗诺夫娜惊恐地坐着一动不动。

门开了，尼古拉·亚季科夫出现在她面前。他穿着竖起领子的厚呢大衣，没戴帽子。嘴乌黑乌黑的，两眼迷茫，神情慌乱。奥尔加·谢苗诺夫娜手掌伸向脸颊，脑袋缩进了肩膀。

"尼古拉，是你吗？"她抖颤着，小声问道。

尼古拉想说什么，但只是舔了舔干裂的嘴唇，从门边走了过来，他的身上有一股像是从小猪身上散发出来的沼泽地的气味。最终闭上了难堪而痛楚的眼神。

"奥莉娅，"他好不容易找到了话题，"请原谅……我需要离开一会儿。"他用冰冷的手指抓着她的手，他的脸全是皱纹，颤抖着。他松开了她的手，转身出去了。当听不到他的脚步，外面的门砰地一响时，奥尔加·谢苗诺夫娜叫了起来，她用枕头蒙住嘴巴，然后从床上跳下来，锁上了门。

与此同时，捷普洛夫跑到河那边的一个放债的老太婆那儿，威胁要烧掉她的住宅和小铺。可是没搞到钱就回来了。他在旅馆和桥上都没有找到尼古拉，叫喊了一会儿，他觉得全身不舒服，就决定稍稍睡一会儿。

黑杨后升起了浅橙黄色的月亮，月光反照在漆黑的水面上，既沉闷又潮湿。捷普洛夫从桥上穿过牛蒡直接回来了。月光洒在旅馆高高的木板墙上，洒在房屋正面的柱子之间。在墙边，他看见了尼古拉·亚季科夫。他坐着，胳膊肘支在膝盖上，撑住他的脸。

"怎么样，尼古拉，同妻子谈了吗？"捷普洛夫费力地爬上斜坡问道，"她说了什么？……咴，咴，别哀叹了，好，好，我不问了。"他缓了缓气，坐在尼古拉身边："她是多么可爱，漂亮迷人……好啦，科里亚，我们回家吧，去喝点水，否则，在潮湿的草地上会着凉的。明天我们一定能想出办法。比如说，你能成为地方行政长官。说真话，这是个绝妙的主意。三千块薪金，公房，自己为数不多的房产……我教你做酸白菜炖肉，好吃得不得了。听着，你妻子每天晚上为我们朗诵点什么。灯光闪闪，既暖和又舒适……也许正好哪个大婶要死了，你将得到一大笔遗产。"

"肚子好痛呀。"亚季科夫咬紧牙关说道。

捷普洛夫关切地弯身看他：

"是没吃东西，还是别的原因？科里亚，你怎么了？尼古拉，你回答我！……你是怎么了？是突然发作吗？……"捷普洛夫从朋友紧握的冰冷的手中抽出一把旧式的用于决斗的手枪。它黏黏的。亚季科夫像通常睡梦中的狗一样长长地出了一口气。他侧躺着，蜷着的脚都快碰到自己的下巴了。捷普洛夫从他那儿爬开，站起来，难于自控，喊了起来："上帝啊，救救我们吧！"但是，回答他的只是漆黑沉睡的城市里传来的狗吠，以及河那边更夫无精打采地平静敲打木槌的声音。

伊利亚·巴宾坐在自己房间那坚硬的沙发上,喝着顿河产的香槟。他歪着眉毛,方才的打斗在他的脸颊上留下了深深的伤痕。他轻轻地不时用手指敲打几下桌子,惶惑不安地盯着挂在墙上的婶婶的相片:"真讨厌。"

突然传来了猛烈的敲门声。狗狂吠着,有人踹着锁链。巴宾急忙冲向窗边,但夜太黑了,他戴上帽子出去开锁。

一会儿工夫,奥尔加·谢苗诺夫娜跑到巴宾前面进了小屋。她穿着衬衫,披着方格图案的被子。她蓬乱的头发上戴着的那顶帽子直摇晃,就是她昨天戴过的那顶鲜红色的上面插着黑色驼鸟毛的帽子。奥尔加·谢苗诺夫娜停下来,咬着牙,返回到巴宾身边。她抬起头,手放在被子下。

"他用枪自杀了,上帝啊,救救我,"她急促地断续地轻声说道,"我害怕,我一无所有了,我担心……您为我做您愿意的一切吧。"

巴宾用大手掌抹了一下自己的脸,果断地走到桌子边,拿起一个酒瓶和一个玻璃杯,把什么杂物从敞开的窗户扔了出去,并铺好针织台布。

"在这里,您将会感到很清洁,您就住在这儿,您会精神焕发,感觉要有多好就多好……我们不是动物,"他的眉毛拧在了一起,阴沉地说,"我的房子就是您的房子。现在该叫您老婆了。"

他走出去,在墙外喊道:

"玛特琳娜,快醒醒,到这儿来,房里有一位小姐在哭!把茶炊放上!用钥匙锁上门!"

然后，奥尔加·谢苗诺夫娜看见一个妇人拎着灯笼穿过旷地来到旅馆。

奥尔加·谢苗诺夫娜无力地低下了头。鸵鸟的羽毛悬吊在她脸前。于是她极其厌恶地扒下自己的帽子，扔到了地上，扔到了沙发下。一个圆脸的年轻妇人怜悯地微笑着走了进来。

1910—1921 年

（曹晓菊 译）

库利克

每年春天河流从堤岸溢出,在风急夜深时会冲破堤坝。整个村庄的人都拎着灯笼、铁锹跑到一起,看恰格拉河是怎样逼近草原。河水在咆哮,冰在断裂,狗在狂吠,孩子们害怕地号啕大哭。五月前恰格拉河还是那么微不足道。浅水坑中的虾子由于饥饿会夹咬鸭的爪子、母牛的蹄子、小孩的光腿肚子。随后人们开始拦截河流。沿岸长满了芦苇,早晨的浓雾使河水仿佛变宽变深了。温顺的羞怯的鸟儿贴着河面飞翔。从小丘到堤岸,一大群牲畜边走边饮。一整天都有人在河边埠桥上用杵捶打,发出清脆的声音。

库利克一会儿和一群光屁股的小孩子一起在河里捉那些惹人嫌的金龟子,一会儿他又把虾捞出放在呆板木愣的脑袋上,又不住气地扎猛子、游泳,像只小蛤蟆,他的头发经常长满了水跳蚤。

当微风吹拂时,恰格拉河渐渐变得蔚蓝,波浪也随之起伏。库利克郁闷地停了下来,坐在岸上,用拳头支撑着自己那张没洗过的丑脸。

雨过天晴，彩虹挂在空中，映照在河里。库利克在想，这是上帝驾临了亚麻那边的蓝色田野，而彩虹像是他那辆大车的车轮。

冬天，河水在冰层下喘息，放出水泡。这些水泡就是冰层中的空白点，如果刺穿它们并使之稍稍融化，那么冰层上寒冷的火焰就会升腾而起。库利克造了一个冰橇，拿绳子拴好它，把冰窟窿里的水往上浇，他迫不及待地从高高的雪堆上一趟一趟滑到冰上。气喘吁吁时，他喜欢俯到冰窟窿上喝点水，水散发着河底污泥的气味。他长时间地观察着，在绿色的深处，鱼儿是怎样游泳的。

人们叫他库利克，就是因为他像鹬一样，老是在河边蹲着呜咽。每当农舍的玻璃窗上透出点燃的铁皮灯光时，库利克就会双手打开门，出现在门槛上。母亲叹着气说："快去吃点热土豆吧。"说着她用手替他擦了擦鼻子，揪下他的衬衣。库利克灵活地把木勺伸入瓦罐，然后又送到嘴里，眼却瞧着火炕。爷爷耷拉着双腿坐在上面，他轻轻地搔着僵硬的后腰，时而沉默，时而发出呼噜呼噜声。

库利克的母亲，马特廖娜，是个瘦弱而且忧郁的女人。伊万，库利克的父亲，和妻子分居过活，他受雇去庄园当为期一年的工人。尽管他热衷于自己的工作，可事实上他一年中还是喝过大约八次酒。每次马特廖娜总会预感，她在农舍里坐卧不宁，搅得别人也不安宁。傍晚她就赶往庄园，回来时已是完全愁眉不展了，她向邻居恳求在澡堂洗澡，并且彻夜低声念咒，在吱吱响的床上辗转反侧。

有一次库利克看到：父亲乘着雪橇在村子里走，苍白、丑恶的脸，黑胡须，长衣撕破了，他身边坐着一个红脸蛋的农妇，人们都说她当过兵。从自家的农舍旁路过时，父亲瞠目而视。马特廖娜站在篱笆门里，低身给丈夫顶礼，"女兵"却端起一杯酒尖声厉笑。

尽管爷爷不允许，但马特廖娜仍旧在那一天去了庄园。第二天没回来，第二天晚上还没回来。于是爷爷就穿上短皮袄，缠上腰带，拉起库利克的手一起去了田野。库利克哭着，爷爷突然说："你妈妈在走路，她没被冻死，她还活着。"库利克看见了远处雪地上行走的母亲。她走得很迅速，向他们挥着手，而当她赶上来之后，却没停下脚步，只是把头扭向一旁径直朝前走去。爷爷追着叫了三次她的名字，也无济于事，而后他说："库利克，你妈妈挨打了。"

库利克跟在母亲后面一直跑到了门前。她仍没转身，径直走进农舍坐在长凳上。马特廖娜用一只没受伤的眼睛看东西，另一只上鼓着疙瘩，很难看，很吓人。爷爷脱下靴子，爬上了火炕。母亲招呼库利克到跟前来，她把儿子的头贴近自己的脸颊，她说："哎，你呀，我的小库利克，我的宝贝。"然后把他抱在亮一点的地方，嘱咐他祷告，并提醒他别念错词，可是她自己却把词都念错了。她低声念道："圣母啊，解救我吧！我就要远走他乡了，圣母啊，保佑我的孩子吧。"

库利克已无路可退。他为悲痛欲绝的妈妈感到难过，他粗声粗气地对妈妈说："妈妈，你大声哭吧。要知道我已长大了。"

第二年夏天,马特廖娜离开了村庄,只在秋天才回来一次。这段时间库利克和爷爷相处得特别融洽,他们成了朋友。春天,爷爷带他去城里,送他去当个马车夫。

人们给库利克剃光了头,发给他一件长外衣和一顶帽子,他开始工作了:每天接送老爷们,听他们谈话,并在小酒馆里和男人们喝茶。那时他只有十一岁。

老爷们三教九流,什么样的都有:有暴躁的,也有随和的。不管哪样的,大家都喜欢乘出租马车。看到那些步行的,库利克就冲着他们拉生意:"快来看呀,乘马车多快呀!来乘马车吧,我带你们去游览。"那些人就用令人费解的恶毒的话语,或是用法语,甚至用乱七八糟的东西来教训库利克。

在卡萨奇大街的一角,每天早晨,谢苗·谢苗诺维奇·雷布金都要在那儿坐上库利克的车。他是个教师,穿着胶皮套鞋,拿着书。他花十个戈比租用这辆车。一路上他说个不停:

"呶,库利克,你讲讲,什么是垂直线。"

"谢苗·谢苗诺维奇,真不好意思,我一点都不懂。"

"那么你的良心在哪儿?"

"我没文化,我不知道。"

"那你的马有良心吗?"

一句话,谢苗·谢苗诺维奇把库利克弄得糊里糊涂,而库利克却仍旧喜欢他,主要是因为谢苗·谢苗诺维奇看起来有点古怪。

秋天,爷爷从农村来车队大院看望库利克。他的身体状况特别糟,瘦骨嶙峋。好不容易才找到孙子,他和孙子握手问好。这种礼节库利克还是第一次享受，但是他不露声色，装出一副男子汉般刚硬的样子说道："爷爷，您来有事吗，是不是缺钱花了？当然可以给您一些。"爷爷只是问了问库利克的工作情况，有没有人欺负他，然后说要喝点茶。库利克领着爷爷来到小酒馆，点了一杯茶和一份里海拟鲤。爷爷脸色阴郁，大口大口地喝着开水，出了好多汗。他刚一缓过神来，就又说道：

"难道这就是生活，库利克。你妈妈又去游荡了。我不知道，她什么时候回来。她一再嘱咐要问候你。她本想亲自来看看，但不是顺路。瞧，我在同你说话，也就是说，我看到你了，谢天谢地一切都很好。我现在很虚弱，是因为食物不适引起的胃灼热。我到了该入土的年纪了。"

此时库利克忘记了里海拟鲤，忘记了喝茶，忘记了在爷爷面前他要装得老练一些。他很可怜妈妈。他用手遮住脸庞，开始注视起窗外。而爷爷那没牙的嘴巴仍旧含糊不清地说道：

"库利克，我训示你：不要忘记你的母亲。她是个瘦削的农妇，身无分文，唉，天生农妇的命，虽然她年轻时小伙子们都围着她转，可有什么用啊。没多长个心眼，尝了苦果后才都明白了。冬天我跟她说过不知多少遍。可她看见的仿佛永远是光明，而她的脸色很吓人。这是在提醒她：'马特廖娜，你穿上草鞋。马特廖娜，你穿上草鞋。'一冬我为她编了十双草鞋。为此马特廖娜特别尊敬我。当她要离开时，每天她都忙碌地熬腌肉，还给了我六戈比。我的意思是，库利克你孝敬孝敬我吧。我活不了多久了，要知道我是你爷爷。你不要给你父亲钱，他会吃喝光的。马特廖娜曾为他吃苦受累。夏天他差点把她打死。是我用车拉她到产科医生那儿的，她濒于生命的边缘，却总是问起你。"

爷爷要了四卢布十戈比，另外还要了五戈比的硬币，第二天他走了。

夏天天气酷热。乘车的人特别少。街上只有从商店里出来的店伙计们，他们打着哈欠，热得昏头昏脑；偶尔，院子里传出手风琴的演奏声；或者一个愚蠢的农妇，决意在那么热的天去卖腌拟鲤，她拼命叫卖："拟鲤，拟鲤。"

库利克长时间地蹲在角落里，注视着：他的母马怎样打盹，人们怎样懒洋洋地闲逛，两个男人在怎样炼柏油，他们怎样用铁锹在锅里搅和。

"站着吧，站着吧，三个戈比能买多少燕麦。难道这就是生活？"库利克想，"该到哪儿去呢？无路可去了：只能去乡下了，父亲住在那儿，在这里简直就是在服苦役。"

有一次库利克看到，谢苗·谢苗诺维奇拿着钓鱼竿走着：库利克就驾车到他身边，并请他免费乘坐，又出于对他的尊敬把他送到河边。谢苗·谢苗诺维奇问：

"过得怎么样？瞧你那没精打采的样儿！"

"不好，谢苗·谢苗诺维奇。"库利克答道，"难道这就是生活吗！您坐着玩接龙（一种牌戏）无益。告诉您吧，再过八年我就为自己买匹马，就跟现在这匹一模一样。我妈妈去要饭了，爷爷又上了年纪，至于我那位父亲，说不好听点，他是一个地地道道的无赖。而我，谢苗·谢苗诺维奇，才十三岁多一点。您想想：我该干什么好？既没文化，也不懂任何手艺活。"

他们到了河边。

谢苗·谢苗诺维奇在木河埠上坐好，掷出两根鱼竿，而库利克把马拴好后，在老师旁边坐下。两个人开始注视漂子。谢苗·谢苗诺维奇的嘴唇上下咀动着，像兔子嘴似的。鱼儿没有上钩。突然他严肃地问：

"库利克，如果我让你伺候我，你会不会偷懒？"

"我想，我不会的。"

"那么我就把你作为可教之才，你看着，我会很严厉的。"

"您给多少薪水，谢苗·谢苗诺维奇？"

"一个戈比也没有，如果你是个邋遢鬼，我还会揍你。"

库利克答应考虑考虑。第二天，一大早，他已坐在谢苗·谢苗诺维奇家附近的台阶上，他在等候老师醒来。库利克用牛油抹过了头发，把它们分成了两半。他带来了自己所有的财产：一个小箱子和一双毡靴。

他等了很久，不敢敲门。他注意到木房子的小窗户，从那儿他看见：桌子边，在熄灭的灯前，穿着棉长袍的谢苗·谢苗诺维奇在打盹；他的眼镜慢慢下滑到鼻梢，脸是那么苍老、温和、削瘦。

库利克敲了敲玻璃窗：

"该把衣服放在哪儿呢？我们开始工作吧，谢苗·谢苗诺维奇。"

库利克返回到台阶上，弄了面包和葱，吃起来。他的心中很平静，很快活。

老师独自住三个房间。他随便在哪儿睡睡；在小酒馆吃午饭；晚上读书。像是人们抛弃了他，活像是被人们遗忘了的废物。

库利克立刻端详了端详自己，证实了自己的机智，确信已为即将从事的劳累的工作做好了准备。像在马厩工作一样，他收拾好了满是烟味和灰尘的房间，摆好了乱放的书；扔掉了一大堆乱七八糟的废物，除掉了灰尘，洗净了所有的东西，物品乱堆在角落里，在老师洗澡之前，他已干得得心应手了。他眼睛一扫视，就知道何处该用刷子把它搞干净。一天晚上他从厨房出来，在门边站住了，他撩起衬衣，搔了搔痒并严肃地说：

"明天再读吧。这样您会把眼睛看坏的，该睡觉了。"

谢苗·谢苗诺维奇疯狂地喜欢上了这一切。

他现在整天都是靠闲谈或在房子附近的草地上喝茶消遣打发日子；他还和库利克一起去钓鱼。在沼地里他们捕捉北螈。谢苗·谢苗诺维奇把它们放在罐子里，罐子搁在窗户旁的一大堆书上。库利克看见后很不赞成。有一天，在收拾书房时他埋怨道：

"读书人不读书，书也只能是等着腐烂了。"

谢苗·谢苗诺维奇把北螈移到了窗台上，问库利克：

"你想不想让我教你识字？我可以送那些识字的人去上学。"

库利克激动起来了，他马上停住了脚步，放下手并郑重地回答：

"谢谢！只是给您添了很多麻烦。"

这之后谢苗·谢苗诺维奇整个星期都在嘟哝个不停,所有的东西都扔成一堆,库利克生气了。他收拾房间时,灰尘飞扬,心情杂乱无章,不得不来到门廊。他终于憋不住了,晚上他穿上洁净的衬衫,梳好了头,站在书房的门边说:

"谢苗·谢苗诺维奇,您答应过的,请您给我讲授字母和数字吧。"

库利克学习的时候特别认真,一丝不苟。整个冬天都坐下来读书,春天时通过了考试,秋天他已被录取上二年级了。

库利克穿一件灰色的夹克衫,打了领结,纽扣扣得紧紧的,他去做晨祷,为妈妈祈祷了一阵儿,为谢苗·谢苗诺维奇祈祷了一阵,又为所有的领导及自己祈祷了一阵;然后他就回来了,放上茶炊,就开始等待老师起床。

欣赏库利克穿的学校发的长礼服时,谢苗·谢苗诺维奇甚至摘下了眼镜,擦了擦。他们两个在去学校前沿着熟悉的街道走着,异常激动。在这里库利克向看门人鞠躬致意,向所有他遇见的孩子们致意。他被安排在第一排,笔直地坐着。他就那样一动不动地坐了整整五个小时,可是,那些在夏天已变野了的学生们把球、箭扔向他,向他寻衅。库利克忍受着,他尊敬所有的人,对他们的行径只是眨眨眼。

他还是信心十足地、极其尊敬地对待涉及到学校的一切:自己的制服,书,看门人,存衣室;甚至把吸墨纸叫成墨水吸墨纸。听课时,吓得气都不敢出。在隆冬时他成了第一批中学生,那些以前的同学有时还真的轻轻打他几下。人们叫他"马车夫"和"包脚布"。

第二年秋天,库利克收到了父亲从农村寄来的信。父亲命令他带着钱回家,恐吓他如不照办就要砸烂他的脑袋。谢苗·谢苗诺维奇说:"胡闹。"并把信扔进了火炉。

这时学校里发生了一件事。一个叫赫日德里克的地理老师在命名日那天喝醉了,他来到特别潮湿的教室,坐着,眨巴着眼睛,咳嗽着,往讲台上吐痰;然后无缘无故离开了,约在铃响前五分钟他回来了,盯着吐了许多痰的地方,问道:

"这是谁搞的,怎么这么脏?"

于是库利克极其苦恼地站起来,从黑板边拿了抹布,擦净了吐下的东西,又回到自己的座位上,这才发现,全体学生都注视着他,而赫日德里克红着脸站着,看上去非常地狼狈。库利克觉得很热。

一个叫阿罗奇金的老学生用他的男低音说道:

"热心过度。"

嘲笑声、不满声此伏彼起;他们等待着,等待赫日德里克讲话。他的手插进了西装坎肩的口袋里往后一甩,大张开满是酒气的嘴哈哈大笑起来。全班人都尖叫起来,跟着他笑得前仰后合。

"谢谢,谢谢你的好意。"终于,赫日德里克说了一句。

"瓦西里·瓦西里耶维奇,您给他解释解释:这里不是马厩。"又是阿罗奇金低沉地说了一句。

"我们该对所有马车夫说声谢谢。"赫日德里克还没摇晃到桌边的时候,他又重复了一遍,并并足致礼,然后他坐下了。

于是库利克开始胡乱把文具盒和书塞入书包;可怎么也塞

不进去。他感到，他的耳朵紧贴着整个房间，学生们和赫日德里克像是从山上飞到了很远的地方。他用力地抱起书包，跌跌撞撞到门边，末了他环顾了一下所有的人并用坚定的男声骂了一句。

从学校回来后，谢苗·谢苗诺维奇在厨房找到了库利克，叫了起来：

"你干的是什么好事？你疯了吗！哎，你呀，像个狼崽子！人在喂养他，而他却眼望着森林。"

"别怜悯我了，谢苗·谢苗诺维奇。我得回家，去父亲那儿。十分感谢您为我做的一切。"库利克没抬眼回答说。然后他在后面的台阶上坐下。黎明时分他走了，没有告别。

当从城郊最后一盏灯笼旁走过时，库利克感到非常痛苦。漆黑的田野上很多轧平了的路抛在后面。背后，在尘雾中，散落着幽暗的灯光，这一切仍留在城市里。

躬身迎着大风，继续前行。细雨打着脸。漆黑的田地那端，有一处土色的峭壁，明亮的小河上面是一道虹，到达最后一片草地前，所有的一切都是那么亲密，那么遥远。

为了不过于害怕，库利克一路唠叨着：

"我再也不会为您擦地板了。我靠自己的劳动谋生。多谢您了，您还是找别人来侍候您吧。您也是恩人，你们这些家伙都见鬼去吧。我才不会哭呢。"

一路上库利克不停地絮叨着。早晨的时候大车队赶上了他；走在前头的一个男人询问他是干什么的，而后库利克就坐上了大车。第二天库利克看到了故乡的村庄，故乡的老白柳，井上的压水杆，断裂了的顶棚，黏腻的峭壁，还有浑浊的溪水。

眼前的这一切在他看来，都和从前不一样了，仿佛是神赐的一般。秋天的雨水揪光了树木，刮到地面上。

"上帝啊，该到哪里去安身。"库利克想了想，他沿着熟悉的田塍继续走。

库利克家的农舍已完全破旧不堪。大门敞开，门下稀稀的牲口粪渗了进去；院子里两只鸡在闲溜，还有一条脱毛狗，全身脏透了，它向库利克狂吠起来，并穿过栅栏的窟窿飞快地扑上来。弯弯曲曲的过道屋里，长条粗地毯不见了，搁板上的瓦罐和瓦盆也不见了，屋顶也是漏的。库利克猛然一拉门走进了农舍。旁边的凳子上，父亲坐着，他光着脚，穿着撕破了的裤子。黑白相杂的胡须像笤帚一样直竖到耳朵边；头发堆得很高。他抬起发的眼皮，生气地喊道：

"你想干什么？"

库利克低着头恭顺地答道：

"你好，父亲。"

父亲动了动脚，递了个眼色。

"啊，是兹戈尔。"他说，"我早就等你了，坐下吧。不是这儿，坐在明亮的地方。这和你身上闪亮的纽扣比较相符。农妇们把我们家的东西都抢购光了，可不是我喝酒花掉的，瞧我这记性。在你面前我是不是该站着，你允不允许我坐下。"

"爸爸，我真的回来了。"库利克温顺地说。

"嗯，是回来报恩的吧！这样的孩子到哪去找呀，他关心他的父亲。哎，兹戈卢什卡，我身体变得虚弱了。工作一会儿，全身就像要散架。而一个男人应该是很强壮的。东家总是和我握手打招呼。真的，他对我说，伊万去喝酒吧。不像你只对我说应该去工作养活自己。只有上帝不会那么评判我们。你用又干又硬的面包养活我，你让一个老人受委屈。"他看着儿子，手托长满胡须的下巴啜泣起来。库利克手放在桌子上面无表情地坐着。

"儿子，可怜可怜我。"父亲继续哭诉着，他伤感地撇着嘴，"你怎么老是不说话？你哭了。我算是白费气力了。夏天，地方长官来过我们院子……他说：'你好，伊万！我经常听到你的事。你是个一流的男人，现在却困顿不堪，你说说这是怎么回事？'他朝我踩着他那双穿着皮靴的脚……叫道：'你这个酒鬼！'而我回答他的是：'先生，您是问我，为什么农夫们因喝酒花掉了最后一双皮靴吗？告诉您吧，是由于苦闷，先生……他们常常感到非常苦闷……当你挖着，挖着这块土地……你就会是一个极端贫困的贫民了……我们，先生，一点也不想干活……我们是酒鬼……'我又说：'您来这儿最好是驱逐一撮毛[1]。啊，对一个乌克兰人来说第一事业就是土地。他坐在较高的地方，粮食从这只手掌窝倒入另一手掌窝，非常愉快。对我来说才智无用武之地。我是一个没有活路的人……逮捕我吧……您监禁我吧，监禁一个狗崽子，一个醉鬼吧，用锁把他锁上……'怎么样，我说得对吗？你干吗老盯着我？你是在想用你那明亮的纽扣来吓唬我？而我希望揪揪你的头发，

---

[1] 一撮毛是对乌克兰人的蔑称。

老爷。"

伊万麻利地伸手揪住儿子一绺竖立的头发,把儿子拖到了桌子边。库利克挣脱了身。他的头嗡嗡直叫,由于过度的疲劳、饥饿、不痛快。库利克感觉特别不舒服,他又坐下了,没动弹,抬眼睛,等待着下文。伊万的呼吸散发出阵阵酒气,他挽起袖子,露出汗毛重重的胳膊,全面周密考虑着,叹了口气说:

"我会在马特廖娜前头死去,比你母亲先死。人们都说是我要折磨死她。的确,应当承认,我是用拳头打过马特廖娜。她受过委屈,可我没用那些最毒辣的法子。她想约束我,也不看看自己算什么东西。她只是个下贱的女人,只有挨拳头的份。她成了受难者,为的是要享受圣洁。噢,卑贱的女人。她自己的风流韵事比我多多了。丑恶的农妇,呸,麻脸女人。和出家人厮混,下贱的女人……"

库利克现在看见的仅仅是自己面前的一张红色的、长满胡子的、可怕的丑脸。它使他慢慢地战栗。他不记得自己是怎么站起来走到父亲跟前的,他喊道:

"魔鬼,你这个魔鬼,是你欺侮妈妈!"他扬起了手。但是伊万早已灵活地抢先打到了儿子的牙上,他弄翻了凳子。

"狼崽子,妈妈的好儿子,我吐一口唾沫就能把你淹死,你给我把靴子脱下。"他已是特别愉快地说这番话了。

他坐了一会儿,扯下了库利克靴子,并翻转了他的脚。

他穿着白长袜子过来了。"啊,宝贝,因为我是你的父亲,这是事实,而不是强盗。我是狗崽子。喝很多酒。我喝酒会花掉你的那双皮靴,库利克,我是那么地可怜你。儿子,我走了,我给你带个葱头回来。"

伊万不停地来回急走,用门栓从外面把门堵上后,他离开了。农舍里很冷。雨水敲打着四块玻璃组成的窗户。在街上,那种一成不变的农村快乐生活继续着。不知所措的牛犊颈上带着挣断的绳子,身子摇摆着横着穿过流满水的马路。

年幼无知的小毛孩使劲把外来的一群人往水沟里推。库利克想躺下,像小草丘一样,躺在小溪里,漂到浑浊而又可亲的恰格拉河。他长时间地坐在窗边。不知是由于饥饿,还是潮湿,还是烦闷,他开始发抖。父亲可别回来,如果他回来了,喜悦就更少了。

突然从远处隐隐约约传来铃铛发出的清脆的声音。库利克紧靠玻璃,想看看,这是谁在骑着犍牛走,但是村外的铃铛却不再响了。那么这是明摆着,再也不能在这儿耽误了。

库利克撞了撞门,它没动;库利克非常愤怒,他用一块劈柴打碎了窗户,爬出来了。他穿着长袜子,沿着村后满是河水的马路,穿过坝,到了田野里。

他边跑边环顾着四周,看父亲有没有追上他。傍晚时分,他选择了到大路上去,他绕过密密麻麻的输电线,慢慢走去。装着托架的电线杆,又细又长,歪歪斜斜伸向远方,暮色中时隐时现。库利克知道,这条路通往城里,而他现在也没其他的路可走了。

1915 年

(曹晓菊 译)

谢·米·索洛维约夫

甜蜜的毒刺

一

原来是你,花神,欢乐的游戏使你容光焕发,而露出雪白胳膊的自然女神们在你的身后跳着圆环舞;西风之神送来习习微风,把树叶轻轻亲吻。

绿色透明的森林之神在树洞中自吹自擂;碧绿的笑声萦绕不绝,密密的树叶不断发出窸窣的响声。

从潮湿的泥土里,从橡木棺材里爬出来几具极可恶的姑娘躯体;她们头上的亚麻色发辫沾满了湿土;她们挺着冻得发青的胸脯在阳光下取暖;她们在湛蓝晶亮的、又大又深的湖水中戏水;她们在用齿条梳子把头发梳理。

绿色的笑声激起森林一片哗哗响。爱情的游戏刚刚开始,接吻的响声已接连不断。

树皮化冻,重又暖和了起来;多脂的树干生机勃勃;蜜香的玫瑰似朱红的嘴唇鲜花盛开。

你看见了吗?白桦树的白色枝干间不是冒出了绿色的针

叶？忽而露出的不是绿色的针叶，而是欢蹦乱跳的褐色卷尾猴的毛发；它把芦笛贴到了自己的唇边。

看到了吗，在新长的稀疏草地上紫罗兰的颜色是不是那么柔和？

忽而那不是紫罗兰，而是哭泣的森林之神洒下的芳香的泪水。

这里有一位孤苦伶仃的少女在掉落露水般的泪珠。这里树木的生灵正在受到爱情的折磨而发出低沉的呻吟。

小河泛起白色波纹，绿干金莲花在河面上盛开。栖于槲树林的自然女神在霞光下把洁白的双脚放在小河里清洗。她们又在这里把紫红的衣袍洗净，并一起晾在河边蕃枝绿叶的芦苇顶。

突然，蓝天的狂怒笼罩着金色的楼阁。

二

你落在你女友的后面了吗，红嘴唇的姑娘？她在肥沃的林中草地上把你呼唤。

你累了，请在绿色槲树下宜人的荫凉处休息吧。

请把你装满芳香的紫罗兰柳条筐放在地上。

离黄昏的时光尚早。

让我脱下你的平底皮鞋，洗净你脚上旅途的尘埃。

黄昏已经来临。

你睡觉吗，红嘴唇姑娘？

夜晚的风儿吹得树叶轻轻摇动。

金色的云儿像玫瑰花开遍天空。在远处你的女友正在吆喝那些正在吃着花儿的牛群。你醒醒吧。春天的白昼已经消逝。

弥漫起淡青色的烟雾。你听见了吗,那嬉戏追逐,芦笛奏鸣,朗朗笑声?

可怜的姑娘,现在你将怎样找到你的女友?春天月明的夜晚森林有多么可怕。

瞧,你张开了金色的睫毛。你的眼睛是一盏点着蓝橄榄油的神灯。

你的黄色发辫是熟透了的麦穗,你的双脚是碧绿的草丛上两朵洁白的花朵。

可怜的姑娘,你再也不会重返可爱的家园。在那陡峭的山岗上简陋的小茅屋里,你母亲将白白地将你盼呀盼。你再不会给她去挤香甜的羊奶。你也再不会在黄昏时一边绣着婚衣一边歌唱。

三

我的晚宴将是欢乐的。

栖于槲树林中的自然女神们带来了蜂巢和各种果品。又用深红的玫瑰花和洁白的百合花把餐桌点缀。

红嘴唇的姑娘!你是一座封闭着的花园,你是盛放陈年美酒的珍贵祭杯。

我将摘下一枝含苞待放的花朵,我将把一大杯鲜红的美酒喝个精光，再把喝完酒的祭杯摔得粉碎。

晚上的祭品，用泛着白波纹的小河作为圣水盘来洗礼，用冰冷的露水把自己洗净。

我的晚宴将是欢乐的。

姑娘，你是小麦做的面包；你是一樽葡萄酿成的琼浆。你的胸脯是丰满的、甜蜜的、玫瑰色的硕果。

啊，我独自一人和你一起在幽深的绿草地上。

你那蔚蓝色的眼睛点燃的神灯光焰通明。我认出了你：这就是你，我文静的公主。

你听见了复活节的歌声吗？

没有，只有蜜蜂在绿草地上嗡嗡作响。

是不是神香从银质香炉里飘出香味？

不是的。只是田野里的工蜂在霞光下发出浓烈的气息。

啊，你为什么要把我打入蜂房。唉呀，你是要把我打死；忽而这不是蜂房，忽而这是一口薄皮棺材。

请露出微笑吧，我文静的公主：忽而又不是蜂房，也不是薄皮棺材，而是一张幽深的绿色草地。长得很高的野草在我们头顶错综交织。没有人看得见我们在这绿草地的深底。

哎哟！蜂蜜堵住了我的喉头。蜜蜂在用毒刺螫我。唉！我将要在绿草和香花丛中死去。

有时不是蜜蜂，我文静的公主。有时是给我的亲热的吻。睁大你的蓝眼睛，像那笑逐颜开的复活节的蓝天。

我们初春凉爽的四月回来了。

啊！土地展现在前面，散发着花根和死骨的气味。你让我怎么办?

你闭上了蓝眼睛。你永世长眠。

你安息吧,我文静的公主。

(俞瑞瑛 译)

最后的吻

一

你睡在薄板棺材里的金线织锦缎上,凋萎的玫瑰花在你手中苟延残喘。停止呼吸了的胸膛已不再颤动。

在木板结构的小屋里白蜡烛在徐徐燃起。窗外春天的苹果树用洁白的花朵把自己打扮得像新娘一般。绿色的五月熙熙攘攘。

我为你把白色橡木棺材凿成。我把你的躯体洗净,又把香油涂满你的全身。我用洁净的亚麻布缠绕你的身躯。再把你的手脚包起。

木板小屋散发出鲜花和神香的浓郁香味。唉!那不是鲜花,也不是神香,而是你萎缩的胸膛和失去光泽的嘴唇。

谁给你系上了绯红的吉祥绦带?哎,那不正是绯红色的绦带呀。我睡熟忘记了。要知道我就是杀你的凶手。瞧,你静静地躺着不动。黑色瘀血的伤口毁损了你晶莹的容颜。

我吻了吻你那深红色的伤口,我用玫瑰花把你遮盖。摇篮——合欢床——棺材。

你是襁褓里的孩子,你是受苦受难的新娘。

我在绿色的喧嚣的森林里,在那银白的泉水边折磨你,把你白净的双脚钉在散发出甜蜜香味的树皮上。钉在树上的你开出了花朵。你的酥柔的胸脯是绿叶衬托的玫瑰。

你是花和果。你在槲树上生长。锋利的钉头刺进了你白面般的肉体。鲜红的钉子血滴满地。你的嘴张开着,这是吐露甜蜜芬芳的玫瑰花的花瓣。你的目光高高抬起,就像是抛向长空的天蓝维霜绸[1]。

你的泪水就是绿叶上的露珠。不是你在呻吟,那是风吹在橡树皮上的呼呼声。

金色的天空在霞光中光芒四射。密林深处都是模糊昏暗。田野上的工蜂发出浓烈的气味。

我弯着身子在树根之间;我吻吻你珍珠般白润的脚跟;我吻吻你殷红的伤口。从伤口流出的浓血,滴在了黄昏的幽深的草地上。

你是蓝眼睛的孩子,红嘴唇的姑娘,受苦受难的尸体。

树叶在你上面沙沙作响。霞光在你死去的脸上哈气。但愿我的灵魂在你的保护下得到安宁。

---

[1] 维霜绸是古代沙皇、祭司等穿的名贵衣料。

二

你干吗在沼泽地的草丛边对我点头哈腰,你这森林里的怪物?你戏弄我,对我挤眉弄眼。但我知道:你怕我。

我和你们交往,但不属于你们。你们都是我的俯首听命的奴隶。当我带着金弓去狩猎的时候,你们给我采摘森林中的野果,把鸟儿和野兔撵出树丛。

我用竖琴的碎块为自己做了一把金弓。我想用圣歌降伏禽兽,但它们的耳朵哪能听到这天国的歌声。

我把我的竖琴砸得粉碎。它变成了金色的碎片。

我捡起了竖琴的碎片,用来做成一把金弓,一只箭筒,还有五支利箭。当我在欣赏阳光下闪闪发光的新弓时,有一位森林姑娘从我身边走过。我对姑娘说:我有弓和箭,还有放箭的筒;只是我没有弓的弦。请把你金色发辫中的几缕发丝送给我。你那发丝质固而色亮,人们都羡慕我这把新弓。

姑娘散开了她的发辫。我拔下了我认为较好的发丝。

姑娘格格地笑着跑掉了。这声音真让人分辨不清,是树叶的哗哗声,还是姑娘跑走时的笑声。

我的金弓威力极好,禽兽不害怕竖琴,但在金光闪烁的弓箭面前却逃之夭夭。

我用竖琴改制成弓的消息传遍了整个森林。

从此以后,森林中的动物在我面前卑躬屈膝。它们仇恨我,但害怕我的弓箭,不得不侍候我。

被俘获的树木生灵都在为我祝福。

三

你安详地睡着了,我文静的公主。你墓旁的野草没有被踩倒,只有蜜蜂在草丛中嗡嗡叫。

我没有吵醒你墓中的睡梦。我没有唤起你阴间的人影。我没有用竖琴悦耳的乐曲声来迷惑你的听觉。我的竖琴已被砸碎。

假如你飘忽不定的身影飘到我荒野的丛林里,唉,你也不认识我。你精确的听觉已听惯了竖琴弹奏的乐曲。嗖嗖的箭声和铿铿的箭筒声将会使你惊惶失措。而可怜的,你的身影将回到阴间的原野,不给她在人间留下任何遗言,这正是她在阴间的挂念。不,不要回到故乡来了。安息吧,我文静的公主!

你听不出我那向你倾吐过柔情蜜意的声音。我的声音在呼集慓悍的猎手和追逐荒野丛林里的野兽时,是那样地粗野狂暴。

为了装扮你那如蜜的发辫,我曾为你编织过玫瑰花冠,而这双手现已变得粗糙不堪。如今这双手被荆棘刺得伤痕累累,并还留着恶狼的齿印。扯掼猛虎牙关的手将为你梳理那一头乌发。

在荒芜的丛林里有一座守林人的小屋,每当我感到饥饿的时候,就来到了这里。

我那盛猎物的口袋带来了被打死的鸟兽,郁闷的守林人用野根和野果做调料,和我一起分享一顿午餐。

别了,我文静的公主。愿玫瑰花在你那可怜的坟墓上永不凋谢。让它们永远得到凉爽的微风抚拂。

无论是我那失去竖琴的抱怨声,还是我那金弓发出的欢乐的嗖嗖声,但愿它们都不要传到你的耳中。

(俞瑞瑛 译)

作者简介

波塔彭科（Игнатий Николаевич Потапенко，1856—1929）出生于赫尔松省别洛焦尔卡市（现属乌克兰）。曾经就学于敖德萨神学院、圣彼得堡大学和圣彼得堡音乐学院。1885年至1990年在敖德萨服役。回到圣彼得堡后专门从事文学创作。1990年出版长篇小说《清醒的意识》而一举成名。他曾与契诃夫密切交往。19世纪90年代，波塔彭科的小说在俄国广泛流传，享有盛誉，其作品在当时被译成多种外语。到了20世纪初期，他的盛誉逐渐被新一代作家所取代。

契诃夫（Антон Павлович Чехов，1860—1904）出身于罗斯托夫省塔甘罗格市的一个小商人家庭。1879年考入莫斯科大学医学系，1880年开始发表文学作品。契诃夫是19世纪末期俄国杰出的剧作家和短篇小说艺术大师。他的作品以精练的语言、幽默的风格、平凡的情节、深刻的思想著称于世。

索洛古勃（Фёдор Кузьмич Сологуб，1863—1927），生于圣彼得堡，原姓捷捷尔尼科夫，毕业于圣彼得堡师范学院，自1882年至1907年主要从事中学教学工作，主要教数学。他自1884年开始发表作品，1895年出版第一部长篇小说《噩梦》，1896年出版第一本诗集《诗选》，1907年出版著名长篇小说《卑鄙的魔鬼》。这部作于1892年至1902年、部分发表于1905年的长篇小说，给作家带来了极大的声誉，被人称为俄国象征主义最杰出的长篇小说。索洛古勃作为俄国象征派代表人物之一，在诗歌和小说两个方面都取得了一定的成就。

绥拉菲莫维奇（Александр Серафимович Серафимович，1863—1949），俄国无产阶级文学的主要代表，生于顿河州下库尔莫雅尔斯克镇一哥萨克军人家庭。1883年入圣彼得堡大学学习，因积极参加进步学生运动，于1887年被捕并流放。1890年获释后，开始从事文学和新闻工作。早期所写的一些短篇小说主要反映普通人民的觉醒和反抗。十月革命后完成了他的代表作《铁流》（1924）。短篇小说《在悬崖旁边》也突出反映了劳动者的觉醒与反抗，最早发表于1907年圣彼得堡出版的丛刊《文艺丛刊》第1辑，因小说具有"谋逆"性质而遭禁，后经过删节，准许部分章节再版。整篇小说直至1959年才在《绥拉菲莫维奇》七卷集第三卷恢复原貌，得以再版。

魏列萨耶夫（Викентий Викентьевич Вересаев，1867—1945）出身于图拉的一个医生家庭，原姓斯米多维奇，先后毕业于圣彼得堡大学文史系和杰尔普特大学医学系。自1887年开始发表小说，早期作品继承了俄国古典文学的优秀传统，反映社会现实和青年知识分子的生活，是新一代现实主义代表作家之一。主要作品有中篇小说《无路可走》（1895）和自传性作品《医生笔记》（1901）等。他的短篇小说《利扎尔》（1899）受到了列宁的关注，《在舞台上》（1900）则引起了强烈的争议，如卢察尔斯基撰文反对"艺术也有邪恶和荒淫的力量"等观点。

谢苗诺夫（Сергей Терентьевич Семенов, 1868—1922）出身于莫斯科省沃洛科拉姆斯基县的一个贫穷的农民家庭。11 岁开始到莫斯科做童工。受到列夫·托尔斯泰的小说的激励，发生了对于文学创作的兴趣。1887 年发表第一篇短篇小说《两兄弟》，1994 年出版第一部短篇小说集《农民小说集》。列夫·托尔斯泰为小说集作序，给予高度评价。

高尔基（Максим Горький, 1868—1936），俄国无产阶级文学和苏联文学的奠基人和主要代表。原名阿列克塞·马克西莫维奇·彼什科夫。生于下诺夫哥罗德城。1892 年开始发表作品，早期以《切尔卡什》等流浪汉小说和《马卡尔·楚德拉》等浪漫主义作品为主。代表作有长篇小说《母亲》（1906）等。短篇小说《读者》最初发表于 1898 年第 11 期的《国际都市》杂志。该小说以作家幻想与读者对话的形式，表现了高尔基早期的文艺观点，强调了文艺所负有的改造社会现实的历史使命。

斯基塔列兹（Скиталец, 1869—1941），原名斯捷潘·加甫里洛维奇·彼特罗夫，出身于萨马拉省的一个农民家庭，主要创作成就是诗歌和小说，主要作品有《小说与诗歌》（1902）等。作为民主主义作家，他的作品在 19 世纪 90 年代广受欢迎，列宁和高尔基对他的作品也予以关注。

吉皮乌斯（Зинаида Николаевна Гиппиус, 1869—1945）出身于别廖夫市的一个官吏家庭，自 19 世纪末开始发表作品，主要创作诗歌和短篇小说。代表性作品有《1889—1903 年诗集》和小说集《两颗心灵》（1892）、《新人》（1896）和《镜子》（1898）等。评论界认为她和她丈夫梅列日科夫斯基同为俄罗斯文学中象征主义的代表作家。十月革命后，于 1920 年流亡国外，

1945 年在巴黎逝世。

库普林(Александр Иванович Куприн, 1870—1938) 出身于奔萨省的一个小职员家庭,不满周年时,父亲去世,后来随母亲迁居莫斯科,毕业于一所士官学校。库普林自 1889 年开始发表作品,主要作品有长篇小说《决斗》(1905) 和《火坑》(1908—1915) 等。库普林于 1901 年迁居圣彼得堡,后成为知识出版社的重要作家之一。库普林也是俄国新一代现实主义代表作家之一。

布宁(Иван Алексеевич Бунин, 1870—1953) 出身于沃罗涅日的一个破落的贵族家庭,在优美的乡村度过了自己的童年。中学没有念完,就因经济拮据而辗转各处,当过图书管理员、校对员、统计员。19 世纪 80 年代末至 90 年代初,他在思想上曾受到颓废主义和托尔斯泰主义的影响,但很快发生了转变。后来与民主主义作家接近。1899 年,结识高尔基,并为高尔基主办的知识出版社撰稿。1917 年后,布宁不理解十月革命的意义,对十月革命持敌视的态度,于 1920 年侨居法国,后来在巴黎逝世。布宁是第一位获得诺贝尔文学奖的俄罗斯作家,在小说和诗歌领域都取得了一定的成就,他的作品常常抒写大自然的富饶和悲凉之美,怀念逝去的理想化的往昔和田园诗般的恬静生活,也不时流露出面对生存的孤独和忧伤。

安德列耶夫(Леонид Николаевич Андреев, 1871—1919),生于奥廖尔,中学时代丧父(他父亲是土地测量员),因而在青少年时代生活艰难。在圣彼得堡大学读一年级时,他甚至因贫困而含泪写了短篇小说《饥饿的大学生》,作为他最初的文学创作。由于思想充满矛盾,他染上了酗酒等不良习气，并三次试图自杀，他所发表的第一篇作品便题为《他，她，伏特加》(1895)。他的较严肃的文学创作活动是 1897 年从莫斯科大学法律系毕业以后，著有《七个绞刑犯的故事》(1908) 等著名小说和《人的一生》(1907) 等著名剧本。他的作品想象大胆，构思奇特，大量运用象征手法，是传统现实主义与现代主义的结合。

苔菲（Тэффи，1872—1952），本名娜杰日达·洛赫维茨卡娅（Наде́жда Алекса́ндровна Лохви́цкая），1872 年 4 月出生于圣彼得堡的一个知识分子家庭。父亲是著名的犯罪侦察学教授，她的姐姐米拉·洛赫维茨卡娅是俄罗斯 19 世纪末著名的女诗人。苔菲是白银时代著名的幽默作家，写过诗歌、剧本和小说，尤其以幽默短篇小说闻名，在十月革命之前为俄国各阶层人民喜爱。十月革命后，苔菲于 1919 年流亡国外，1952 年在巴黎逝世。

勃留索夫（Валерий Яковлевич Брюсов，1873—1924），生于莫斯科，毕业于莫斯科大学。他于 1894 年至 1895 年选编出版三卷文集《俄国象征主义者》，从而为俄国象征派的形成和创立做出了贡献。勃留索夫知识渊博，文学活动涉及许多领域，在诗歌、小说、戏剧、批评以及文学翻译等方面，都取得了杰出的成就。他像俄国其他象征主义作家一样，关注人的潜意识活动的梦幻，善于在虚无缥缈的梦幻世界中寄托现实世界难以实现的理想，排遣现实世界难以排遣的孤独和忧伤。勃留索夫被认为是俄国象征派的领袖人物和杰出代表。

列米佐夫（Алексей Михайлович Ремизов，1877—1957）出身于莫斯科一商人家庭，曾就读于莫斯科大学，1896 年因参与学生运动而被捕，随后度过了 8 年监禁和流放生活。1905 年定居圣彼得堡，开始从事文学活动，并与象征主义阵营密切接触，但相应保持较独立的创作个性。列米佐夫创作甚丰，包括小说、诗歌、戏剧和回忆录，主要成就是小说，如自传体长篇小说《池塘》（1908）、《钟》（1908）等。

阿尔志跋绥夫（Михаил Петрович Арцыбашев，1878—1927）出身于哈尔科夫省阿赫特尔斯基县（现属乌克兰）的一个贵族家庭。1898 年迁居圣彼得堡。自 1901 年开始发表作品。1907 年发表著名长篇小说《萨宁》。十月革命后流亡国外，继续从事创作，1927 年在华沙逝世。阿尔志跋绥夫的创作曾经引起鲁迅的关注，鲁迅翻译过他的四部作品，并评论过阿尔志跋绥夫的创作，认为他是"俄国新兴文学典型的代表作家"和"时代的肖像"。

丘尔科夫（Георгий Иванович Чулков，1879—1939）出身于莫斯科的一个贵族家庭，就学于莫斯科大学。1899 年开始发表作品，同年因参加学生运动而被流放西伯利亚。主要作品有《白夜》（1907）、长篇小说《魔鬼》（1915）、《暴风雪》（1917）以及中篇小说《年轻的自由思想者彼尔的故事》（1930）等。他晚年着重于文学评论，特别是丘特切夫的创作与生平研究。丘尔科夫是一位象征主义作家，他的作品把文学上的象征主义和政治上的激进思想结合一起，带有明显的"神秘无政府主义"色彩。在技巧上，评论界认为他是陀思妥耶夫斯基式的心理分析手法的追随者之一。

勃洛克（Александр Александрович Блок，1880—1921）出身于圣彼得堡的一个知识分子家庭，从小住在担任圣彼得堡大学校长的外祖父——著名植物学家别克托夫的家中，受到良好的文化熏陶，毕业于圣彼得堡大学语文系。

勃洛克是俄国象征派的杰出代表之一，主要作品有献给他恋人门捷列娃（后成为他妻子，是著名化学家、圣彼得堡大学教授门捷列夫的女儿）的《丽人集》（1904）等。

别雷（Андрей Белый，1880—1934）出身于莫斯科一知识分子家庭，原名为鲍里斯·尼古拉耶维奇·布加耶夫。曾就读于莫斯科大学数学系。1901年开始发表诗作。他不仅是俄国象征主义代表作家之一，而且是象征主义重要的理论家。代表作有《英雄交响曲》等四部散文诗交响曲以及长篇小说《彼得堡》等。

阿·托尔斯泰（Алексей Николаевич Толстой，1882—1945）出身于萨马拉的一个贵族家庭，20世纪初在象征主义影响下开始文学创作，在近十年的时间里被认为是象征主义者。他的创作道路经历了从象征主义向现实主义的转变，在文学类型方面则经历了从短篇小说向长篇小说、科幻小说、历史小说的转变。他的代表作《苦难的历程》以及历史小说《彼得大帝》等广受好评。

谢·米·索洛维约夫（Сергей Михайлович Соловьев，1885—1942），生于莫斯科，毕业于莫斯科大学，是俄国著名哲学家弗·索洛维约夫的侄儿，勃洛克的表弟。在青年时代，是勃洛克和别雷的密友，曾在象征派刊物上发表诗作，并出版《花与香》（1907）、《公主的花园》（1913）等诗集以及小说和传记等作品。